Peter Haupt

Sagen aus Rheinhessen

Archäologie und Geschichte

PETER HAUPT

SAGEN AUS RHEINHESSEN

ARCHÄOLOGIE UND GESCHICHTE

WORMS VERLAG

IMPRESSUM

Peter Haupt
Sagen aus Rheinhessen
Archäologie und Geschichte

Bibliografische Information der Deutschen Nationalbibliothek
Die Deutsche Nationalbibliothek verzeichnet diese Publikation in der Deutschen Nationalbibliografie; detaillierte bibliografische Daten sind im Internet unter http://dnb.ddb.de abrufbar.

1. Auflage, November 2013

in der Kultur und Veranstaltungs GmbH Worms,
Von-Steuben-Straße 5, 67549 Worms
www.worms-verlag.de

Gestaltung und Produktion: Schäfer & Bonk, Worms

ISBN 978-3-936118-98-8

Printed in Germany

Inhalt

Einführung

Archäologische und historische Denkmäler sowie Relikte des stetigen Wandels unserer Kulturlandschaft sind Teile unseres kulturellen Erbes, welches wiederum ganz wesentlich für die Identität unserer Gesellschaft ist. Dic Antworten auf die Fragen wer wir sind und woher wir kommen, Definitionen von Heimat und Kultur, dies alles benötigt die Kenntnis um unsere Vergangenheit. Wenn man die Vergangenheit als dunklen Wald betrachtet, den man hinter sich läßt, während man einen nur wenig voraussehbaren Weg in die Zukunft beschreitet, dann sind alte Orte und Objekte, die man sehen und berühren kann, Wegmarken, die uns zeigen, wo wir einmal entlanggegangen sind. Rheinhessen ist reich an solchen Wegmarken, und sie lassen uns viele Jahrtausende in die Vergangenheit zurückblicken. Nun könnte man eigentlich von einem Archäologen erwarten, auf Basis des aktuellen Standes der Wissenschaft über diese Denkmäler zu berichten. Aber kann man beispielsweise einem vorgeschichtlichen Denkmal wie dem Langen Stein auf der Wörrstädter Höhe allein damit gerecht werden? Wissenschaftliche Erkenntnis ist nie eine endgültige Wahrheit, sie unterliegt einer ständigen Revision durch neue Fragestellungen und Ergebnisse: Kaum eine heute abgegebene Erklärung wird von zukünftigen Forschergenerationen gleichlautend wiederholt werden; in vielen Fällen ist sogar mit widersprechenden Hypothesen zu rechnen. Also muß jede Beschreibung von Denkmälern unserer Vergangenheit irgendwann veralten. Doch warum sollte man aus dieser Not nicht eine Tugend machen? Dies soll gelingen, indem der Fokus ganz gezielt auf jene archäologischen und historischen Denkmäler gelenkt wird, von denen überholte Meinungen und Erklärungen bekannt sind – und zwar aus dem Bereich der Sagen und Legenden, die früher allgemein verbreitet waren und auch in modernen Zeiten oft noch größere Wirkungskraft entfalten, als manche nüchterne wissenschaftliche Analyse. Die Auswahl der hier vorgestellten Denkmäler geschah also nach dem Kriterium, ob es eine ältere, sagenhafte Deutung dazu gibt. Anfängliche Befürchtungen, dabei könnten besonders wichtige Objekte außen vor bleiben, zerstreuten sich nach und nach; denn gerade jene Teile des kulturellen Erbes, die uns gut bekannt sind, werden regelhaft auch von frühen Meinungen zu ihrer Herkunft, ihrer Funktion oder ihrer Wirkung umwoben. Beginnen müssen wir in weit zurückliegenden Zeiten, teilweise älter als die Art Mensch

Abb. 1

Portrait des Hermann Kaspar Schneider (1766–1846)

selbst. Im Ergebnis werden viele Facetten der Kulturlandschaftsgenese von einer neuen Seite beleuchtet werden.

Die Quellen sind recht unterschiedlich, es wurde aber weitgehend auf ihre leichte Erreichbarkeit geachtet – so daß der Interessierte sie selbst studieren und eventuell zu anderen Interpretationen kommen kann. Hierfür ist auch die Angabe der Werke sowie weiterführender Literatur gedacht. In Hinblick auf die Sagen sollen drei wichtige Quellen hier kurz vorgestellt werden.

Erstens sind dies die Erzählungen des Türmers der Mainzer Stephanskirche, Hermann Kaspar Schneider (1766 bis 1846) (Abb. 1). Er war der dritte Sohn des Simon Schneider und dessen Frau Agnese, geborene Mann aus Mainz. Der Vater war kurfürstlicher Pferdewärter, der älteste Bruder der über Mainz hinaus bekannte Maler Johann Kaspar. Hermann Kaspar ist sicherlich als ein Mainzer Original zu bezeichnen, lebte er doch nach kinderloser Ehe als Witwer im Turm von St. Stephan, wo er das Amt des Türmers versah. Das heißt, er residierte in der etwa 40 Quadratmeter großen Türmerwohnung auf dem Stephansturm, wo er vor allem auf Schadfeuer in der Stadt zu achten hatte. Nebenbei widmete er sich seinen Büchern und Wundergeschichten, von den Leuten mit den Spitznamen »Thorn« oder »Wammes« genannt. Gegen Leberwurst, Weißbrot und Wein erzählte er gesammelte und erfundene Geschichten seinen interessierten Gästen und Freunden, zu denen auch der Münzgraveur und Steinschneider Johannes Lindenschmit (geb. 1771 in Camberg, gest. 1845 in Mainz) gehörte. Lindenschmit hatte gegen entsprechende Zahlung von Naturalien 1817 eine handschriftliche Sammlung von insgesamt 49 Geschichten des Stephanstürmers erhalten, die schließlich sein Enkel, Ludwig Lindenschmit, Gründungsdirektor des Römisch-Germanischen Zentralmuseums in Mainz, 1906 bei Philipp von Zabern verlegen ließ (es folgten noch weitere Auflagen). Aus der ersten Auflage sind die hier vorgestellten Erzählungen entnommen, dabei Lindenschmit folgend, der Schneiders Orthographie und Grammatik um des Lokal- und Zeitkolorits wegen unverbessert beließ. Auffallend ist die Ich-Form, in der Schneider seine Geschichten vorträgt; dies ist sein Stilmittel, keineswegs sind es seine eigenen Erlebnisse.

Zweitens sind die Sagensammlungen des Wilhelm Müller von Bedeutung, die in den 1920er Jahren verlegt wurden. Der südhessische Landeshistoriker hatte sich neben der Sammlung von Sagen vor allem um die Lokalgeschichte vieler Orte verdient gemacht. Er starb 1943.

Eine dritte Quelle ist neuerdings verjüngt worden: 2005 brachten der Historiker Fritz Reuter und die Journalistin Ulrike Schäfer die Ma'asseh nissim (Wundergeschichten) des Juspa Schammes in lesbarer Fassung und kommentiert heraus. Sie sind eine wichtige Fundgrube zur Sagenwelt des jüdischen Worms im 17. Jahrhundert. Juspa wurde 1604 in Fulda geboren und starb 1678 in Worms. Der Beiname »Schammes« stammt von dem gleichnamigen Amt, welches Juspa innerhalb der Wormser jüdischen Gemeinde innehatte. Im Laufe der Geschichte wechselten die Funktionen des Shammash; ihm oblag in der frühen Neuzeit unter anderem die Aufsicht über Synagoge und Schulen. Entsprechend gut mußte seine Ausbildung sein – im Falle des Juspa war sie das ohne Zweifel. Seine Wundergeschichten haben ihre Wurzeln vielfach im Mittelalter und gehören damit zu den ältesten und authentischsten Sagen der Region.

Bei der folgenden Darstellung konnte es nicht gelingen, die Denkmäler und Sagen klar voneinander zu scheiden und in feste Kategorien zu ordnen. Häufig passen Objekte wie Überlieferung in verschiedene kulturelle Rahmen, so daß es zwangsläufig zu Überlappungen kommt. Beispielsweise können christliche Märtyrerlegenden sowohl eine spätantike, historische Begebenheit, als auch die mittelalterliche oder noch jüngere Begründung eines Kirchenbaus sein. Mit Querverweisen soll hier auf mehrfache Zugehörigkeiten hingewiesen und dem Leser die Orientierung erleichtert werden.

1

Von den Anfängen der Menschheit bis zu den Römern

Die heute fast vollständige Nutzung unbebauten Geländes in Rheinhessen zu landwirtschaftlichen Zwecken, nicht selten für Intensivkulturen wie Obst und Wein, hat ihre Ursache vor allem in der Fruchtbarkeit des Landstrichs und seinem milden Klima. Letzteres, das Klima, also das in Summe und Detail stetig variierende Wechselspiel aus Wind, Feuchte und Temperatur, zeigt sich in Rheinhessen in meist undramatischem Wetter. Insbesondere im Winter neigt das von Mittelgebirgen umrahmte Gebiet wegen selten frostiger Temperaturen und in der Summe geringen Niederschlägen kaum dazu, im Schnee zu versinken. Dieser Umstand interessiert uns heute meist nur noch zur richtigen Bereifung unserer Kraftfahrzeuge und bezüglich eventueller Verzögerungen im öffentlichen Nahverkehr. Vor einigen zehntausend Jahren war dies noch ganz anders. Während des Wechsels von Kalt- und Warmzeiten im Paläolithikum (der frühesten Epoche der Menschheitsgeschichte, die mit dem Ende der letzten Eiszeit vor rund 11600 Jahren abgeschlossen wird) beeinflußten solche naturräumlichen und klimatischen Gegebenheiten das Verhalten großer Tierherden, insbesondere von Wildpferd und Rentier, und damit auch die von der Jagd abhängigen Menschen.

Diese frühen Menschen, die bereits über Kunst und Jenseitsvorstellungen verfügten – wovon uns aus Rheinhessen insbesondere Funde vom Mainzer Linsenberg berichten – hatten sicherlich auch ihre Vorstellungen und Erklärungen über die eigene Herkunft und die Entstehung der Welt überhaupt. Es ist bedauerlich, daß aus vorrömischer Zeit praktisch keine schriftliche Überlieferung aus Mitteleuropa vorliegt. Damit sind früheste Mythen unserer Vorfahren bis gegen Ende des letzten Jahrtausends vor Christi Geburt nicht mehr Teil unseres kulturellen Erbes; sie wurden ganz schlicht vergessen. Mythen und Sagen, die sich mit der Genese der Welt oder des Menschen befassen und in dem eng begrenzten Gebiet Rheinhessens zu verorten sind, gibt es auch aus einem anderen Grund kaum: Seit mehr als eineinhalb Jahrtausenden dominiert die Bibel mit ihren Mythen zur Erschaffung der Welt, Adam und Eva sowie der Sintflut, um die wichtigsten zu nennen, das abendländische Geistesleben. Diese Mythen haben zu einer Verdrängung anderer Überlieferungen geführt; vor allem, wenn sie zusätzlich nicht schriftlich fixiert waren.

Die in der Bibel zu findenden Schilderungen beruhen auf Ereignissen im Nahen Osten, der nach dem Ende der Eiszeit als Wiege der europäischen Kulturen bezeichnet werden kann. Von dort stammen wichtige domestizierte Tierrassen, viele unserer Kulturpflanzen und die Landwirtschaft überhaupt. Unsere Schrift, das Schreiben an sich, auch das Wohnen in Städten, wurden im »Fruchtbaren Halbmond« erfunden, also jener Gegend im Nahen und Mittleren Osten, die heute vor allem von den Ländern Israel/Palästina, Syrien, Türkei, Irak und Iran umrissen wird. Auch biblische Versionen der frühesten Menschheit, die nicht als Reflexe tatsächlicher Geschehnisse gelten können, wuchsen auf dem kulturellen Milieu der frühen Kulturen des Nahen Ostens.

Immerhin gibt es außerhalb dieser asiatischen Kulturwiege Variationen und Erweiterungen von dort stammender Schöpfungsmythen. In diesem Zusammenhang soll hier eine rheinhessische Variante der biblischen Menschheitsgenese angeführt werden:

RHEINHESSISCHE SCHÖPFUNGSGESCHICHTE

Wenn die alte Gelehrtenfrage, wo das Paradies gelegen hat, bis heute noch nicht gelöst zu sein scheint, hat das seinen Grund darin, daß die Geschichtsforscher ihren Blick noch nicht auf unsere Heimat gerichtet haben. Was zu entdecken sie sich bisher vergeblich bemüht haben, ist uns schon lange kein Geheimnis mehr. Als Gott den Menschen erschuf, bildete er aus Boden (Erde) einen menschlichen Leib. Der Ort, an dem dies geschah, heißt Bodenheim. Sein Name ist für die Menschheit aller Zeiten ein unzweideutiger Beweis, daß hier dereinst die Wiege des Menschengeschlechts gestanden hat. Nach Herzenslust ergingen sich Adam und Eva in Gottes Garten, in dessen Mitte der Baum der Erkenntnis stand. Verführerisch lachten ihnen die herrlichsten Nierenäpfel entgegen, der Ort aber, wo dieser Baum stand, heißt heute noch Nierstein (Nierenstein). Kaum hatten unsere Stammeltern von der verbotenen Frucht gegessen, da merkten sie, daß sie nackt seien. Noch jetzt bezeichnet der Name Nackenheim diesen Ort. Immer mehr entfernten sie sich nun von Nierstein, schuldbewußt suchten sie einen Ort auf, an dem sie sich mit Laub bedecken konnten, woran jetzt der Name Laubenheim erinnert. In seinem gerechten Zorn trieb Gott Adam und Eva zur Pforte des Paradieses hinaus und gab dem Ort den Namen Zornheim. Trostlos irrten die

beiden Menschen danach in der Irre umher, bis sie in eine Talmulde (ein Loch) kamen. Dort gingen ihre Sorgen an, daher der Name Sörgenloch (Sorgenloch).[1]

Hier haben wir es natürlich nur mit der sehr schlichten etymologischen Erklärung einer Reihe von Ortsnamen des nordöstlichen Rheinhessens zu tun. Die biologische Wiege der Menschheit, das heißt des *Homo sapiens*, ist dagegen in Ostafrika zu suchen.

Nach der Eiszeit

Etwa 9600 v. Chr. endete die letzte Eiszeit, und mit einer schlagartigen Erwärmung begann die Warmzeit, in der wir uns momentan befinden. Im Verlauf der vorangegangenen Menschheitsgeschichte hatte es immer wieder solche Klimaschwankungen gegeben, unsere Vorfahren waren daher – biologisch gesehen – durch evolutionär erworbene Fähigkeiten zur Anpassung an neue Umwelten fähig. Dies mußten sie auch, denn nun verschwanden die großen Tierherden der Kaltsteppen nach Norden, es kamen Wälder (zunächst aus Kiefern, Birken und Hasel) auf. Neue Jagdtechniken wurden entwickelt, wobei die gewachsene Artenvielfalt nun eine Vielfalt des Nahrungserwerbs ermöglichte. Nach dieser rund 4000 Jahre währenden Epoche der divers spezialisierten Jäger und Sammler, die heute Mesolithikum (Mittelsteinzeit) genannt wird, kam um 5500 v. Chr. die Landwirtschaft mit der sogenannten neolithischen Revolution an den Rhein. Wenn auch der Begriff einer Revolution in diesem Zusammenhang einem fortwährenden akademischen Diskurs unterliegt, scheint er doch nicht ganz falsch: Recht unvermittelt begannen Ackerbau und Viehzucht, baute man große Langhäuser, schliff Steine zu Werkzeugen und brannte Ton zu Keramik. Die damit entstandene bzw. zugewanderte Kultur heißt nach den charakteristischen Verzierungen ihrer Keramik die Bandkeramische Kultur, die Archäologie nennt die Menschen in der wissenschaftlichen Umgangssprache »Bandkeramiker« – die Kenntnis darum, was die Menschen damals von sich selber dachten und tiefere Einblicke in ihr Geistesleben sind dagegen bis heute ein Wunsch der Wissenschaft, dessen Erfüllung noch in den Anfängen steckt.[2]

Die Differenzierung der seßhaften Kulturen der Jungsteinzeit und der folgenden Zeiten bis hin zu den Kelten und Germanen, die schließlich mit der römischen Kultur konfrontiert wurden, wird einen reichen Schatz an Sagen, Mythen und Legenden geschaffen haben, der sämtlich nur mündlich tradiert wurde und damit bis auf Spuren in der römischen Literatur verloren gegangen ist. Eine solche Spur findet sich beispielsweise in einem Epigramm des römischen Dichters Martial, geschrieben gegen Ende des 1. Jahrhunderts n. Chr. Sie darf als Anspielung auf den mythischen, personifizierten Rheingott gesehen werden.

BITTE AN VATER RHEIN

Rhein, du Vater der Nymphen und der Flüsse,
die odrysischen Schnee trinken,
so wahr du dich immer deiner klaren Fluten erfreuen mögest,
und das barbarische Rad eines fluchenden Ochsentreibers nicht
auf dir herumtrampeln und dich abnutzen soll;
so wahr du, nunmehr wieder im Besitz deiner goldenen Hörner,
als römischer Strom an beiden Ufern fließen mögest;
Daß du Trajan seinen Völkern und seiner Stadt
zurückschickest, darum bittet dich der Tiber, dein Herr.[3]

Der Rhein

Der Rhein war also in der Antike gewiß Gegenstand von Sagen und Mythen, worauf die Überlieferung seiner Personifizierung als Gottheit leider nur als Schlaglicht hinweist. Zudem hat der Rhein in der Tat auch eine bedeutende Wirkung auf Mensch und Umwelt gehabt. Seine Mäander schlängelten sich durch den Oberrheingraben, der Fluß war Grenze und Transportweg zugleich. In ganz langen Zeitabschnitten, in Jahrmillionen betrachtet, hat er aber auch der Landschaft seinen Stempel aufgedrückt, was wir am scheinbaren Durchbruch des Mittelrheintales durch das Rheinische Schiefergebirge deutlich sehen können.

Die Ansprache des Rhenus als Vater, eine uns auch heute noch im »Vater Rhein« geläufige Bezeichnung, trägt der großen Bedeutung des Stromes Rechnung. Sie ist wiederholt nachgewiesen, so zum Beispiel auf einem römischen Altar, der in Straßburg gefunden wurde. Wieder andere Quellen zeigen uns schlaglichtartig, daß der Fluß auch als Ahnherr von an seinen Ufern lebenden Völkern und bedeutenden Einzelpersonen betrachtet wurde.

Die von Martial genannte Vaterschaft des Rheins über die Nymphen, die als niedere Wassergottheiten alle natürlichen Gewässer bewohnten, erinnert nicht von ungefähr an Richard Wagners Rheintöchter der Oper »Rheingold« – die odrysischen Schnee, ein Synonym für Schnee des Nordens, trinkenden Flußsöhne sind quasi alle Flüsse nördlich der Alpen.

Wohl einen dichterischen Bezug auf die Revolte des römischen Statthalters in Mainz, Saturninus, im Winter 88/89 n. Chr. stellt der »barbarische Ochsentreiber« dar, der offenbar über den zugefrorenen und damit hilflos wirkenden Rhein wollte. Er ist die Personifikation der rechtsrheinischen, germanischen Chatten, welche Saturninus als Bundesgenossen gewann, die jedoch an der für den Usurpator fatalen Schlacht bei Bonn nicht teilnehmen konnten, da der Rhein wegen Eisganges nicht passierbar war.

Der im Gedicht gepriesene Trajan schließlich, römischer Kaiser von 98 bis 117 n. Chr., war in Mainz Statthalter der römischen Provinz Obergermanien, als sein Adoptivvater und Vorgänger auf dem Kaiserthron, Nerva, im Januar 98 n. Chr. starb. Der Rhein war im Bereich der Provinz Obergermanien seit Kaiser Domitian römisches Binnengewässer, worauf Martial mit seinen Anspielungen auf die goldenen Hörner, ein typisches Attribut der Flußgötter, Bezug nimmt.

Fossilien und die Entstehung von Gebirgen und Tälern

Die geographische Situation des engen und tief eingeschnittenen Mittelrheintales hat verschiedene jüngere Überlegungen zur Entstehung unserer Landschaft hervorgebracht. Von großer Bedeutung sind hierbei die an vielen Stellen Rheinhessens zu findenden fossilen Muscheln, Meeresschnecken und Zähne von Haifischen (Abb. 2). Diese Tiere lebten hier im Zeitalter des Tertiärs, vor rund 30 Millionen Jahren, in einem Meer, welches durch Absenkung des Oberrheingrabens und des Mainzer Beckens entstanden war. Man darf nicht dem Irrtum erliegen, diese Geschehnisse und Landschaften in unsere bekannte Geographie hinein zu projizieren. Europa war damals noch kaum in der uns vertrauten Gestalt erkennbar, und die Landmassen, die sich durch tektonische Vorgänge langsam zu unserem Kontinent formten, waren durchzogen von seichten Meeren.

Erst danach entstanden die Landschaften, wie wir sie heute kennen, unter anderem durch stetiges Heben des Rheinischen Schiefergebirges und

Absenken des Oberrheingrabens. Dabei schnitt sich der Mittelrhein vor rund einer Million Jahren tatsächlich mehrere hundert Meter tief in den Fels, nur geschah dies in unglaublich langen Zeitabschnitten und parallel zur Gebirgshebung. Man bedenke: Unsere Vorfahren kamen erst vor etwa 40 000 Jahren aus Afrika und dem Vorderen Orient nach Mitteleuropa![4]

Angesichts der eigenen Existenz, die wir Menschen für so bedeutend halten, daß uns Jahrmillionen der Erdgeschichte ohne Menschheit kaum verständlich sind, verwundert es wenig, wenn Reste von Meerestieren mit historischen oder simplifizierenden naturgeschichtlichen Erklärungen begreifbar gemacht werden.

1774 bereiste der italienische Gelehrte (und frühere Sekretär Voltaires) Cosimo Alessandro Collini (1727–1806) (Abb. 3) Gebiete der Pfalz, des Hunsrücks und des späteren Rheinhessens. Dabei machte er sorgfältige Beobachtungen zu fossilen Muscheln, Knochen und Haifischzähnen. Dem Wissensstand damaliger und heutiger Zeit entsprechend, erkannte er sie als Reste von Meerestieren. Dem pflichtete auch der Übersetzer seines Werkes bei, der Weimarer Naturforscher Johann Samuel Schröter (1735–1808).[5] Beide erwähnen aber auch die Ansicht der Bauern, es handele sich bei den Haifischzähnen um Otterzähne (also Schlangenzähne); die Uffhofener Bauern werden mit der

Abb. 2 (links)

Haifischzähne und Muschel (Odontaspis cuspidata, Glycymeris obovata; Fundort bei Alzey-Weinheim) und Schnecken (Tympanotonos margaritaceus; Fundort bei Mauchenheim)

Abb. 3 (rechts)

Portrait des Cosimo Alessandro Collini (1727–1806)

Meinung zitiert, Otterzungen bzw. Schlangenzungen in den Fossilien zu sehen. Gedanken über das Alter dieser Funde machten sich die beiden Gelehrten letztlich nicht, auch vermieden sie Überlegungen zu dem doch recht sonderlichen Umstand, massenhaft Seetierreste weit im Binnenland anzutreffen.

Eine scheinbar treffende Erklärung ist die, man habe es mit Überbleibseln der Sintflut zu tun. Andererseits ist auch die ebenfalls überholte Meinung nachvollziehbar, daß einst das Binger Loch (Abb. 4) nicht als Abfluß des Rheines zur Verfügung stand und sich deshalb das Wasser zu einem großen See staute. Diese letzte Hypothese spiegelt sich in einigen Sagen wider:

DIE ENTSTEHUNG DES BINGER LOCHES 1

Vor vielen tausend Jahren, als in der Gegend von Bingen noch ein großer See war, hauste dort ein mächtiger Zauberer, der durch seine Künste großes Unheil anrichtete. Als er es endlich lange genug getrieben hatte, ließ ihn der Herzog des Gaus festnehmen und ins Gefängnis einsperren. Dieses Gefängnis war von solcher Art, daß der Gefangene in der Luft schwebte und die Erde nicht mehr berühren konnte. Dadurch war er zur Ohnmacht verurteilt und mit seiner Kunst zu Ende. Als nun eines Tages der Zauberer dem Herzog versprach, daß er den großen See austrocknen

und zu fruchtbarem Boden umwandeln werde, wenn man ihn frei ließe, schenkte ihm der Herzog die Freiheit wieder. Der Zauberer beschwor darauf die Wasser des Binger Sees, daß sie in den Mittelpunkt der Erde versanken. Dort, wo das Wasser verschwand, entstand das Bingerloch. Wenn über dem Bingerloch ein Schiff in der Flut versinkt, verschwinden seine Trümmer in der Tiefe. Bei St. Goar kommen sie wieder ans Tageslicht und zwar bei dem dortigen Strudel an der Felsbank.[6]

Jakob Como fügte seiner Version der Sage noch hinzu, daß viele Flurnamen wie zum Beispiel »In dem Wasser«, »Im See« oder »Die Moorkaut« von diesem See herrühren sollen. Doch solche Flurnamendeutungen sind ebenso unzutreffend, wie es natürlich die Sage selbst ist. Obwohl die genannten Gewanne ihren Namen nach einst versumpft oder auch Ort eines Gewässers gewesen sein dürften, allerdings eben nur eines lokal begrenzten.[7] Eine andere Sage zur Entstehung des Binger Lochs variiert etwas mit den Protagonisten:

DIE ENTSTEHUNG DES BINGER LOCHES 2

Dort wo jetzt die schöne und große Stadt Wiesbaden liegt, soll in alten Zeiten ein großer See gewesen sein. Damals reichte auch der Rhein bis an die Wiesbadener Grenze heran. Nun wurde in alten Zeiten einmal ein Seeräuber gefangen, der wegen seiner Untaten das Leben verwirkt hatte. Als die Landesbewohner aber im Begriff waren, den bösen Gesellen ein für allemal unschädlich zu machen, versprach er, die Felsen bei Bingen zu öffnen, wenn ihm dafür das Leben geschenkt würde. Sofort wurde ihm erlaubt, das Werk zu versuchen, aber erst nach langer mühevoller Arbeit gelang ihm die Ausführung seines Planes. Auf solche Weise ist der See bei Wiesbaden trocken gelegt und der Rhein für alle Zeiten von jener Stadt weggeleitet worden. Der Abfluß aber, den der Räuber damals geschaffen hat, bildet noch heute das Bingerloch.[8]

Dies ist eine ganz ähnliche Geschichte wie die vorherige; bemerkenswert ist die hier beschriebene, frühe Resozialisierung eines Straftäters. Durch gemeinnützige Arbeit gelingt hier die Wiedereingliederung in die Gesellschaft, zumal dem Seeräuber durch das Ableiten des Gewässers auch das Ausüben seines kriminellen Handwerks unmöglich gemacht wurde.

Fossilien konnten – neben dem aufgezeigten Weg einer korrekten Deutung mit falscher Folgerung – auch gleich von Anfang an falsch gedeutet werden.

Abb. 4

Blick von der Burg Klopp auf das Binger Loch (Rheindurchbruch zwischen Taunus – rechts – und Hunsrück – links).

Bereits antike Tempel enthielten außergewöhnliche Tierknochen bzw. Fossilien. So schreibt der griechische Reiseschriftsteller Pausanias in der 2. Hälfte des 2. Jahrhunderts n. Chr., er habe in einem kampanischen Tempel einen Elephantenschädel gesehen,[9] in der Säulenhalle eines Asklepiosheiligtums auf Argolis wurde nach selbem Gewährsmann ein Walknochen ausgestellt.[10] Knochen von Großsäugern sah Pausanias außerdem im Heiligtum des Asklepios von Megalopolis in Arkadien.[11] Dort wurden sie als Knochen von Giganten angesprochen. Von dem mythischen Riesen Pelops wurde gar in Olympia das Schulterblatt gezeigt, welches ihm als Prothese eingesetzt worden war, nachdem Demeter es unachtsam verzehrt hatte (der Vater des Pelops, Tantalos, hatte seinen Sohn den Göttern zum Mahl vorgesetzt, diese jedoch die List durchschaut und den Pelops wieder zusammengesetzt). Bei dem gezeigten Stück dürfte es sich um ein Mammut- oder Walschulterblatt gehandelt haben. Nach dem spätantiken Kirchenvater Clemens von Alexandria wurde aus dem Schulterblatt des Pelops übrigens das Palladium geschnitzt, eines der wichtigsten römischen Kultbilder.[12]

In Athen bewahrte man die Gebeine des Helden Theseus auf, die ebenfalls in Wirklichkeit wohl fossile Tierknochen waren. Dabei wurden Knochen bzw. Grab eines solchen Heroen durchaus als Schutzfaktor für das Gemeinwesen verstanden, wenn auch die Kuriosität des Objektes überwogen haben dürfte. So hatte auch Kaiser Augustus auf Capri eine Sammlung von Gigantenknochen.[13] Schließlich läßt sich diese Tradition verbreitet noch bis in Mittelalter und Frühneuzeit beobachten, auch und gerade in den Städten am Rhein, wie in Mainz:

FOSSILIEN AN DER ALBANSKIRCHE ZU MAINZ

In der Giebelfront der Klosterkirche St. Alban bei Mainz hing ehemals ein riesiger Knochen, wie es ähnliche Zierden früher auch anderwärts an kirchlichen Gebäuden, z. B. in Köln und Straßburg, gab. Der Grund, weshalb man derartige Raritäten an den Gotteshäusern aufhing, war der, daß man das Volk dadurch heranziehen wollte. Wo diese Knochen herstammten, ist noch nicht sicher festgestellt. Manche meinen, sie wären von Pilgern aus fernen Ländern mitgebracht worden oder es seien Reste vorgeschichtlicher Tiere, die man bei Erdarbeiten in der Nähe der Kirchen gefunden habe. Von dem Riesenknochen von St. Alban erzählte man sich, daß es der Schulterknochen oder die Rippe einer Riesenjungfrau gewesen sei und zwar einer heiligen, deren Namen man nicht mehr wußte. Der Knochen zierte später den Kreuzgang der Stephanskirche, wurde nachher in einer großen Kette überm Einfahrtstor des Kaufhauses aufgehängt und kam schließlich ins Landesmuseum nach Darmstadt, wo man feststellte, daß er vom Kopf eines großen Seefischs herrührte.[14]

Oliver Sandrock, Kustos am Landesmuseum Darmstadt, beantwortete 2007 meine Frage nach dem Knochen: Leider ist ein solcher weder in der paläontologischen, noch in der zoologischen Abteilung zu finden; es ist aber vielleicht zu vermuten, daß es sich um einen Walknochen gehandelt haben könnte.

Auch in Worms vermochten die mittelalterlichen und frühneuzeitlichen Bürger mit ihren Kindern staunend vor »Riesenknochen« stehen, denn:

FOSSILIEN AN DER WORMSER MÜNZE

An der Wormser Münze waren ehemals Wandmalereien zu sehen, unter denen auch Siegfrieds Bild gewesen sein soll. In einer Vorhalle der Münze hingen große Knochen und gewaltige Hörner an eisernen Ketten, die von Riesen und Drachen herrührten, die Siegfried überwunden hatte.

Neben der eben genannten Ansicht über den Ursprung der Knochen an der Münze gibt es noch eine andere Meinung über deren Herkunft. Danach sind es die Hörner und Knochen der Stiere gewesen, welche die Steine zum Dombau herbeigeführt hatten.[15]

Lienhart Flechsel von Augsburg hat das Wormser Frei- und Herrenschießen des Jahres 1575 als Teilnehmer in Versen beschrieben. Darin heißt es: *Wie ich bin zu der Münz gangen / Ain eisen Ketn sach ich hangen / Mechtig vil grose Riesenbain* (nach Müller). Die in der Vorhalle hängenden Knochen hat Peter Hamman 1690 in einer Darstellung des Gebäudes zeichnerisch festgehalten.

Wie schon die ähnliche Überlieferung zu St. Alban zu Mainz andeutet, gab es wohl gar nicht so selten Ausstellungen fossiler Knochen in öffentlichen Gebäuden, vor allem Kirchen, zumal gerade in unserem Raum die Rheinkiese immer wieder Funde solcher vermeintlicher Riesenknochen erbrachten. Zumeist handelte es sich dabei freilich um Mammutknochen. Ein solcher soll Mitte des 15. Jahrhunderts auch am Wiener Stephansdom ausgestellt worden sein, im Chor der Michaeliskirche von Schwäbisch Hall ist noch heute ein Mammutstoßzahn kunstvoll aufgehängt, der 1605 gefunden worden war. Letzteren interpretierte man als Horn eines Einhorns.

Eine Parallele für den Bezug der Wormser Fossilien zur Siegfriedsage findet sich in Österreich. Dort gibt es die Vorstellung, aus den Asphaltschiefern bei Wilten (dem römischen Ursprung von Innsbruck in Tirol) fließendes Öl sei Blut eines von dem mythischen Riesen Heymo getöteten Drachens. Auch soll dieses Drachenblut unbesiegbar machen – es wird heutzutage noch als Heilmittel benutzt. Die diesbezügliche Sage stammt aus der Mitte des 13. Jahrhunderts.[16]

Menhire oder Hinkelsteine

Nun wissen wir, wie in Sage und Wirklichkeit wesentliche Charakteristika der rheinhessischen Landschaft entstanden sind. Seit *Homo sapiens* sich über Europa verbreitete, hat sich an deren Geomorphologie nicht mehr viel geändert: Der Rhein fließt bei allen Begradigungen und Uferbefestigungen immer noch im selben Bett, Mittelgebirge, Hügel, Täler sind seit Jahrzehntausenden festgelegt. Klima und Vegetation haben sich allerdings massiv gewandelt. Vor allem sind hier natürlich die Auswirkungen menschlicher Landwirtschaft zu

Abb. 5 (links)

Der Lange Stein bei Saulheim.

Abb. 6 (rechts)

Gotische Nische mit modernem Marienbild.

nennen, die etwa vor ca. 7500 Jahren mit der Jungsteinzeit begann. Unsere Vorfahren waren seßhaft geworden oder hatten ihren Lebensradius zumindest stark eingeschränkt, um Feldfrüchte zu pflanzen und zu ernten. Haustiere brauchten Weideflächen, Häuser Bauholz, und so wurden allmählich Wälder gerodet und bestimmter Baumarten beraubt – die Umwelt wurde nachhaltig geändert und aktiv den Bedürfnissen der Menschen angepaßt, während die eiszeitlichen Jäger ihrer Umwelt noch weitgehend passiv gegenüber standen. Mit dem Bau von Häusern, Landwirtschaft und dem Brennen von Töpferwaren erweiterten sich die menschlichen Fähigkeiten so enorm, daß heute verbreitet von einem Umsturz, der »neolithischen Revolution« gesprochen wird (Neolithikum = gr. »Neusteinzeit«). In der späten Jungsteinzeit nutzte man die zur Verfügung stehende Technologie erstaunlicherweise aber auch dazu, große Steine über weite Distanzen zu transportieren und an ihrem Zielort markant aufzurichten. Einige solcher Steine, Menhire oder Hinkelsteine genannt, haben sich bis heute an ihrem ursprünglichen Standort erhalten, andere wurden umgesetzt und viele sind nur noch über entsprechende Flurnamen zu erschließen. Leider ist uns der eigentliche Zweck dieser sicher stark gemeinschaftsstiftenden Aktionen unbekannt. Manche Vermutungen gehen in Richtung eines Ahnenkultes oder sehen die Steine als Grenzmarkierungen; eine religiöse Komponente scheint allerdings – bei allem Unwissen – am plausibelsten erkennbar zu sein.

Der bekannteste, geradezu sagenumwobene Menhir in Rheinhessen ist der Lange Stein (Abb. 5, Abb. 6) auf der Wörrstädter Höhe bei Ober-Saulheim:

DER LANGE STEIN

Zwischen Wörrstadt und Ober-Olm bei Mainz liegt ein ungeheurer Porphyrfels, der Langenstein genannt. Davon erzählt die Sage: Es lebte in Wörrstadt ein reicher Wucherer, der große Schätze durch Unrecht gewonnen hatte. Aber Tag und Nacht plagte den Wucherer die Furcht, sein Gold möchte ihm gestohlen werden, deswegen vergrub er es unter geheimnisvollen Sprüchen auf dem Feld, da wo jetzt der Langenstein liegt. Der Teufel sah ihm zu und dachte, wie er ihn in seinen Sünden hinwegnehmen möge. Da fiel ihm ein, der Verlust seines Schatzes würde ihn ohne Zweifel zum Selbstmord verleiten, und so geschah es auch. Der Teufel trug das Felsstück auf die Stelle, wo das Gold vergraben lag, und als der Wucherer kam und kein Mittel sah, den ungeheuern Fels wegzubringen, so erhing er sich an einem nahestehenden Baum. Seitdem sitzt manchmal nachts eine Eule oder ein Zwerg auf dem Stein und scheint den Schatz zu hüten. Einmal, um das Fest der Toten, ging gegen Mitternacht ein kecker Bursche aus Mainz an dem Stein vorüber. Da rief ihm das Männlein zu: »Willst du deine Taschen von dem Schatz füllen, der hier begraben liegt, so will ich den Stein wegheben, aber du mußt mir versprechen, eine Todsünde zu begehen, doch lasse ich dir die Wahl zwischen einem Rausch, einem Ehebruch oder Mord.« Der Jüngling dachte, was ist es viel um einen Rausch, und willigte ein. Der Zwerg wälzte alsbald den Stein weg, und darunter lag eine Menge Gold, und davon füllte der Jüngling seine Taschen. Der Zwerg rief ihm noch die Warnung nach: »Erfülle dein Versprechen, oder ich verwandle dein Gold in Kohlen.«

Der Jüngling meinte, er wolle sich doch lieber sicherstellen, und in der ersten besten Schenke betrank er sich, daß ihm beinahe die Sinne vergingen. Er kam spät nach Hause und fand niemand mehr wach als die Frau des Kaufmanns, bei welchem er wohnte, und die auf ihren Mann wartete, der noch in Geschäften auswärts war. Die Frau war jung und schön; in dem Jüngling weckte der Rausch die böse Begierde, und die Frau gab nach. Sie hörten nicht die Nachhausekunft des Mannes; der sie in einer Umarmung überraschte und seine Reitpeitsche schwang; aber der jetzt doppelt benebelte Jüngling ergriff ein Messer und stieß es dem Mann durch die Brust.[17]

Der Stein ist noch heute an der B 40 auf Höhe des Ortes Ober-Saulheim zu sehen. Es handelt sich um einen 3,7 m hohen Kalkstein, der wahrscheinlich in Jungsteinzeit/Bronzezeit hier aufgerichtet wurde; eine vielleicht zugehörige Siedlungsstelle erstreckte sich auf der Hochfläche nördlich des Steins. Der Lange Stein, oft auch mit dem bretonischen Lehnwort »Menhir« bezeichnet, wurde im Spätmittelalter mit einer Nische versehen, die ein christliches Bild aufnahm. Auch heute befindet sich in der Nische ein allerdings modernes Marienbild. Es ist gut zu erkennen, daß hier ein vorchristliches religiöses Denkmal im Mittelalter »christianisiert« wurde – seine Entstehung wird ja auch in der Sage mit dem Teufel in Verbindung gebracht. Im Mittelalter tagte am Langen Stein zudem ein Gericht.[18]

Die eben zitierte Sage, ein Schatz befände sich unter dem Stein, dürfte der wahre Hintergrund einer Tragödie sein, die 1883 zwei Männer das Leben kostete. Hierzu schreibt die Darmstädter Zeitung vom Montag, 24. Dezember 1883:

Aus Rheinhessen, 22. December. Dem »Mainzer Tagbl.« wird von Nieder-Saulheim u. A. geschrieben: »Ein erschütternder Unglücksfall trug sich heute in der Gemarkung des nahen Ober-Saulheim zu. An der Kaiserstraße nach Wörrstadt zu, einige hundert Schritte von dem höchsten Punkte unserer Provinz, der »Wörrstädter Höhe«, steht eine steinerne Urkunde uralter Zeiten, der sogenannte »Lange Stein«, ein Koloß von etwa 8 Fuß Dicke und 10 Fuß Bodenhöhe. Der Besitzer des Ackers machte sich nun heute daran, mit etlichen Arbeitern den Stein umzulegen, um, wie man uns erzählt, Fundamentsteine zu gewinnen! Der Stein war auf der einen Seite losgegraben, als er unverhofft umschlug und einen zweiundzwanzigjährigen Burschen, Namens Köster, der bei dem Besitzer des Ackers, seinem Onkel, in Diensten steht, unter sich begrub. Dem Unglücklichen ward der Brustkasten zerschmettert und er war sofort todt. Ein anderer älterer Arbeiter rettete sich durch einen Seitensprung, der Koloß griff ihn aber noch am Hinterkopf und so steht auch dieses Mannes Leben in Gefahr. (Wie das »Tagbl.« nachträgt, ist derselbe leider in der Nacht darauf noch gestorben.) Soeben erwartet man die Gerichtsbehörde an der von Menschen belagerten Unglücksstätte, während der gestürzte Riese wie ein dräuendes Zeichen höherer Gewalt die Spitze aus der Grube streckt. Der Stein ist mit der Sage und Geschichte unseres Landes eng verknüpft. So erhebt sich auf dem nahen Hügel gen Osten die ebenso sagenreiche Udenheimer Simultankirche, und die Tradition der Pfälzer erzählt uns, der Gottseibeiuns habe selbst beim Bauen dieser Kirche Steine herbeigeschleppt, weil ihm erzählt worden, der Bau gebe ein Wirthshaus. Als sich aber der Böse getäuscht sah, warf er den letzten Stein voll Zorn auf den Platz, wo er so lange bis heute gestanden. Noch mehr Sagen, deren Anführung uns zu weit führen würde, knüpfen sich an den »Langen Stein«, aber ein »wahres« Stückchen wollen wir nicht unerwähnt lassen: Im oberen Theile des Steines befindet sich eine Vertiefung, die uns von dem Transport auf diese Stelle herzurühren scheint. In den unsicheren Kriegsjahren von 1798–1815, wo selbst vergrabenes Gut vor den beutegierigen Händen der oft zügellosen Soldateska nicht sicher war, kam ein Wörrstädter Mütterchen auf den Gedanken, dem Loche des Steines ihre Ersparnisse anzuvertrauen. Und richtig! Als ruhige Zeiten wiederkehrten, fand unser Mütterchen ihr Geld, an dem Millionen Soldaten während dieser Jahre vorübergezogen, wieder.« Das »Tagbl.« knüpft hieran die Frage, ob die willkürliche Entfernung des Denkmals gesetzlich zulässig und erlaubt sei, Die Gesetzgebung zum Schutz der Denkmale der Kunst und Geschichte, die sich im Privatbesitz befinden, ist allerdings unvollständig, aber auch, von der Frage der Gesetzlichkeit abgesehen, sollte es denn kein Mittel gegeben haben, den Stein zu erhalten, keines geben, ihn jetzt, wo er gestürzt ist, wieder aufzurichten? Wenn sich auch nicht mit voller geschichtlicher Bestimmtheit sagen läßt, was die Bedeutung des Langen Steins und der anderen in Rheinhessen, der Rheinpfalz und weiterhin vorkommenden ähnlichen Steine ist, ob es uralte Grenzmale waren, – zum Theil waren sie es sicher –, ob sie alte Grabfelder bezeichneten – auf einer Begräbnisstätte der Urzeit stand der Monsheimer Hinkelstein – klar ist, daß wir in diesen Steinmalen mit von den ältesten Monumenten unserer deutschen Vergangenheit vor uns haben. Kein architektonisches Werk zeugt mehr von der frühen Epoche in der Geschichte unseres Volks, der jene ihre Entstehung verdanken. Viel länger als ein Jahrtausend ist der Lange Stein ein Wahrzeichen der Gegend gewesen, über die noch nicht die christliche Cultur gegangen war, als ihn seine Errichter mit unendlicher Mühe aus der Ferne herbeischleppten; wie sehr man im Mittelalter den Stein werth hielt, beweist das Heiligenhäuschen, welches in ihn eingehauen ist. So haben durch Reihen von Jahrhunderten hindurch die Geschlechter der Menschen zu ihm aufgeschaut, er gehörte zur Gegend, wie zu ihr der Hügel gehört oder der Bach im Thal. Kann aus deren Bewohnern selbst nicht die Initiative hervorgehen, das alte Mal wieder aufzurichten, vielleicht am Wege, der nicht weit davon vorüberzieht? Jetzt zumal, nachdem die Erinnerung so großen menschlichen Unglücks an der Stelle haftet? Wird sich kein Verein finden, der die Fürsorge dafür übernimmt? Die Behörden werden sicherlich Alles thun, solche Bestrebungen zu fördern. Heute, wo die Pietät den Denkmälern unserer Vorzeit gegenüber so sehr gestiegen ist, muß der »Lange Stein« vor Zerstörung bewahrt werden können und bewahrt werden!

Weiter lesen wir einige Tage später in der Darmstädter Zeitung vom Samstag, 29. Dezember 1883:

Nieder-Saulheim, 26. Dec. Dem »M.Tagbl.« wird berichtet: »Am Sonntag erschien unsere Kreisbehörde, um den »Langen Stein« zu beaugenscheinigen, und am Montag ward der gestürzte Riese mit einer Bretterverschalung umgeben, einestheils, um dem übergroßen Andrang Neugieriger zu steuern (suchten sich doch Viele durch Abschlagen von Stücken ein Andenken von dem sagenreichen Ungethüm zu verschaffen!), anderntheils um zu verhindern, daß am Orte selbst »bis zu ausgemachter Sache« eine Veränderung des Zustandes vorgenommen werde.

Als ich im Juni 2007 am Langen Stein war, wollte ich nachsehen, ob es auf ihm wirklich eine solche Vertiefung gäbe, wie sie die alte Frau zum Verstecken ihrer Ersparnisse genutzt haben soll. Da ich jedoch nicht für eine Kletterpartie gekleidet war, beließ ich es bei dem Versuch und verzichtete auf diese Erkenntnis. Dabei sah ich allerdings, daß in der gotischen Nische des Steines, vor dem Bild der Muttergottes, ein Geldstück abgelegt worden war. Ob dies nun aus christlichen oder neopaganen Motiven heraus geschehen war, mag ich nicht entscheiden – in beiden Religionsformen finden sich viele Belege für Münzopfer. Ältere religiöse Bräuche sind in Zusammenhang mit dem Langen Stein jedenfalls nicht überliefert, wenngleich ja in der Sage wiederholt der Teufel mit ihm in Verbindung gebracht wird. Diese teuflische Erklärung des Steines kann als frühmittelalterlicher, christlicher Reflex auf bestehende Vorstellungen von dessen Heiligkeit verstanden werden:

ZUR ENTSTEHUNG DES LANGEN STEINS

In Dautenheim bei Alzey erzählt man, der Teufel habe sich geärgert, daß dort noch kein Wirtshaus stünde, wohl aber eine Kirche gebaut werden

sollte. Da habe er den Langen Stein vom Donnersberg geholt und nach dem heiligen Bau geschleudert. Der Felsblock aber flog bis nach Saulheim und blieb dort in der Erde stecken. Darum heißt der Lange Stein zuweilen auch Teufelsstein.[19]

Eine andere Quelle lokalisiert den Kirchenbau in Wörrstadt statt in Dautenheim. Die gleichfalls zu findende Meinung, der Stein stecke so tief in der Erde, daß niemand seine Tiefe ergründen könne, ist seit dem Dezember 1883 als überholt anzusehen. Mit demselben Ereignis ist die Auffassung entstanden, der Stein würde jeden erschlagen, der versuchte ihn umzustürzen. Schließlich wollte man auch den Ortsnamen der beiden Saulheime gelehrt mit der steinernen »Säule«, eben dem Menhir erklären.[20]

Das Sauwilenheim zur Zeit Karls des Großen hat seinen Namen aber gewiß nicht vom Langen Stein, sondern von einem fränkischen Mann des 6./7. Jahrhunderts, der hier ansässig war und möglicherweise Sawo hieß. Seit dem 13. Jahrhundert werden die beiden Saulheime in Ober- und Nieder-Saulheim unterschieden.

Möglicherweise stand nahe dem Langen Stein früher noch ein weiterer Menhir, der jedoch heute spurlos verschwunden ist. Nach älteren Berichten gab es diesen zweiten Stein noch etwa bis 1860; er war an seiner Oberseite schüsselartig ausgehöhlt, was ihm auch einen entsprechenden Namen zutrug:

DES TEUFELS SUPPENSCHÜSSEL

Im Volksmund führte dieser Stein den Namen »Teufelsschüssel«, oder auch »des Teufels Suppenschüssel«, womit vielleicht noch umfänglichere, heute nicht mehr bekannte Erzählungen verknüpft waren. Jedenfalls war der Umstand, daß man die Vertiefung des Felsblocks sehr oft mit Regenwasser angefüllt fand, das nur sehr langsam austrocknete, weil es keinen Abfluß hatte, einer der Gründe für die merkwürdige Benennung.[21]

Auch in der Gemarkung von Schornsheim gab es übrigens einen Stein, der als »Suppenschüssel« bezeichnet wurde: Am Ausgang der Häuserhohl lag ein rechteckiger Steinblock, in dessen Aushöhlung einst ein Bildstock der heiligen Dorothea stand. Das Bild wurde in der frühen Neuzeit entfernt, der Stein verschwand um die Mitte des 20. Jahrhunderts. Vielleicht ist die Saulheimer Suppenschüssel einst ebenso Teil eines Feldkreuzes oder Bildstockes gewesen, der am Langen Stein den Sieg des Christentums über das Heidentum zeigen sollte.[22]

Abb. 7

Der Menhir von Armsheim.

Offenbar ebenfalls ein vorgeschichtlicher Menhir, vergleichbar dem Saulheimer Langen Stein, stand einst bei Armsheim. Die Armsheimer Gemarkungsgrenze gegen Flonheim und Bornheim folgte im 18. Jahrhundert einer Linie, auf der insgesamt wohl sogar fünf Menhire standen und als Grenzmarkierungen genutzt wurden. Heute ist von diesen keiner mehr erhalten; an einen erinnert der Name des Autobahnrastplatzes »Menhir«, ein anderer, der »Dicke Stein« wurde im Ort wiederaufgestellt (Abb. 7). Nachdem die Denkmäler viele Jahrtausende gestanden hatten, waren sie 1979 im Rahmen der Flurbereinigung beseitigt worden. Dabei kommt den Bauern und Eigentümern gar nicht einmal die größte Schuld zu – vielmehr waren und sind es meinungsbildende Behörden, die glauben machen wollen, eine Kulturlandschaft mit ihren historisch gewachsenen, auch naturnahen Aspekten, sei nur eine Wirtschaftsfläche. Oder möchte man wirklich annehmen, ein Menhir würde dem Fortschritt wirksam im Weg stehen?[23] Der Heickstein, einer der fünf genannten Menhire, stand in einem unheimlichen Ruf:

DER HEICKSTEIN

Zwischen Flonheim und Armsheim hat früher ein Stein gestanden, nach dem die angrenzenden Gewannen »am Heickstein« oder »am Hoickstein« genannt wurden. Leider ist der Stein, der schon 1540 urkundlich erwähnt wird, und bei dem es nicht geheuer war, spurlos verschwunden. Man vermutete, daß es bei dem Stein Geister gäbe.[24]

Die Sagen um rheinhessische Menhire werden von einer knappen Meinung zusammenfassend ergänzt:

VON DEN HINKELSTEINEN

Legt man das Ohr an den Stein, so hört man es klingen und singen; gräbt man nach an seinem Standort, so findet man Schätze.[25]

Ein Gräberfeld bei Westhofen

Häufiger noch denn oberirdisch erhaltene Menhire sind uns Bodendenkmäler der Vorgeschichte unterirdisch erhalten. Dies betrifft Gruben, die man zu Wohnzwecken, als Abfallgruben oder auch zur Entnahme von Lehm angelegt hat, genauso aber auch Gräber. Ein Gräberfeld, dessen Belegung vielleicht gleichzeitig mit der Errichtung des Langen Steins erfolgte, wurde 1902 bei Westhofen ausgegraben (Abb. 8). Am Alzeyer Weg wurden 17 Gräber freigelegt, sogenannte Hockerbestattungen der Frühbronzezeit. Bei Anlage eines neuen Weinbergs war der Bauer Jacob Balz VI. in geringer Tiefe auf Skelette gestoßen. Den Fund verschwieg er zuerst, auch war er wenig kooperativ bei den folgenden Ausgrabungen, denen er gerade einmal drei Tage Zeit gab (da man ihm Geld bot, was er aber ablehnte, dürfte sein Verhalten wohl einfache Sturheit gewesen oder der Erwartung geschuldet sein, dort selber Schätze finden zu können). Bei den Grabungen legte man einige Gräber frei, die meisten waren jedoch durch landwirtschaftliche Arbeiten bereits stark gestört. Die Bestattungen 6 und 7 lagen gemeinsam in einem Grab, am Rande der Grabgrube waren vier große Steine eingestellt, auf denen wiederum eine große Kalksteinplatte von 1,50 m Länge, 1,25 m Breite und 0,55 cm Dicke lag. Durch diese etwa 1 t schwere Abdeckung hatte man dem Grab eine Steinkiste gebaut, welche die beiden Bestatteten schützte. Die Toten lagen übereinander, zu unterst eine ca. 1,65 m große Frau, auf der linken Seite mit dem Kopf nach

Nordosten blickend. An Beigaben hatte sie Schmuck aus Knochen und fossilen Muscheln. Darüber fand sich das besser erhaltene Skelett einer gleichgroßen, wohl männlichen Person, allerdings auf der rechten Seite liegend und mit Blick nach Südwesten. Die geschlechtsspezifische Orientierung der Toten ist für das Bestattungswesen der Frühbronzezeit geradezu charakteristisch.

Begeben wir uns vom Jahr der Ausgrabung noch einmal gute Hundert Jahre in die lokale Vergangenheit, so stoßen wir auf eine merkwürdige Geschichte, die zunächst kaum mit dem vorgeschichtlichen Gräberfeld – welches damals ja noch unbekannt war – in Verbindung gebracht werden kann. Im Jahr 1791 trat zu Westhofen der Betrüger Melzer auf, der gegen Entgelt versprach, mittels dienstbar gemachter Geister Schätze zu finden. Leichtgläubige Leute fand er einige, Schätze jedoch erwartungsgemäß nicht. Da ihm sein Ruf aus anderen Dörfern bereits vorausgeeilt war, und zwar bis ins Oberamt Alzey, wurde von dort am 7. März 1791 seine Verhaftung angeordnet, die wenig später auch erfolgte. Bei dem Arrestanten fand man dann neben einer verbotenen Schußwaffe diverse Zauberbücher und sogenannte Punktierungsstücke (Bildhauerwerkzeuge), die er zum Orakeln verwendete.

Abb. 8

Sogenanntes »Hockergrab« von Westhofen

Diese beiden Stränge mündeten nun in eine Sage, die sicher erst nach 1902 entstanden sein kann:

DER SCHATZGRÄBER

Nicht weit von Westhofen, am Alzeyer Weg, wo heute fast lauter Weinberge angelegt sind, war früher ein Feld, das seit Menschengedenken brach gelegen hatte. Als das Feld umgerodet wurde, fand man ein Grab, in dem über der ursprünglichen Leiche das Skelett eines jungen Mannes lag. Das hatte folgenden Grund: Da jenes Feld von jeher als Fundort reicher Schätze bekannt war, hatte auch einmal ein Schatzgräber dort sein Glück versucht, ohne dabei Erfolg zu haben. Nur eine mächtige Kalksteinplatte hatte er aufgespürt, deren Gewicht es ihm aber unmöglich machte, die darunter verborgenen Schätze zu heben. So versuchte er es denn zum zweitenmal. Alle Zauberkünste hatte er diesmal aufs genaueste beobachtet, ehe er ans Werk ging, das ihm – wie er sich bestimmt versprach – ungeheure Schätze in die Hände spielen und ihn zeitlebens zu einem glücklichen Mann machen würde. Mitternacht war es und zunehmender Mond, als er sich wieder ans Werk begab. Mit Hilfe der von ihm beschworenen dunkeln Mächte gelang es ihm auch, die viele Zentner schwere mächtige Platte zu heben. Schon blinkten ihm aus der Grabestiefe die goldnen Ringe und Spangen, ein prächtiger Halsschmuck und anderes mehr entgegen, als sich seine Lippen zu einem lauten Freudenschrei öffneten. Kaum hatte er den Schrei ausgestoßen, als die Geister, die er zu Hilfe gerufen, in wilder Flucht davon eilten. Im selben Augenblick versagten seine Kräfte, daß er von einem ungeheuern Schlag getroffen und von der Grabplatte bedeckt ins Grab sank zu der Leiche, der er eben im Begriff war, ihre Schätze mit räuberischer Hand hinwegzunehmen und sie auf frevelhafte Weise in ihrem ewigen Todesschlaf zu stören.[26]

Die Geschichte erinnert ein wenig an die Ereignisse am Langen Stein bei Ober-Saulheim, wo 1883 zwei Arbeiter tödlich verletzt wurden, die sicherlich auch auf der Suche nach einem Schatz unter dem Stein waren. Diesem Beispiel sei noch ein interessanter Befund aus England hinzugefügt: In der berühmten jungsteinzeitlichen Steinkreisanlage von Avebury fand man bei Ausgrabungen im Jahr 1938 unter einem 13 t schweren Stein das Skelett eines Mannes, der, wohl ebenfalls beim Untergraben des Monolithes auf der Suche nach dort verborgenen Schätzen, von dem überraschend hineinstürzenden Stein erschlagen wurde. In seiner verrotteten Geldbörse fand man drei Silbermünzen der 1320er Jahre, dazu trug er Werkzeuge bei sich, die ihn als Barbier ansprechen lassen.[27]

Mit der Nutzung von Metallen, vom anfänglichen Kupfer über Bronze zum Eisen, entstanden zunehmend differenziertere Gesellschaften. Hierarchien mit Eliten, die wir im Neolithikum kaum fassen können, werden nun über Reichtum und Armut von Grabausstattungen erkennbar, dazu verstärkte sich die kriegerische Komponente der Menschheitsgeschichte. In der Eisenzeit, grob dem letzten Jahrtausend v. Chr., wurden vermehrt Befestigungen errichtet, die einerseits militärische Funktionen erfüllten, andererseits aber auch das Bedürfnis nach Prestige und Selbstdarstellung ihrer Bauherren stillten. Schließlich wird mit dem Ende der Vorgeschichte und dem Beginn der Frühgeschichte – welche in unserem Raum mit der Eroberung Galliens durch die Römer unter Caesar 58–52 v. Chr. ein konkretes Datum finden – ein komplex interagierendes System aus Stämmen und Völkerschaften sichtbar: Die Kelten. Caesar selbst, welcher der keltischen Eigenständigkeit in Gallien das Ende bereitete, war es auch, der mit seinen autobiographischen Kriegsberichten ein buntes Bild keltischer Politik und Kultur überliefert hat.

Eine Befestigung bei Nack

Westlich von Nack, auf dem Bergsporn des Teufelsrutsches, befand sich einst eine Befestigung mit einem sogenannten Abschnittswall (das heißt, man nutzte an drei Seiten die natürliche Steilheit des Berges zur Befestigung, während an der flachen Seite ein Wall mit davorliegendem Graben die Anlage sicherte). Der Bau des Walls und die Nutzung der Festung sind bislang nicht datiert; denkbare wäre aber ein Bau in der Eisenzeit und eine wiederholte Nutzung in Kriegszeiten der nachfolgenden, frühgeschichtlichen Epochen. Geplante Grabungen sollen helfen, die Chronologie des Platzes zu klären.

Der Name Rutsch oder Ritsch wird mit dem mittelhochdeutschen »rusche« erklärt, welches eine steile Böschung oder einen steinigen Hang bedeutet. Das Spielgerät Rutsche hat daher ebenso seinen Namen, wie auch im Bergbau die »Rösche« den steil in den Hang eingeschnittenen, grabenartigen Zugang zu einem Stollen meint. Mit dem Teufel wiederum werden nicht selten abgelegene Orte oder auch vorgeschichtliche Überreste verbunden, beide Motive können für die Teufelsrutsch angeführt werden.[28]

TEUFELSRUTSCH

Eines Tages kam der Teufel zum Schloß des Freiherrn Vogt von Hunolstein in Niederwiesen, um dessen schöne Tochter Berta zu freien. Er hatte sich nobel ausstaffiert, so daß die Leute sich umdrehten, als er über die Straße ging. Am Tor zur Burg ließ er sich dem Hunolsteiner als Junker Schwarz von Flammersfelden melden. Er wurde sofort vorgelassen. Jungfer Berta betrachtete sich den Gast genauer und verschwand darauf fluchtartig in ihre Kammer. Sie hatte die Stinknatur gerochen und wußte nun, mit wem sie es alle im Schloß zu tun hatten. Dem alten Hunolsteiner war das Benehmen seiner Tochter natürlich aufgefallen. Er sann nach, wie er den ungebetenen Gast loswerden könnte. Zunächst aber entschuldigte sich der Freiherr für das ungebührliche Verhalten seiner Tochter. Sie saßen lange beisammen. Doch kaum krähte am nächsten Morgen der erste Hahn, als beide auch schon auf den Füßen waren. Der Freiherr bat seinen Gast, doch mit ihm einen Ausflug zur Bergkuppe zu machen. Der Teufel war einverstanden. Droben angelangt sprach der Hunolsteiner: »Herr Gast, so ihr ohne Kamisol und Hos' den Berg hinab hier rutschet, bloß auf Eures Körper Hinterteil, und wieder klimmet dann in Eil' hierher zu uns mit heiler Haut, soll Berta werden Eure Braut!« Der Teufel ließ es natürlich nicht auf eine Probe ankommen. Er verdrückte sich in die Büsche, einen fürchterlichen Gestank hinterlassend.[29]

Der Eicher Sand (Abb. 9)

Westlich des Ortes Eich liegt eines der Kalkflugsandgebiete, die wir entlang des Oberrheins regelmäßig antreffen. Entstanden sind sie während der Eiszeiten, und gemeinsames Charakteristikum ist ihr Vorkommen nur dort, wo sie nicht von jüngeren Hochwassern erreicht werden konnten. Die hochwassersichere Lage ließ die Dünen immer wieder siedlungsgünstig erscheinen, weshalb sie heute als reiche Fundstellen von Gräbern und Siedlungen der Jungsteinzeit bis in die Römerzeit bekannt sind. Möglicherweise gleichzeitig mit der Nutzung der Befestigung bei Nack ist ein interessanter Grabfund aus dem Sandgebiet bei Eich. In einer Vorratsgrube, die ursprünglich wie ein Erlenmeyerkolben in Form eines Kegelstumpfes mit daraufgesetztem Zylinder angelegt war, fand man das Skelett eines etwa fünfjährigen Kindes und darüber, getrennt durch eine Erdschicht, das einer etwa 25jährigen Frau. Der

Abb. 9

Blick über den Eicher Sand.

Befund wurde als Block geborgen und ins Museum der Stadt Worms gebracht. Um diese Bestattung spann sich eine Meinung, die hier im Wortlaut Friedrich Illerts wiedergegeben werden soll:

> *… fanden wir unter den mit Humus und Sandschichten angefüllten Wohnplätzen eine schlafende Mutter, die sich schützend über ihr schlafendes Kind gelegt hatte: vielleicht hatte es im Dünenbereich einen späten Sandsturm gegeben, der den Sand zum Wandern brachte. Vielleicht haben die zwei Flüchtenden keinen Schutz mehr gefunden und wurden unter der weichen Decke des Sandes begraben. Da lagen sie als ein ergreifendes Bild der Mutterliebe eingebettet vor unseren Augen.*[30]

Abgesehen von dem Umstand, daß beide Bestattungen von einem Erdband getrennt waren, ist vor allem die allgemeine Verbreitung derartiger Grabsitten zu bemerken – womit die spektakuläre Erklärung entfallen darf. Die auch Kegelstumpfgruben genannten Gruben sind in der späten Hallstatt- und der frühen Latènezeit, also grob um die Mitte des 1. Jahrtausends v. Chr.

im Oberrheingebiet (und darüber hinaus) häufig zu finden. Sie dienten als erdkühle Lagerplätze für Vorräte verschiedener Art, mitunter wohl auch zur Silage. Nun werden bei Ausgrabungen immer wieder Leichen, zum Teil auch Leichenteile in einst praktisch leeren Exemplaren gefunden. Charakteristisch scheint für die Toten zu sein, daß sie meist keine konkreten Spuren zum Tode führender Gewalteinwirkungen zeigen und sie regelhaft den Eindruck erwekken, man habe einen gewissen Respekt vor ihnen gehabt: Selbst wenn sie offenbar nicht sorgsam in die Gruben niedergelegt, sondern geworfen worden waren, tragen sie mitunter noch den zu Lebzeiten angelegten Schmuck. Analog zu frühneuzeitlichen Pestgräbern fühlt man sich an den Umgang mit Seuchenopfern erinnert, doch ist hierzu in der archäologischen Wissenschaft noch nicht das letzte Wort gesprochen.

Die Zeit der Kelten und die (mythische) Gründung von Worms

Ob das Gebiet Rheinhessens in der späten Eisenzeit zum Stammesterritorium der Treverer gehörte, wie einige Archäologen meinen, oder ob es nicht doch eigenständigen Stämmen unterstand, ist anhand der wenigen Quellen schwer zu beurteilen. Ich neige eher zu letzterer Meinung, allerdings lebten die hiesigen Gallier sicher im Schatten des großen Trevererstammes. Mit den Feldzügen des Germanen Ariovist um die Mitte des 1. Jahrhunderts v. Chr. kam es am Rhein zu massiven Veränderungen. Ariovist wollte eine Vormachtsstellung in den Gebieten westlich des Rheins erlangen, was letztlich an den Machtinteressen Caesars scheiterte. Während der Aktivitäten Ariovists wurde nach unserem bisherigen Wissen das keltische Oppidum (so nannte Caesar die Städte der Gallier) auf dem Donnersberg verlassen (Abb. 10). Die großangelegte Befestigung auf dem Donnersberg wird traditionell dem treverischen Stammesgebiet zugesprochen. Nur scheinbar spiegelt eine Sage diese Machtverhältnisse und Verbindungen nach Westen wider:

WORMS UND TRIER

Ebenso wie Mainz, verdankt auch Worms nach einer alten Sage seinen Ursprung der viel älteren Stadt Trier. Trier, von dem die heutige Stadt nur ein Schatten ist, soll lange vor Rom und bald nach Abrahams Zeiten gegründet worden sein. Da die Stadt aber so volkreich war, daß sich nicht alle Bewohner dort ernähren konnten, erging der Befehl, daß ein

Teil auswandern müsse. So entstanden Mainz, Worms, und andere Orte, die Trier noch lange als ihren Oberherrn und Oberhof anerkannt haben. Als die Wormser allmählich selber zu Macht und Reichtum gekommen waren, wollten sie sich selbständig machen und die Trierer Oberherrschaft abschütteln, bis eines Tages ein gewaltiges Unwetter mit Sturm, Hagel und Regen alles zerschlug, woraus die Wormser erkannten, daß diese Verheerungen die Strafe für ihren Abfall seien. Rasch sandten sie eine Botschaft nach Trier, baten um Verzeihung wegen ihres Abfalls und flehten um Hilfe und Beistand. Trier hat dem armen Worms seine Hilfe auch nicht versagt, sondern es gegen eine jährliche Abgabe wieder in seinen Schutz aufgenommen, wofür auf beiden Seiten Bürgen und Geiseln gestellt und nach altheidnischem Brauch den Göttern Opfer gebracht wurden. Von all diesen Vorgängen konnte man später im Trierer Dom die bildliche Darstellung auf einem gewirkten Tuch sehen, wobei auch lateinische Verse zu lesen waren. Die Oberherrschaft Triers über Worms dauerte so lange, bis C. Julius Cäsar die Lande am Rhein bekriegte und damit in politischer Beziehung eine neue Zeit für das Land am Rhein und der Mosel heraufkam.[31]

In dieser Sage steckt anscheinend ein wahrer Kern, denn in der Tat war der Einfluß der keltischen Treverer in vorcaesarischer Zeit am Rhein bedeutend. In der römischen Zeit wurde dann das heutige Rheinhessen einem Militärterritorium entlang des Rheins zugeschlagen, später der Provinz Germania superior – das Gebiet der Treverer (die *civitas Treverorum*) lag dagegen in der Provinz Belgica. Hinzuzufügen ist noch der Umstand, daß die römische Stadtgründung Augusta Treverorum (Trier), wie der Name andeutet, erst unter Augustus erfolgte, also in römischer Zeit und nach Caesar. Eine gallische Vorgängersiedlung hatte es in der Trierer Talweite nicht gegeben.

Sollte das Wissen um diese Geschehnisse bis in unsere Sage geflossen sein? So verlockend es erscheinen mag, es ist wohl nicht so! Eher dürfte hier das Streben der mittelalterlichen Trierer Bischöfe nach einer höheren Stellung als die der benachbarten Bistümer eine Rolle spielen. Dabei spielte das ehrwürdige Alter einer Vorherrschaft zur Begründung derselben eine nicht zu unterschätzende Rolle.[32]

Im übrigen kann man gar nicht sagen, derartige Mythen würden gleich als solche und als nicht ernst zu nehmend erkannt. Noch 1950 schrieb der

Abb. 10

Der Donnersberg (ganz im Hintergrund) ist von den Höhen Rheinhessens als Landmarke zu sehen.

Wormser Lokalhistoriker Friedrich M. Illert, keltische Mediomatriker hätten um die Mitte des letzten Jahrtausends v. Chr. im Gebiet der späteren Stadt Worms ihre verstreut gelegenen Siedlungen zu einer Stadt zusammengezogen. Diese sei sogar befestigt worden, und erst die Angriffe des Ariovist in den 70er und 60er Jahren v. Chr. hätten sie gezwungen, auf den Donnersberg auszuweichen. Gleichzeitig machte er die Rechnung auf, Worms sei damit 1100 Jahre älter als Rom. Mit diesen Überlegungen hat Illert selbst eine Sage geschaffen, die jedoch in jedem Detail weder dem Forschungsstand seiner Zeit, noch dem heutigen entspricht: Es gibt keinen Beleg für eine befestigte keltische Stadt im Wormser Raum – Worms entstand erst in römischer Zeit; die Stadt (lat. *oppidum*) auf dem Donnersberg wurde nicht wegen der Bedrohung durch Ariovist gegründet, sondern wahrscheinlich genau aus diesem Grund aufgegeben! Die Altersangabe, gemessen an der Gründung Roms, steht ganz in mittelalterlichen Traditionen.[33]

Ein anderer Gründungsmythos der Stadt Worms vermischt in mehreren Versionen die tatsächliche Lage nahe einem Sumpf mit dem im Stadtwappen enthaltenen Schlüssel des hl. Petrus und Spuren aus der Nibelungensage;

VOM URSPRUNG DER STADT WORMS

Worms, in der Nähe des Rheinufers gelegen, bildete ehemals ein außerordentlich sumpfiges Gelände. Nur dem zähen Fleiß der ersten Ansiedler und ihrem unerschrockenen Mute den einheimischen Geschöpfen gegenüber war es zu verdanken, wenn dort später eine blühende Stadt aus dem Boden erwuchs. Sichere Nachrichten über die Kämpfe jener Urzeiten sind nicht mehr auf die Nachwelt gekommen. Nur das Stadtwappen redet heute noch eine vernehmliche Sprache von jenen unerhörten Taten, die die ersten Ansiedler der Gegend zu bestehen hatten. Diese nahmen nämlich einen schlüsselhaltenden Drachen als Wappen der Stadt an, zum Zeichen, daß durch Fleiß wüste Einöden und von Drachen, Kröten, Molchen, Eidechsen und allerhand Würmern bewohnte Sümpfe erschlossen wurden und daß man durch Treue und Ausdauer im Kultivieren jener Rodungen zu Ehre, Macht und Ansehen gelangt ist.[34]

Abb. 11

Das Wappen der Stadt Worms auf der Stadtansicht Sebastian Münsters (um 1550).

Im Zuge einer Stadtrechtsreform zu Ende des Mittelalters suchte die Bürgerschaft der Stadt Worms ihre Eigenständigkeit vor allem gegenüber den Institutionen der Kirche durchzusetzen. 1499 kam es zum Auszug der kirchlichen Geistlichkeit aus der Stadt, die damit gegen die Neuerungen protestierte. Die Wormser hatten jedoch die Möglichkeit, auf die verbliebenen, mit der Bürgerschaft eng verbundenen Bettelorden zurückzugreifen und so die religiöse Grundversorgung zu gewährleisten. Der Klerus kehrte zehn Jahre später zurück, und ohne hier die weiteren Geschicke der Stadt um 1500 ausbreiten zu wollen, sei darauf verwiesen, daß eben diese Unruhen im Verhältnis weltlicher und kirchlicher Macht den Nährboden der bald folgenden Reformationsbewegungen bildete.

Mit dem Druck der Verlautbarung der Stadtrechtsreform im Frühjahr 1499 wurde erstmals als offizielles Stadtwappen der Schlüssel des heiligen Petrus im von zwei Drachen gehaltenen Wappenschild gezeigt (Abb. 11). Während der Schlüssel klar den Bezug zum Patron des Domes erkennen läßt, sind die Drachen an solch exponierter Stelle als Propagieren eines Ursprungsmythos zu verstehen: Die selbstbewußte Stadt verpflichtete sich damit weder Adel noch Klerus, sondern verwies auf eigene, vorzeitliche Wurzeln, um letztlich ihre Selbständigkeit zu legitimieren. Der Drache ist bereits auf einem städtischen Ölmaß von 1278 zu sehen, ob hier jedoch schon der eigentliche Wormser Lindwurm gemeint ist, wird kaum zu entscheiden sein: Im 13. Jahrhundert erfreuten sich Drachendarstellungen verbreitet größerer Beliebtheit. Drachen sind dabei durchaus als Symbole für Chaos und Naturgewalt zu deuten, einen Aspekt, auf den die in der Sage genannte Trockenlegung von Sümpfen anspielt.[35]

DER NAME DER STADT WORMS UND IHR WAPPEN

Zu der Zeit, als Worms noch eine sehr große Stadt war und den alten Namen Garmisa trug, lagerte einmal ein aus der Wüste entflohener Lindwurm vor ihren Mauern. Dieses Schreckenstier hatte zwei Füße, sah von hinten aus wie ein Wurm, spie Feuer und besaß zwei Reihen großer spitzer Zähne, während seine Augen glühenden Kohlen glichen. Schon sein Bild, das außen an der Münze auf dem Marktplatz angebracht war, erregte Schrecken, noch größer aber war die Plage, die der Wurm durch seine Verheerungen an Feld und Vieh, an Häusern und Menschen anrichtete. Alle Versuche, das Tier zu töten, waren vergeblich und immer größer wurde die Angst der Bewohner. Um das Wüten des Wurms zu

besänftigen, wurde eine Liste aller Einwohner aufgestellt und das Los gezogen, wer ihm als Speise werden sollte. Als aber die Auslosungen immer häufiger wurden und darob ein gefährlicher Hader entstand, ließ sich die Königin, deren Gatte gestorben war, mit ihren Beamten in die Verlosungsliste aufnehmen. Das bewirkte, daß sich die Bürger wieder mit den Verhältnissen abfanden.
Zu jener Zeit lebten in Worms drei Brüder von riesenhafter Gestalt, die das Schmiede- und Schlosserhandwerk betrieben. Da jedermann von dem traurigen Opfertod betroffen werden konnte, fertigten die drei Männer einen Panzer an, der auf der Außenseite mit lauter scharfen Messern versehen war. Eines Tages fiel das Los auf die Königin. Sie weinte und jammerte so sehr, daß sich einer der Brüder bereit erklärte, daß er statt der Königin dem Lindwurm geopfert werde. Doch forderte er, daß die Königin seine Gemahlin würde, wenn er am Leben bliebe. Gern willigte die Königin in diesen Vorschlag ein, worauf der Schmied, angetan mit seinem Panzer, dem Lindwurm vorgeworfen wurde, der ihn sofort verschlang. Allein die scharfen Messer zerschnitten den Leib des Ungetüms, so daß es in kurzer Zeit verendete und der Schmied wieder lebendig dem toten Körper entsteigen konnte. Großer Jubel herrschte nun in der Stadt, die endlich wieder aufatmen konnte. Die Königin aber löste ihr Wort ein, indem sie den Retter der Stadt zum Gatten nahm. Dieser wurde selbst zum König gekrönt und damit dies Ereignis nie vergessen werde, nannte er die Stadt, die bisher Garmisa geheißen hatte, zur Erinnerung an den Wurm Worms. Gleichzeitig befahl er, daß das Wappen der Stadt zur Erinnerung an sein früher betriebenes Handwerk einen Schlüssel führen sollte.

Solches wird noch weit ausführlicher berichtet in einer jüdisch-deutschen Geschichte der Stadt Worms, die 1696 in Amsterdam erschienen ist. Ein Bild, welches die drei Brüder mit dem Lindwurm, der Königin und ihrer Krone darstellte, war nach dieser Geschichte am Rathaus zu sehen.[36]

Der Schlüssel im Wormser Wappen ist selbstverständlich – wie bereits festgestellt – der des heiligen Petrus, dem der Dom geweiht ist. Die ganze Geschichte erinnert nicht wenig an die hochmittelalterliche Legende des heiligen Georgs, welcher bei der libyschen Stadt Silena (nach anderer Überlieferung bei Jaffa oder Beirut) eine Prinzessin vor dem Opfertod durch einen Drachen bewahrt haben soll.[37]

Reuter & Schäfer liefern uns mit ihrer Sage Nr. 15a eine westjiddische Version praktisch gleichen Inhalts, aber von besonders einprägsamer Erzählkraft:

MASSZE, WARUM AS DIE STAT WURMEIZA HEISZT UND WARUM EIN SCHLÜSSEL DAS WAPPEN IS!

Vor alte Zeiten is die Stat Würmsz gar grosz gewesen, aso war ein Lintwurm aus der Midbar, der Wüste, gekommen und hat sich hart an die Mauer von der Stadt gelegt und hat grosze Schaden gethan. Er hat vil Häuser umgerissen und hat och vil Menschen und vil Behemos, vil Tiere, eingeschlunden. Das selbig Mal regirt ein verwitwete Malka, eine verwitwete Königin. Und wenn man den Lintwurm stillen wollt, so must man ihm ein Mensch alla Tag anaus werfen über die Mauer, da schlint er ihn straks ein und tet den selbigen Tag weiter kein Schaden mehr. Aso schreibt man alle Menschen, die in Würmsz wonten, in ein Buch, und man wirft Goral, das Los. Und dem da das Goral, das Los, gefalt, dem warft man über die Mauer zu dem Lintwurm. Zuletzt wollten die Borgers nit mer Goral, das Los, werfen. Da sagt die Malka, die Königin: Zeichnet mich och und alle meine Szorim, meine Fürsten, und wenn das Goral, das Los, auf einen von uns wert gefallen, aso sol man uns och nit verschonen. Das selbig Mal waren zu Würmsz drei Brüder, die waren grosze Riesen und waren alle drei Schlösser und Messer Schmieden, dasz man ihr gleichen aso wenig gefindt. Und sie machten sich ein Harnisch von Eisen und Hentschüch von Eisen mit lauter scharfe Messer dran, und haben mit anander ausgenommen, dasz, wenn das Goral, das Los, auf einem von sie drei kommt, aso sol der selbig den Harnisch und die Hentschüsch anton und den Lintwurm zerschneiden. Ein Mal fallt das Goral, das Los, auf die Malka, die Königin. Die trauert und weint, wie man wol denken kann. Da kam einer von den drei Brüdern und derbarmet sich über die Malka, die Königin, und sagt, er wollt sich untersten, dem Lintwurm um das Leben zu brengen, aber die Malka, die Königin, sollt ihm versprechen, dasz sie ihm nehmen will zu ein Mann. Die Malka, die Königin, verspricht es, und alle Szorim, alle Fürsten, vorsprechen, dasz sie ihm zu ein Melech, ein König, krönen werden. Nun warf man den Riesen anaus, der Lintwurm schlindt ihm ein, aber er zerschneidet den Lintwurm und kam lebendig wieder araus. Da war die Freude gar grosz und die Malka, die Königin, haltet ihr Wort und nam den Schlösser, den Riesen, zu ein Mann und man krönt ihn zu ein Melech, zu ein König. Und jedermann waren ganz wol zufrieden mit ihm. Weil er den Lintwurm um das Leben gebracht, das guts konten sie ihm nit vergessen und sie taten ihm alle Ehre an. Wie der Schlösser nun sach, dasz er geliebt war in die Leute Augen, aso gebietet er, dasz man zu ein ewig gedechtnis von wegen das Maasze, von wegen der Geschichte, sol die Stat Würmsz heiszen. Und damit man nit sol vergessen, dasz ein Schlösser zu Würmsz Melech, König, gewesen ist, da sol die Stat ein Schlüssel zum Wappen führen. Und wem die Maaze, die Geschichte, nit gefallt, kann sich ja ein ander Stat suchen, die nit Würmsz heiszt und keinen Schlüssel nit zum Wappen hat.

Eine andere Variante der Wormser Lindwurmsage ist scheinbar mit mehr historischen Fakten versehen:

WORMS UND SEIN LINDWURM

In Worms gab es vor langer Zeit einen Stadtteil, der von den Menschen wegen seiner Gefährlichkeit am besten gemieden wurde. Wahrscheinlich war dies die sumpfige Gegend der Speyrer Vorstadt. Dort hat einst der große Lindwurm gelebt, nach dem Worms benannt sein soll. Seine Schlupfwinkel hatte er in den römischen Ruinen und Gräbern, bis er vom ersten Bischof von Worms, der um 346 lebte und Viktor oder Siegfried hieß, vertrieben wurde. Andere Berichte erzählen, es sei nicht nur ein Lindwurm, sondern es seien viele böse Würmer gewesen, die allda gehaust hätten. Deren dann viele von Siegfried erschlagen und verbrannt worden seien und mit deren Blut er sich eingerieben und also hörnin geworden.[38]

Diese Sage ist gar nicht wenig heikel: Die historische Erklärung eines Mythos mit schlüssigen historischen Ereignissen führt oft zu einem plausiblen Geschichtsbild, bei dem zu Gunsten des logischen Gesamten allzuleicht vergessen wird, die einzelnen Elemente einer kritischen Überprüfung zu unterziehen. Die vorliegende Sage versetzt den Leser in die Zeit der Christianisierung und der sich am Rhein etablierenden Kirche. Leider ist aufgrund der vorliegenden Daten nicht zu entscheiden, ob es wirklich um die Mitte des 4. Jahrhunderts einen Bischof Victor in Worms gegeben hat. Denkbar ist dies sehr wohl, ebenso ist aber auch ein bewußter oder unbewußter Fehler in der Zusammenschrift der Teilnehmer des Kölner Konzils im Jahr 346 n. Chr. möglich, die erst im 10. Jahrhundert entstanden ist und als einzige Quelle den besagten Wormser Bischof nennt. Die nüchterne historische Wissenschaft neigt sogar eher zu der Theorie, das gesamte Konzil des Jahres 346 sei eine Erfindung des frühen Mittelalters: Angeblich wurde während des Konzils der Kölner Bischof Euphrates durch 14 benachbarte Amtskollegen unter dem vorsitzenden Trierer Bischof Maximinus wegen Häresie abgesetzt. Leider stammt die früheste Überlieferung dieser Ereignisse aus der im 8. Jahrhundert verfaßten Vita des Trierer Bischofs Maximus und damit aus einer Zeit, in der starke Rivalitäten zwischen den Bistümern Köln und Trier bestanden. Das Motiv zu einer Fälschung wäre naheliegend.

Die vielen offenen Fragen zum frühchristlichen Worms hat zuletzt die Archäologin der Stadt Worms, Mathilde Grünewald zusammengefaßt.[39]

2

Die Römerzeit

Die römische Herrschaft am Rhein war keine Besatzung, wie es nationalistische Historiker im 19. und 20. Jahrhundert oft dargestellt haben. Selbst die blutige Unterwerfung Galliens durch Caesar hat für viele Menschen zuerst kaum mehr bedeutet, als daß sie nun ihre Steuern und Abgaben an andere zahlen mußten. Dann aber, etwa ein bis zwei Generationen nach Caesar, in den letzten Jahrzehnten vor Christi Geburt, setzte ein tiefgreifender gesellschaftlicher und kultureller Wandel ein. In unserem Raum war es vor allem die Stationierung römischen Militärs, die für zahlreiche kulturelle Neuerungen verantwortlich zeichnete. Anfangs kamen die meisten Soldaten aus Norditalien und Südfrankreich, von dort brachten sie ihre Lebensgewohnheiten an den Rhein. Daneben waren es aber auch Spezialtruppen aus dem Orient, die wir im 1. Jahrhundert n. Chr. hier fassen können; ihnen verdanken wir vielleicht das frühe Heiligtum für orientalische Gottheiten in Mainz, welches 2000 und 2001 teilweise ausgegraben wurde. Andererseits verließen einheimische Rekruten die Gebiete am Rhein, um in entfernten Gegenden Dienst zu tun – wo sie wiederum mit fremden Kulturen konfrontiert wurden und später von diesen etwas in ihre Heimat mitbringen konnten. Dieser hochkomplexe Vorgang wird mit dem Fachbegriff »Romanisierung« umschrieben. Darunter ist jedoch nicht die Assimilation der eingesessenen Bevölkerungsteile und Umformung zu Römern zu verstehen, sondern vielmehr das Entstehen einer gallo-römischen Kultur im Rahmen einer Verschmelzung.

Dabei stieg der Lebensstandard deutlich über alles bislang erreichte; auch Bildung und Wissen wurden für breite Schichten der Provinzbewohner nun erreichbar. Eine effiziente Verwaltung (deren Erbe die katholische Kirche übrigens heute noch bewahrt), eine breitere Alphabetisierung der Gesellschaft und die Zugehörigkeit zu einer Weltmacht prägten die Provinzen nördlich der Alpen so deutlich, daß auch im Mittelalter immer wieder diese Vergangenheit beschworen wurde.

Gründungsmythen antiken Inhalts

Sitz der zivilen und militärischen Verwaltung der Provinz Germania superior war Mainz, welches damit seit 2000 Jahren eine ununterbrochene Zentralfunktion innehat. Eine so bedeutende Stadt muß, zumindest aus regionaler Sicht, auch einen bedeutenden Ursprung haben. Ihr wirkliches Entstehen aus einem kurz vor Christi Geburt errichteten Militärlager mit umliegenden Kneipen und Bordellen – wenn auch etwas zu platt formuliert, so doch nicht ganz ohne Berechtigung – kann kaum dem Goldenen Mainz gerecht werden. Rom, als Ewige Stadt auch im Mittelalter ein Synonym des Städtischen, kann beispielsweise auf einen Gründungsmythos blicken, der bis nach Troja zurückreicht. Aber damit steht Rom nicht allein; denn ebenfalls mit Troja verbunden ist ein Gründungsmythos von Mainz:

DER ZAUBERER NEQUAM

In Trier an der Mosel hat vor vielen Jahrhunderten einmal ein großer Zauberer namens Nequam gelebt. Das war ein schlimmer Unhold, der den Trierern manch bösen Streich gespielt hat, bis sie sich entschlossen, den Schwarzkünstler mit seinen Gesellen aus ihrem Stadtgebiet auszuweisen. Nequam und die Seinen zogen danach an den Rhein, bis sie die Gegend von Mainz erreichten. Da dieser Ort damals noch unbesiedelt war, hat sich der Zauberer dort angebaut und die Stadt durch seine geheimen Künste bald zu solcher Blüte gebracht, daß man sie überall »das goldene Mainz« nannte. Das hat sich alles schon lange vor Christi Geburt zugetragen.

Daß man die Gründung von Mainz wirklich auf jenen alten Zauberer zurückführen muß, wird durch eine viel später gefundene Inschrift bestätigt. Eines Tages hat man nämlich einen großen Stein aufgefunden, der auf seiner oberen Seite die Inschrift trug: »Verte et invenies«, d. h. »drehe um, dann wirst du etwas finden!« Als man dann den Stein vollends ausgrub, fand man unten die Worte: »Moguntia ab antiquo Nequam«, d. h. »Mainz ist von dem alten Nequam gegründet«. Über die Zeit und den Ort, da der Stein aufgefunden wurde, ist heute nichts Näheres mehr bekannt.

Andere übersetzen den Satz »Moguntia ab antiquo Nequam« mit den Worten »Mainz ist eine Stadt voll alter List« und erläutern es durch verschiedene Ränke der mainzischen Erzbischöfe und die Unbilden, welche

die hessischen Fürsten und das Volk von ihnen zu erdulden hatten. Auch auf die unruhigen meuterischen Mainzer Bürger hat man es bezogen. Welche Ansicht unter diesen dreien die richtige ist, soll hier nicht untersucht werden. Jedenfalls hat das Wort im Mittelalter allgemeine Kenntnis besessen, so daß man es auch im Umgang mit Fremden als Zitat benützen konnte. So kommt es, daß selbst der berühmte Nuntius Alexander, der dem Papst 1521 über die Vorgänge auf dem Wormser Reichstag Bericht erstattete, in seinen Depeschen über die romfeindlichen Vorgänge in Mainz und Worms einmal sagen konnte: »Doch Maguntia ab antiquo nequam; das kann man dort in Stein gehauen lesen, wie mir der Erzbischof erzählte.«[40]

Der päpstliche Nuntius hörte von der althergebrachten Unzuverlässigkeit der Mainzer übrigens aus dem Grunde, da der Erzbischof mit diesen Worten den wütenden Mob zu entschuldigen versuchte, der anläßlich einer Verbrennung lutherischer Schriften durch den arroganten Gesandten diesen fast gelyncht hätte.

Nach einem Mainzer Mönch, der die Nequamgeschichte im späten 13. Jahrhundert berichtete, war Nequam einer von sechzehn Zauberern, die 1362 v. Chr. aus dem von Trojanern gegründeten Trier verwiesen worden seien. Lateinisch »Nequam« bedeutet übersetzt auch »Nichtsnutz«. Doch möchte ich über den mythischen Ahnherrn des Goldenen Mainz keine Unannehmlichkeiten verbreiten. Der Umstand, daß auch hier wieder eine Gründungslegende Trier als die ältere Stadt darstellt, während ihre rheinischen Pendants quasi Filialen sind – wir lasen bereits und lesen ähnliches später zu Worms – wird kaum ein Zufall sein. Sie ist allerdings kein Nachleuchten vorrömischer Verhältnisse, die mit der Vorherrschaft der keltischen Treverer am linken Rheinufer nur zufällig eine ähnliche Hierarchie aufzeigen. Vielmehr wird hier wohl die bereits angeführte Konkurrenz unter den mittelalterlichen Bischöfen bei der Entstehung der Nequamsage eine Rolle gespielt haben, denn ältere Rechte galten immer als höhere Rechte.

Um es nicht unerwähnt zu lassen: Trier und Mainz sind beides römische Gründungen, die jedoch bis in die Spätantike ganz unterschiedliche Wege gingen: Während *Augusta Treverorum* (Trier) schon früh wichtige Verwaltungsfunktionen besaß und in der Spätantike sogar zur Kaiserresidenz und Metropole aufstieg, spielte *Mogontiacum* (Mainz) neben der Rolle als Provinzhauptstadt vor allem die des strategisch überaus bedeutenden Garnisonsortes.

Schließlich waren beide schon in der Spätantike Sitz eines Bischofs, doch vermögen wir heute ebensowenig wie die Gelehrten des Mittelalters zu entscheiden, welches Bistum nun das ältere ist.[41]

Die Gründung von Mainz

Mainz wurde 13 oder 12 v. Chr. gegründet. Damals bauten die 14. Legion *Gemina* und die 16. Legion *Gallica* auf dem Kästrich ein großes Militärlager, welches dort bis ins 4. Jahrhundert n. Chr. bestehen sollte. Der gallische Name der Stadt, *Mogontiacum*, läßt die Möglichkeit offen, es hätte bereits zuvor eine Siedlung von Einheimischen hier gegeben. Diese war allerdings sicher keine Stadt (die nächste linksrheinische keltische Stadt war das Oppidum auf dem Donnersberg, welches aber wohl ein oder zwei Generationen vor der Gründung des Mainzer Legionslagers verlassen worden war).

In den nachfolgenden Jahrzehnten wuchs um das Lager rasch eine zivile Ansiedlung, die zum einen die *canabae legionis* umfaßte (also die Siedlung jener Zivilisten, die vom Militär abhängig waren; unser Wort Kneipe stammt nicht ohne Grund von *canabae* ...), zum anderen entstanden aber auch *vici* (Viertel mit gewisser Selbstverwaltung) unterhalb des Kästrich. Diese *vici* wurden verhältnismäßig spät in die politische Form einer Stadt zusammengeführt, wahrscheinlich erst um 300 n. Chr.

DER TROJANER MOGUNTINUS

Neben der Sage, nach welcher Mainz von einem Zauberer Nequam gegründet worden sein soll, der ums Jahr 1400 vor Christi Geburt aus Trier vertrieben wurde, gibt es noch einen anderen Bericht von dem Ursprung der Stadt. Nachdem die Griechen Troja zerstört hatten, sollen viele Trojaner in alle Welt hinaus verstreut worden sein. Einer dieser trojanischen Helden mit Namen Moguntinus kam an den Rhein, wo er eine Stadt erbaute und sie nach seinem Namen Moguntia nannte, woraus später der Name »Mainz« entstand.[42]

Aber wie, um alles in der Welt, kam man auf die Idee, der erste Mainzer sei ein Trojaner gewesen? Hierfür müssen wir uns ins frühe Mittelalter begeben. Zur Zeit der merowingischen Könige (5.–8. Jahrhundert) war die Geschichtsschreibung das statische Werk einzelner, nicht wie seit dem

Spätmittelalter und bis heute das ewig variierende Produkt einer größeren Wissenschaftsgemeinschaft. Das maßgebende Geschichtswerk der frühen fränkischen Könige sind die Zehn Bücher des Gregor von Tours (6. Jahrhundert). Im 7. Jahrhundert setzte Fredegar das Werk fort und brachte zusätzlich einen Ursprungsmythos ein: König Merowech wäre der Sohn eines in der Nordsee lebenden Meerungeheuers. Solche Ursprungsmythen verfolgen meist ein tagesaktuelles Ziel; vorwiegend die Herrschaftslegitimation und das Untermauern von Machtansprüchen. Im 9. Jahrhundert wurde auf den beiden älteren Werken aufbauend das *Liber Historia Francorum* geschrieben, das »Geschichtsbuch der Franken«. In den folgenden Jahrhunderten ergänzten verschiedene Autoren diese Chroniken um jüngere Ereignisse – und um weitere Ursprungsmythen, zu denen schon im Hochmittelalter die Trojasage tritt. Bereits die Römer hatten sich von dem Trojaner Aeneas abzustammen gerühmt, so daß es nahelag, eine gleichwertige Herkunft auch für die fränkischen bzw. später französischen Könige zu konstruieren. Hilfreich war dabei der bisweilen schlichte historische Sachverstand, der sich zum Beispiel in der Deutung des römischen Namens von Xanten, *Colonia Ulpia Traiana* (= trajanische Kolonie, nach dem Kaiser Trajan benannt) zeigt: Hieraus machte man ein Troia Francorum; in dem um 1080 entstandenen Annolied wird die Gründung Xantens durch einen Trojaner namens Franko geschildert.

Wie ernst solche Ursprungsmythen genommen wurden, zeigt der Umstand, daß man in Frankreich noch zu Beginn des 18. Jahrhunderts im Gefängnis landen konnte, wenn man die trojanische Abstammung des Sonnenkönigs Ludwig XIV. bezweifelte![43]

Nicht einfach so in die Trojasage verweben ließ sich allerdings der Name des römischen Mainz: Die Stadt hieß in römischer Zeit *Mogontiacum*. Der Name Mogon ist dabei der eines gallischen Gottes, welcher wohl im Gesundheitsbereich sein Wirkungsfeld hatte. Genauer handelt es sich sogar um ein Götterpaar dieses Namens; *Mogontia* und *Mogontus*. So ist in Le Sablon bei Metz ein Altar gefunden worden, der einer *Dea Mogontia* geweiht ist. Vom Limeskastell Zugmantel gibt es eine Ritzinschrift auf einem Teller, die mit *Mogont Narci* vielleicht ebenfalls auf diese Gottheiten Bezug nimmt. Das Suffix *-iacum* im römischen Namen von Mainz ist ebenfalls gallisch und am besten mit »Stätte« oder »Ort« zu übersetzen und gibt damit dem vorhergehenden Namensbestandteil eine topographische Bedeutung: *Mogontiacum* bedeutet also in etwa »Ort der Mogontia« oder besser verdeutscht: »Mogontienstatt«.[44]

Eine volksetymologische Erklärung meint zu diesem Thema mit viel Lokalkolorit:

DEUTUNG DES NAMENS »MAINZ«

Vielleicht haben diejenigen nicht ganz unrecht, die glauben, daß der Name vom Main und von der Zeybach herkommt. Danach wäre Mainz aus Mogon und Cia entstanden, was schon Conrad Celtes 1502 in seinem Lobgedicht auf die Stadt sagte: »Urbis cui Cia cum Mogana nomina clara dabant«. Cia ist aber nichts anderes als der lateinische Name der Zei, Zy, Zeybach oder Zybach, von der die beiden Orte Bretzenheim und Zahlbach ihrer ganzen Länge nach durchflossen werden und die schon in einem alten Reimspruch erwähnt wird, der da lautet: »Bretzenheim auf der Zey, Mainz liegt gar nahe dabei«.[45]

Das römische Bingen

Bingen ist ebenfalls eine römische Gründung, die wohl aus einem Militärlager an der strategisch wichtigen Mündung der Nahe und dem Beginn des engen Mittelrheintales hervorgegangen ist. Die Bedeutung des antiken Namens *Bingium* ist ungeklärt, doch mag womöglich mit ihm die Biegung des Rheins bezeichnet werden. Auch auf der Bingerbrücker Seite der Nahe hat man antike Reste gefunden; vornehmlich die Gräber der römischen Binger, die sich etwa vom Rupertsberg bis zum Bahnhof hinzogen. Der römische *vicus Bingium* lag also von Beginn an auf der rechten Naheseite, im Bereich der heutigen Binger Altstadt.[46]

Die Sage möchte die Entstehung Bingens lieber in die Karolingerzeit legen:

VOM URSPRUNG BINGENS 1 (Abb. 12)

Zur Zeit Kaiser Karls des Großen lebte ein mächtiger Fürst am Rhein, dessen schöne und sittsame Tochter Berta dem heidnischen Herzog Robolus die Hand gegeben hatte, in der Hoffnung, ihn dadurch zum christlichen Glauben bekehren zu können. Robolus, so berichtet die hl. Hildegard weiter, blieb aber nicht nur Heide, sondern bekämpfte sogar die Christen, bis er selbst in einer Schlacht fiel und Berta als Witwe und ihren Sohn Rupertus als Waisen zurückließ. Berta, die bisher auf

dem Schlosse Lubun, d. h. Laubenheim an der Nahe gelebt hatte, verließ nun jenen Ort und zog auf einen Berg bei Bingen, den nachmaligen Rupertsberg, wo sie eine Kirche nebst einer Klause erbaute, um sich ganz dem Dienste Gottes und der Erziehung ihres Sohnes zu widmen. So kam es, daß Rupertus ein frommer Jüngling wurde und seiner fürstlichen Stellung gänzlich entsagte. So gottselig war der Jüngling, daß er nicht nur nach Rom pilgerte, sondern auch in seinem Lande, das von der Selz bis zum Wiesbach, von da bis zum Eller- oder Guldenbach, ferner an die obere Simmer, an die Heimbach und wieder bis nach Bingen gereicht hat, zahlreiche Kirchen erbauen ließ. Schon im 20. Jahr seines frommen Lebens nahm Gott den Sohn Bertas zu sich in die Ewigkeit. Sein Leichnam wurde in der von seiner Mutter erbauten Kirche, um die sich inzwischen eine prächtige Stadt mit herrlichen Gebäuden und starken Mauern und Türmen erhoben hatte, beigesetzt. Berta lebte noch 25 Jahre lang, während welcher sie den größten Teil ihres Vermögens ihrer Kirche schenkte. Das friedliche Leben in dieser Stadt nahm aber bald darauf ein Ende. Zur selben Zeit, als die Normänner Trier zerstörten, kamen sie auch hierher, um alles in Schutt und Asche zu legen. Die dadurch vertriebenen Einwohner bauten zwar ihre Stadt demnächst wieder auf, aber nicht an der alten Stelle, sondern am rechten Ufer der Nahe, dort, wo früher schon ein kleines Dorf gestanden hatte und wo sich gegenwärtig noch die Stadt Bingen befindet.[47]

Bingen erlitt im Laufe ihres 2000jährigen Bestehens Zerstörungen wie kaum eine andere Stadt; jene durch die Wikinger im Jahre 881 n. Chr. ist dabei nur ein Tiefpunkt im Auf und Ab der Binger Geschichte.[48]

Der Rhein zwischen Mainz und Bingen war in früheren Zeiten weit weniger eine Grenze, als er es heute ist. Häufiger Fährverkehr, ebenso über den Strom geknüpfte familiäre Bande legen davon Zeugnis ab. Und auch die klösterlichen Einflußsphären griffen über den Strom, erinnert sei hier an den Birkerhof am Ober-Olmer Wald, der dem Kloster Eberbach gehörte. Umgekehrt hatte das Benediktinerinnenkloster Rupertsberg bei Bingen unter seiner berühmten Äbtissin Hildegard eine Filiale im rechtsrheinischen Eibingen geschaffen. Dort, oberhalb Rüdesheims, war 1146 ein Augustinerkloster gestiftet worden, welches 1148 von Eberbach aus bezogen wurde. Es wurde im Krieg zwischen Mainzer Erzbischof und Kaiser Friedrich im Jahr 1165 schwer

Abb. 12

Kloster Rupertsberg (um 1620), Stich aus Daniel Meisner, Politisches Schatzkästlein 2, 2 (Frankfurt 1627)

beschädigt, noch im selben Jahr vom Kloster Rupertsberg übernommen und als Benediktinerinnenkloster eingerichtet. Ansonsten haben Bingen und Eibingen weniger gemeinsam, als es die ähnlichen Namen erwarten lassen: Der Name Bingen ist vom gallisch-lateinischen Ortsnamen Bingium abgeleitet, während Eibingen eine germanische Namensgebung im frühen Mittelalter zugrunde liegt.[49]

VOM URSPRUNG BINGENS 2

Vor vielen hundert Jahren lag Bingen nicht am Einfluß der Nahe in den Rhein, sondern in dem entlegenen Tale eines dunklen Waldgebirges. Damals herrschten noch die Geister und Dämonen auf der Erde, wie denn auch die Mauer der Stadt Bingen von einem bösen Geist bewacht wurde. Als nun eines Tages der Feind ins Land kam und Städte und Dörfer eroberte, da nahm der Teufel, in Sorge um sein Eigentum, das Städtchen auf die Schultern, um es fortzutragen und in Sicherheit zu bringen. Das war aber selbst für den Teufel keine leichte Aufgabe. Hartnäckig verfolgten ihn die Feinde bis zum Rhein, in der Absicht, ihm die Stadt, koste es, was es wolle, wieder abzunehmen. Auch war in den Straßen des Städtchens die Aufregung so groß, daß die Bewohner vor lauter Angst hin und her liefen und dem Teufel seinen sauren Gang nur noch schwerer machten. Als dem Schwarzen dadurch die Last schließlich ganz unerträglich wurde, setzte er sie in der Ecke zwischen Rhein und Nahe auf den Boden nieder. Das war aber kaum geschehen, da gewahrte er zu seinem Schrecken, daß er einen Teil der Häuser auf das andere Ufer niedergesetzt hatte. Solange die Stadt ungeteilt war, befand sie sich in der unumschränkten Macht des Teufels, nun aber, da sich ein Teil davon losgelöst hatte, mußte seine Herrschaft zu Ende gehen. Laut bittend rief er über den Rhein hinüber: »Komm', ei Bingen, komm' herüber!« Aber das kleine Stück wollte nicht hören und blieb am anderen Ufer liegen. Von da an mußte der Teufel die Stadt für immer verlassen. Das Dorf überm Rhein aber trägt davon bis heute den Namen Eibingen.[50]

Bad Kreuznach (Abb. 13)

Bad Kreuznach ist neben Alzey, Worms, Mainz und Bingen die fünfte römische Ansiedlung Rheinhessens, deren Name uns überliefert ist. Auch wenn die Überlieferung der Bezeichnung »*Cruciniacum*« nur durch mittelalterliche und nicht antike Quellen erfolgt, spricht doch einiges dafür, hier tatsächlich einen Rückgriff auf römerzeitliches Namensgut sehen zu dürfen: Die Endung *-acum* ist gallischen Ursprungs und mit Ort, Stätte und ähnlichem zu übersetzen (wie auch bei Mainz/*Mogontiacum*). Davor dürfte ein Eigenname stehen. Funde belegen bereits in der frühen Kaiserzeit die Existenz eines *vicus*, in dessen Umfeld um 370 n. Chr. ein Kastell errichtet wurde. Dieses hat mit seinen festen Mauern – analog zu dem Kastell in Alzey – im Frühmittelalter einer Kirche Schutz geboten und damit geholfen, wichtige Funktionen von der Spätantike ins Mittelalter zu tradieren.[51] Ungeachtet der römischen Vergangenheit sucht eine Sage die Erklärung des Ortsnamens im Frühmittelalter zu finden:

VOM URSPRUNG BAD KREUZNACHS (Abb. 14)

Als das Frankenland noch heidnisch war, da lag auf einer Insel in der Nähe ein Fischerdorf; aber die oft so reißenden Fluten des Stromes verursachten manches Unheil und rissen beinahe alljährlich die leichten

Hütten der Bewohner mit sich fort. Da kam ein christlicher Glaubensbote dorthin und errichtete auf der Insel ein steinernes Kreuz. Wie nun die heidnischen Franken sahen, daß dieses Kreuz mitten in Wogendrang und Eisgang unverletzt stehen blieb, da baten sie den fremden Mann, der unter ihnen wohnte, er solle sie steinerne Häuser bauen lehren. Das tat er und lehrte sie noch mehr, nämlich den Schöpfer Himmels und der Erde anzubeten und den Glauben anzunehmen, dessen Wahrzeichen das Kreuz ist. Das steinerne Kreuz aber auf der Naheinsel verlieh der neu entstehenden Ansiedlung den Namen Kreuznach.[52]

Was soll man zu dieser Geschichte sagen? Es entspricht dem Wissen des 19. Jahrhunderts, von einer Holzbauweise profaner Bauten der Franken in unserer Region auszugehen. Vielleicht ist es ein irischer Mönch, der hier missioniert. Nun wird Kreuznach, das antike *Cruciniacum*, aber bereits seit römischer, spätantiker Zeit (wohl dem 4. Jahrhundert) christliche Einwohner gehabt haben, die Kirche St. Martin im spätantiken Kastell darf in das 5. Jahrhundert datiert werden. 1322 ließen die Grafen von Sponheim auf der besagten Naheinsel eine neue Pfarrkirche errichten, zu deren Filialkirche dann die alte Kirche wurde. Letztere wurde wohl im späten 16. Jahrhundert abgerissen. An dieser Gründungslegende ist also alles aus historischen Versatzstücken zusammengefügt worden, um schließlich ein falsches Ganzes zu ergeben. Als Treppenwitz der Lokalgeschichte mag noch der Abt Trithemius zu Wort kommen, der uns etwas zur Hochwassersicherheit mitteilt:

1458 »war eine große Überschwemmung am Rhein, Mosel und Nahe und aller Flüsse rings um diese Gegend, die den Menschen großen Schaden zugefügt hat. Durch den schmelzenden Schnee ist die Überschwemmung so hoch angewachsen, daß sie auch die Pfarrkirche auf der Insel zu Kreuznach ganz mit Wasser ausgefüllt und einige Altäre umgestürzt hat. Mauern wurden unterwühlt und die Gräber der Verstorbenen wurden ihrer Steine beraubt und durch den großen zugefügten Schaden wäre das Gotteshaus beinahe zerstört worden.«[53]

Das antike *Cruciniacum* nennt sich heute stolz Bad Kreuznach und verweist damit auf seine Heilbäder.

Einige römische Orte am Rhein profitierten von den geologischen Verhältnissen des Oberrheingrabens, da diese an verschiedenen Stellen heiße

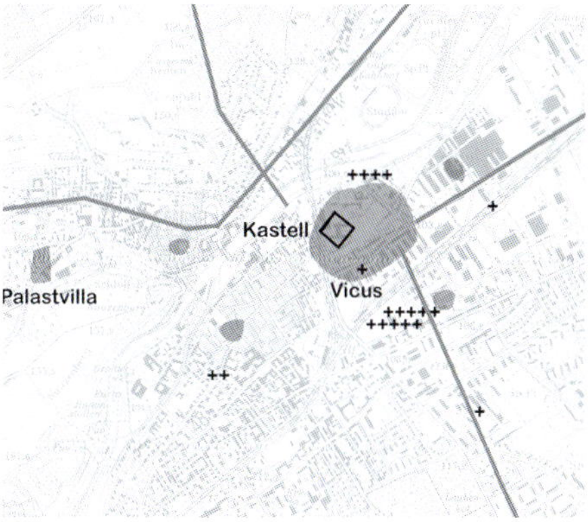

Abb. 13 (links)

Plan des römischen Bad Kreuznach.

Abb. 14 (rechts)

Die Pauluskirche, hinter Bäumen verborgen auf der Kreuznacher Naheinsel.

bzw. schwefelhaltige Quellwasser austreten lassen. Mehrere auch heute noch berühmte Kurorte können so auf eine fast 2000jährige Geschichte ihrer Bäder zurückblicken. So Baden in der Schweiz (*Aquae Helveticae*), Baden Baden (*Aquae*) oder Wiesbaden (*Aquae Mattiacorum*). Ein antiker Kurort geringerer Bedeutung befand sich bei einer Schwefelquelle südlich Nierstein, die der Geologie des Oberrheingrabens ihre Existenz verdankt. Weniger geologisch als mehr biologisch bedingt war dagegen ein Kurzentrum um eine Schwefelquelle in Alzey: Dort wandelten Bakterien im nährstoffarmen Grundwasser Schwefel in Schwefelwasserstoff um. Ein bekannter Kurort Rheinhessens fehlt noch in dieser Auflistung: Bad Kreuznach. Gerade hier kurten – nach allem was wir wissen – die Römer noch nicht. Die dortigen Solquellen sind allerdings bereits in Urkunden der Jahre 1478 und 1490 erwähnt. Im Bereich der heutigen Theodorshalle befand sich damals der Sulzer Hof, dessen Name auf das salzhaltige Wasser verweist. Seit der ersten Hälfte des 18. Jahrhunderts wird in den Salinen und Gradierwerken der Karlshalle und der Theodorshalle

Salz gewonnen (Abb. 15). Ab etwa 1820 nutzt man die Sole mittels Trink- und Badekuren zu Heilzwecken, womit die Blütezeit der Stadt Kreuznach beginnt. Sagenhaft wird die Entdeckung in die Neuzeit verlegt:

DIE AUFFINDUNG DER KREUZNACHER SOLQUELLE

Da war ein Soldat, der hat geträumt, wenn er nach Mainz ginge, auf die Brücke, dort würde er sein Glück suchen und würde es auch da finden. Und so hat er zweimal geträumt. Da hat er dies seinen Kameraden erzählt. Diese haben ihn aber ausgelacht und aus Narretei haben sie gesagt: »Dann geh dahin.« Später hat er es wieder geträumt. Da hat er sich Urlaub genommen und ist des Morgens früh auf die Mainzer Brücke gegangen. Er ist von des Morgens an den ganzen Tag auf der Brücke auf- und abgegangen bis des Abends. Ein Brückenknecht hatte ihm den ganzen Tag zugesehen. Das kam dem auffallend vor und er fragte den Soldat, ob er etwas suchte oder auf jemand warten würde. »Nein«, sagte dieser, »das nicht, aber ich schäme mich bald, es zu sagen. Ich habe dreimal geträumt, wenn ich nach Mainz ginge, auf die Brücke, dort würde ich mein Glück suchen und würde es auch dort finden. Nun bin ich den ganzen Tag umhergegangen und habe doch nichts gefunden.« Da hat der Brückenknecht gelacht und gesagt: »Ja, wenn man aufs Träumen soll achtgeben. Da habe ich letzt geträumt, wenn ich nach Kreuznach ginge, hinter Kreuznach, dort ständ ein Häuschen, und hinter dem Häuschen, da ständ ein großer Birnbaum. Wenn ich unter dem Baum nachgraben würde, so würde ich mein Glück finden.«

Und das Häuschen, das gehörte dem Vater des Soldaten. Dieser ist darauf heim und hat dies seinem Vater erzählt. Sie haben darauf an dem Baum nachgegraben und fanden dort die erste Salzquelle.[54]

Träume für übermittelte Botschaften zu halten und durch das Befolgen darin erteilter Ratschläge sein Glück finden zu hoffen, ist ein seit der Antike weit verbreiteter Brauch. So durchschritt bereits im 2. Jahrhundert n. Chr. Aelius Aristides den Fluß Selinus bei Pergamon, um sich damit sowie durch begleitende religiöse Handlungen von einer Krankheit zu befreien. Den »Auftrag« dazu hatte ihm der Heilgott Asklepios in einem Traum gegeben! Aristides schreibt dies in seinem Buch Hieroi Logoi (»Heilige Berichte«), der autobiographischen Krankheitsgeschichte des vor allem als Dichter und Redner berühmten Mannes. Das Werk enthält zahlreiche Traumbeschreibun-

Abb. 15
Gradierwerke an der Nahe zwischen Bad Kreuznach und Bad Münster.

gen und -deutungen, auch ist es besonders wertvoll durch die Schilderung antiker Bräuche und Riten in Kurzentren.

Das Durch- oder Überqueren eines Flusses mit Finden des Glücks oder der Heilung von Krankheit darf wohl gleichermaßen als das Beschreiten einer mythischen Passage erkannt werden. Der Fluß ist existentes Symbol einer Grenze, die andere Seite ist eine andere Welt bzw. das Jenseits. In der Zwischenwelt können ungewöhnliche Erfahrungen gemacht werden; was der sibirische Schamane in Trance erlebt, gibt unsere Sage von der Rheinbrücke in stark literarisierter Form wieder.

Eine ähnliche Sage gibt es übrigens um einem Goldschatz, von dessen Versteck beim alten Brunnen von Rinzenberg ein Koblenzer träumt, der es einem Rinzenberger erzählt, welcher sein Glück nach einem Traum auf der Koblenzer Moselbrücke zu finden hofft.[55]

Der angeblich römische Ursprung von Bodenheim und Mommenheim

Auch Bodenheim hat einen in die Antike zurückreichenden Gründungsmythos, der ebenfalls nur aus einer schlichten Etymologie des Ortsnamens resultiert:

VOM URSPRUNG BODENHEIMS

Der Ort soll von Veteranen der Bataver schon in römischer Zeit gegründet worden sein und daher seinen Namen haben.[56]

Die Bataver waren ein germanischer Stamm, der in römischer Zeit im Mündungsgebiet des Rheins ansässig war. Seit 12 v. Chr. waren sie vertraglich an Rom gebunden, diese Bindung lösten sie jedoch ihrerseits im Sommer 69 n. Chr. wieder auf, als sie die Wirren nach dem Tode Neros zu einem Aufstand nutzten. Dieser sogenannte Bataveraufstand dauerte knapp ein Jahr in dem Gebiet zwischen Mainz und der Rheinmündung an, dabei beabsichtigten die Bataver eine von Rom unabhängige Herrschaft in Gallien. In römischen Diensten stehende Kohorten der Bataver revoltierten bei Mainz unter ihrem ebenfalls dem römischen Militär angehörigen und auch mit dem römischen Bürgerrecht ausgestatteten Anführer Julius Civilis. Nachdem die Bataver den römischen Legionen in Bonn und Xanten Niederlagen beigebracht hatten, unterlagen sie schließlich doch dem unter Kaiser Vespasian zwischenzeitlich konsolidierten Imperium. Danach waren sie wegen ihrer Kampfkraft schnell wieder in den Sonnenschein der kaiserlichen Gunst zurückgekehrt, da man sie am Hof besonders als Leibgardisten schätzte. Der Ortsname Bodenheim ist indes nicht dieses hohen Alters, sondern wie fast alle Siedlungen Rheinhessens, deren Namen auf -heim enden, eine Schöpfung der Merowingerzeit.[57]

Und auch das im Nordosten Rheinhessens gelegene Dorf Mommenheim soll einen römischen Ursprung haben. Nach der um 1820 erstmals zu findenden Hypothese des Philipp August Pauli soll nämlich ein römischer General mit Namen Mummius Gründer des Ortes gewesen sein.[58]

Wenn dem tatsächlich so gewesen wäre, dann hätte der römische General seine Siedlung *villa Mummii* oder ähnlich, jedenfalls in lateinischer Sprache benannt. Der Name »Mommenheim« ist dagegen germanischen Ursprungs, worauf schon die uns vertraute Endung -heim hinweist. Der Name entstand sicher in nachrömischer Zeit, im frühen Mittelalter, als die meisten heutigen Ortsnamen aufkamen. Im Falle Mommenheims kann über zwei merowingerzeitliche Gräberfelder auf zwei zugehörige Hofstellen geschlossen werden, die als Wurzel des heutigen Ortes zu betrachten sind. Wahrscheinlich waren diese Höfe Neugründungen des späten 5. oder 6. Jahrhunderts, obwohl durchaus denkbar ist, daß hier Kontinuitäten bis in die Spätantike zurückführen. In jedem Fall erfolgte eine neue Benennung beider Höfe, und da ab

Abb. 16
Die rekonstruierte Villa rustica von Borg (Saarland).

dem fortgeschrittenen 5. Jahrhundert nicht mehr Latein die Umgangssprache war, bediente man sich hierbei der neuen, germanischen Sprache. Vermutlich hieß der Besitzer eines dieser Höfe Momo oder ähnlich (ein Personenname, den es sowohl im germanischen, als auch zuvor im gallo-römischen Sprachraum gegeben hat). In der zweiten Hälfte des 8. Jahrhunderts wird Mommenheim erstmalig in den uns bekannten Urkunden genannt, 791 heißt es bereits Mumenheim. Da uns der Name des anderen Hofes unbekannt geblieben ist, darf angenommen werden, daß dieser entweder von Beginn an mit Mumenheim zusammengefaßt war, oder aber der andersnamige Hof schnell wüst fiel bzw. schon im Frühmittelalter von Mumenheim absorbiert wurde.[59]

Römische Bauernhöfe (Abb. 16)

Die Landschaft der Römerzeit war in Rheinhessen geprägt von *villae rusticae*, einzelstehenden Bauerhöfen. Diese besaßen zumeist wenigstens steinerne Fundamente oder Sockelmauern mit aufgehendem Fachwerk, mitunter errichteten die Römer auch vollständige Steingebäude. Besonders Speicherbauten,

Wohngebäude und Bäder mit ihren aufwendigen Heißluftheizungen wurden gerne in Stein ausgeführt. Nach dem Ende der Antike geriet die Steinbauweise zwar nicht in Vergessenheit; sie wurde allerdings bis in die Neuzeit nur noch für besondere Bauten genutzt – zum Beispiel Kirchen, Burgen oder auch die karolingische Königspfalz Ingelheim. Bedingt durch die in nachrömischer Zeit überwiegende Holzbauweise wurden die verlassenen *villae rusticae* vielfach nicht als Steinbruch zur Gewinnung von Baumaterial genutzt, sondern bestanden als Ruinen weiter. Die ländliche Bevölkerung beantwortete sich in Mittelalter und Frühneuzeit die Frage nach dem Ursprung der merkwürdigen Ruinen und Trümmerstellen oft mit naheliegenden Erklärungen: Da zu ihren Zeiten Klöster, Burgen und Schlösser aus Steinen errichtet waren, sollten die Steinhaufen und Mauern ehemals zu ebensolchen gehört haben. Damit war der Schritt zu einer sagenhaften Ausschmückung ein kleiner, wie die folgenden Beispiele zeigen:

DAS INGELHEIMER RITTERSCHLOSS

In Ingelheim soll einst am jetzigen jüdischen Friedhof ein Ritterschloß gestanden haben, wovon heute noch der entsprechende Flur- bzw. Straßenname zeugt. Dort wurden 1855 auch Fundamente ausgebrochen.[60]

Unweit entdeckte man fünf römische Sarkophage, die wohl zum Friedhof des römischen Gehöftes gehört haben werden. Beim Versammlungshaus der Freireligiösen Gemeinde sind die Sarkophage noch heute zu sehen. Nach Andreas Saalwächter haben die Ruinen eines römischen Gebäudes hier 1444 noch sichtbar gestanden.[61]

Ganz ähnlich ist die Überlieferung eines Schlosses bei Nackenheim zu erklären:

EIN SCHLOSS BEI NACKENHEIM

In der Nackenheimer Flur »in den Tierhäuptern« soll früher ein großes Schloß mit Namen »Schloß Tierhäupter«, nach anderer Überlieferung der Ort Nackenheim selbst gestanden haben.[62]

Der bereits im 14. Jahrhundert (»an der dirheubter siten«) gebräuchliche Flurname wird von J. Struck als zu einer Quelle gehörende Bezeichnung gedeutet, da »Haupt« als Flurnamenbestandteil sowohl Bergkuppen, als auch Quellen meinen kann. Die Sage um die alte Siedlung ist mit den Ruinen einer ausgedehnten römischen *villa rustica* zu erklären, deren Reste bereits in den 1850er Jahren erkannt wurden. Auch eine Sondage Ende der 1940er Jahre hat hier eindeutig römisches Fundmaterial erbracht. Ein ganz ähnlicher Umstand könnte übrigens im benachbarten Bodenheim zu einer vergleichbaren Sage zum Gebiet um den Nußborn geführt haben; dort soll am Lörzweiler Pfad, in der Nähe des Nußborns, früher das Dorf Bodenheim gelegen haben.[63] Und ebenfalls weisen dort römische Funde auf den Standort einer *villa rustica* hin; womöglich waren die wohl noch bis in die Neuzeit sichtbaren Ruinen der Anlaß, diese als altes Dorf anzusprechen – im gewissen Sinne eine zutreffende Interpretation, da die dort vielleicht noch im 5. Jahrhundert lebenden Menschen durchaus die Vorfahren der merowingerzeitlichen Bodenheimer gewesen sein könnten. Der Flurname Nußborn ist wohl als »Quelle bei einem Walnußbaum« zu deuten.[64]

Sagen haben sich mitunter in Flurnamen verewigt, die aus Erklärungen sonderbarer Umstände entstanden. So deuten Flurnamen wie »Auf dem alten Weiler« regelhaft auf eine Wüstung, also eine verlassene Siedlung. Dies können sowohl wüste Dörfer sein (die jedoch meist namentlich genannt werden), als auch ehemalige Klöster oder gar Siedlungen aus der Antike. Letzteres dürfte in Hackenheim zutreffen: Lesefunde bezeugen an einer so genannten Stelle für die Spätantike eine *villa rustica*. In der nachfolgenden Merowingerzeit wurden offenbar in und um die Ruinen der römischen Gebäude Tote beigesetzt – ein in Rheinhessen und Umgebung öfter belegter Vorgang (etwa in der römischen Palastvilla an der Hüffelsheimer Straße bei Bad Kreuznach).[65]

Zu dem Hackenheimer Bodendenkmal existiert zusätzlich zum Flurnamen noch eine weiter ausgreifende Sage, welche die Ruinen mit dem Dreißigjährigen Krieg erklären möchte:

DER ALTE WEILER BEI HACKENHEIM (Abb. 17)

Zu der dortigen Dorfflur gehört eine Gewann, die »auf dem alten Weiler« benannt ist. An dieser Stelle soll das alte Hackenheim gelegen haben, das in den Stürmen des Dreißigjährigen Krieges in Schutt und Asche sank. Zum alten Dorf hat auch ein Kloster gehört, das aber im neuen Dorf nicht mehr aufgebaut wurde. Leute, die heute auf dem alten Weiler Äcker besitzen, haben beim Umpflügen ihrer Felder schon wiederholt Überreste von Mauern aufgefunden. Auch sind in unmittelbarer Nähe der früheren Dorfanlage, am »Roten Kreuz«, allerlei Gegenstände, wie irdene Gefäße,

Waffen, Tierreste, ja auch einmal gegen dreißig menschliche Skelette ausgegraben worden. Alles das deutet darauf hin, daß Hackenheim vor dem großen Krieg an jener Stelle gelegen haben muß.[66]

Den Flurnamen »Weiler« in Verbindung mit römischen Ruinen finden wir in Rheinhessen nicht selten, so zum Beispiel in den Gemarkungen von Dexheim, Engelstadt und Heidesheim.

Römisches bei Nieder-Ingelheim

Im 19. Jahrhundert und anfangs des 20. Jahrhunderts wurden in Ingelheim die Reste einer römischen *villa rustica* sowie Teile des zugehörigen Gräberfeldes entdeckt. Auch hier wurden die dabei angetroffenen Fundamentmauern von der Bevölkerung unzutreffend als Spuren eines Klosters angesprochen:

Dicht beim Saale zu Nieder-Ingelheim liegt die Gewann »im Kannegießer« (Flur 4), die seit zwei Jahrzehnten als Bauland dient. In dieser Gewann befand sich ehemals ein Kloster, wo das goldene Kreuz Karls des Großen verwahrt wurde. Dieses wurde im Jahre 1830 beim Roden des Ackers zu Weinberg gefunden, aber heimlich zerschlagen und zu Geld gemacht.[67]

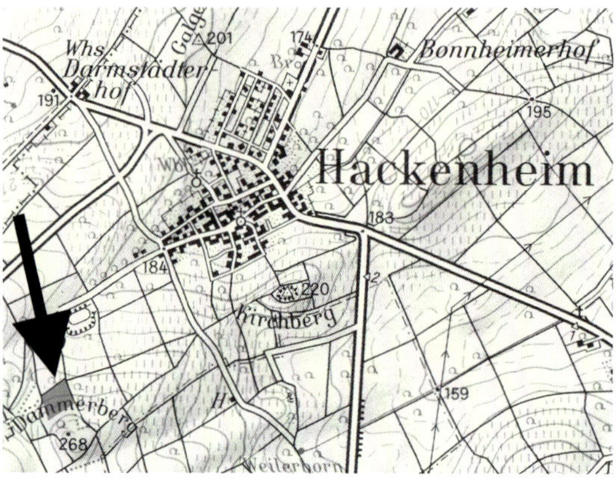

Abb. 17

Lage der römischen Villa rustica »Alter Weiler« am Dämmerberg.

Der Fund eines goldenen Kreuzes, dessen heimliche Vernichtung und Verkauf sind wohl aus einer Vermischung von Schatzgräberei und Neid entstanden – warum sonst wissen wir von den heimlichen Vorgängen, wenn sie nicht als Gerüchte in Umlauf gesetzt worden wären?

Der verdiente Ingelheimer Lokalhistoriker Andreas Saalwächter hatte die Sage mündlich von »Frau Mathias Bieger II., Nieder-Ingelheim« mitgeteilt bekommen ... Vom selben Ort gibt es noch eine Sage, die sich auf ein älteres Gebäude bezieht; es ausfindig zu machen, gelang mir leider nicht.

> ***Auf dem Böhl (Flur I), einem Ortsteil von Nieder-Ingelheim, steht ein Haus, dessen ungewöhnlich starke Grundmauern ein hohes Alter verraten. In diesem Hause spukt es. Von Zeit zu Zeit erscheint das blaue Flämmchen, dann muß jemand sterben.***[68]

Der Böhl oder auch Bühl kommt in rheinhessischen Flurnamen nicht selten vor und meint einen Hügel. Die entsprechende Nieder-Ingelheimer Flur lag unterhalb des Saalgebietes und ist heute weitgehend überbaut. Nach Saalwächter und seinen Gewährsleuten (Wilhelm Stritter und Jakob Winternheimer, beide aus Nieder-Ingelheim) handelte es sich um ein Haus, welches wohl auf den Resten eines massiveren Vorgängerbaus errichtet worden war. Das Spukhaus steht vermutlich heute noch und befindet sich im westlichen Teil der Straße »Oberböhl«, etwa in der Mitte der nördlichen Straßenseite. Im frühen 19. Jahrhundert lag hier mit wenigen Höfen der Keim der heutigen Bebauung. Saalwächters Bericht von Dachschiefer, mittelalterlichen Münzen und Brandtrümmern kann als Hinweis auf einen alten Hofplatz gedeutet werden, es gibt vom Oberböhl jedoch auch die bereits erwähnten römischen Funde, die eine *villa rustica* hier bzw. im benachbarten »Kannengießer« annehmen lassen könnten.[69]

Die *villa rustica* im Binger Wald (Abb. 18)

Zwei besonders schöne, wenn auch nicht in Rheinhessen, so doch unmittelbar an dessen Grenzen zu lokalisierende Sagen aus dem Binger Wald passen hier als Parallele zur Ansprache einer römischen *villa rustica* als ein mittelalterliches Kloster. Der beiden Sagen als Ursprung dienende römische Bauernhof in der zur Gemarkung Weiler gehörenden Waldflur »Altes Kloster« wurde zuletzt 2003 archäologisch untersucht.[70]

> *Im Binger Wald, nicht weit vom Heiligkreuz liegt ein dorfähnliches Trümmerfeld, das im Volksmund altes Kloster heißt. Die Leute glauben, es sei vor vielen Jahren die friedliche Stätte frommer Klosterfrauen gewesen. Um das altersgraue Gestein hat sich im Laufe der Zeit manche wunderbare Mär gewoben.*
> *Täglich soll bei Sonnenuntergang in der Umgebung des alten Klosters eine greuliche Hexe, Schamberkätchen genannt, ihr Unwesen treiben. Sie reitet über die Haselnußsträucher, spaziert in den Baumwipfeln umher, sie narrt den fleißigen Landmann und treibt an den pflügenden Pferden und Ochsen bösen Schabernack. Ängstliche Leute eilen vor Einbruch der Dunkelheit aus den Feldern des nahen Heimbusch nach Hause. Wenn aber der Mond mit seinem milden Antlitz auf die Erde schaut, verbirgt sich die Hexe wieder schnell in ihr unterirdisches Kämmerlein des alten Klosters.*
> *Im Kloster hauste auch ein geisterhaftes, aber harmloses Männchen. Ein Mann von Weiler hat es gesehen, als er durch den dunklen Wald nach Hause eilte. Unweit der Klosterruinen schritt eine schwarze Gestalt dahin. Als der Mann die Bitte aussprach, mit ihm zu gehen, da schnellte das Männchen gleich einer Heuschrecke von dannen. Kaum hatte der Mann die Gestalt eingeholt und seine Bitte wiederholt, da war sie wiederum verschwunden. Bei der dritten Annäherung wandte sich das Männchen um und legte die Hand auf den Mund zum Zeichen, daß der nächtliche Wanderer schweigen möge. Beide schritten nun durch das Gebüsch zum nahen Kloster. Knarrend öffnete sich das schwere Tor des stolzen Baues. Das Männchen schritt mit seinem Gaste eine prächtig geschnitzte Treppe empor. Beide betraten einen herrlichen Saal, wo drei Truhen standen. Da sprach diese geheimnisvolle Gestalt: »Diese Schreine, gefüllt mit allerlei Kostbarkeiten, sind bestimmt für die Bewohner von Waldalgesheim, Waldlaubersheim und Wallhausen«. In seiner Neugierde fragte der Mann, ob nicht auch die Bewohner von Weiler Anteil an diesen Schätzen hätten. Kaum hatte der Mann das auferlegte Schweigen gebrochen, da waren das stolze Haus und der geisterhafte Mann verschwunden. Der Mann von Weiler aber stand im Dunkel der Nacht auf den Trümmern des alten Klosters.*[71]

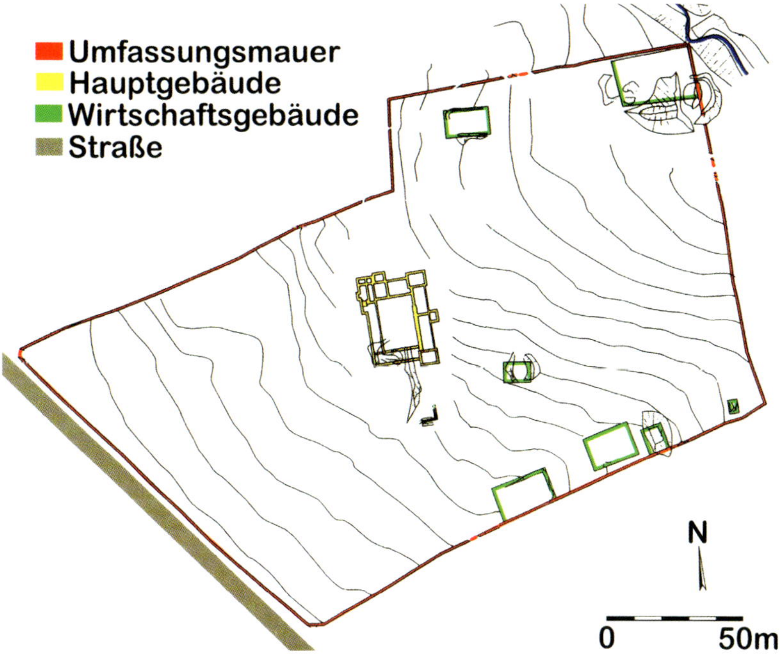

Abb. 18

Der Grundriß der Villa rustica im Binger Wald nach den 1999 begonnenen Grabungen.

Weitere angebliche Klöster in römischen Ruinen bei Appenheim …

Weitere Ansprachen von römischen Bauernhöfen als einstige Klöster finden sich im Welzbachtal:

In der Gewann »Im Adig«, oberhalb des Dorfes Appenheim im Welzbachtal, soll einst ein altes Kloster gestanden haben, wie man aus dort gefundenen Mauern schloß (Abb. 19 und Abb. 20). Ebenso soll es in der Gewann »Daubhaus« ein Kloster gegeben haben, von dem heute keine Spuren mehr vorhanden sind. Die Gewann »Im Adig« liegt bereits in der Gemarkung Nieder-Hilbersheim.

Abb. 19 (oben)

Nieder-Hilbersheim, »Im Adig«

Abb. 20 (unten)

Umzeichnung der Bewuchsmerkmale.

Wie allerdings schon der die Sagen überliefernde Pfarrer Würth vermutete, handelt es sich bei den gefundenen Mauern um die Reste einer römischen *villa rustica*. Luftbilder lassen schemenhaft das Wohnhaus und mehrere Wirtschaftsgebäude erkennen, auch könnte bei Begehungen in der Gewann »Loch« ein zugehöriger Bestattungsplatz entdeckt worden sein.

Während der Flurname »Im Adig« mit einst dort namengebendem Attich = Zwergholunder (Sambucus ebulus) erklärt werden kann, ist die Deutung von »Daubhaus« in der Vergangenheit kontrovers diskutiert worden. Mit »das taube Haus« versuchte man zu belegen, daß Ruinen die Paten entsprechender Namen waren. Diese Deutung ist aber abzulehnen; das naheliegende Taubenhaus scheint hier zutreffender. In einer dorfnahen Gewann kann ein hölzerner Taubenschlag als Ursprung solchen Namens vermutet werden, siedlungsfern kann es durchaus auch ein Steingebäude (zum Beispiel der Turm einer Landwehr) sein, oder eben doch eine Ruine. Solche Gebäude können Tauben die nötigen Nistplätze zur Verfügung gestellt haben, wie heute die künstliche »Felsenlandschaft« unserer Innenstädte.[72]

... und bei Eppelsheim

Schließlich ist desgleichen bei Eppelsheim ein mittelalterliches Kloster offenbar nur aus der phantasievollen Deutung antiker Ruinen entstanden.

In der Gemarkung Eppelsheim gibt es eine Flur »Zu Hohn«. Dort soll früher ein Kloster, das »Lohner Kloster« gestanden haben, über das aber außer dem Namen nichts mehr bekannt ist. Von dem Kloster führte ein Pfad, der rechts und links mit hohen Weißdornhecken bewachsen war, zur Dorfkirche, den die Mönche benützten, wenn sie das Gotteshaus besuchen wollten.[73] Müller ergänzt: *»Tatsache ist, daß man an dem Ort, wo das Kloster gestanden haben soll, schon mehrfach Fundamente und Feuerungsanlagen freigelegt hat. Auch irdene Gefäße, Töpfe und Ähnliches ist ans Licht befördert worden.«* Nach diesen Angaben und den Erkenntnissen aus Begehungen möchte man hier eine römische *villa rustica* vermuten, insbesondere die »Feuerungsanlage«, wohl eine in Wohngebäuden einzelne Räume heizende Hypokaustanlage, spricht dafür (Prinzip: Luft wird in einer Feuerungsöffnung außerhalb des zu heizenden Raumes erhitzt, dann unter dem auf kleinen Pfeilern ruhenden Fußboden des Raumes zu etlichen Kaminröhren in der Wand geleitet, die sie am Dachansatz nach außen verläßt).

Eine spätantike Kleinfestung bei Stadecken?

In römischer Zeit gab es in Rheinhessen selbstverständlich nicht nur Bauernhöfe. Von den bekannten Zentren *Mogontiacum* (Mainz), *Borbetomagus* (Worms), *Bingium* (Bingen) und *Altiaia* (Alzey) abgesehen, existierten noch einige weitere dorfähnliche Siedlungen (*vici*), deren Namen wir heute nicht mehr oder nicht ganz sicher kennen: So in Ingelheim, Nierstein (wahrscheinlich das römische *Buconica*), Bad Kreuznach (wahrscheinlich antik *Crucinia-cum*) oder bei Ober-Olm. Während in den ersten drei Jahrhunderten n. Chr. Militär in einigen wenigen Garnisonen der erstgenannten Orte stationiert war, änderte sich das militärische Verteidigungskonzept in der Spätantike. Nun wurde die Rheingrenze mittels Wachtürmen und Kleinfestungen gesichert, auch das Hinterland erfuhr durch feste Punkte eine Sicherung – zuvor konnte ein plündernder Barbarenhaufen, hatte er erst einmal die Rheingrenze überwunden, ohne großen Widerstand weiter ins Innere Galliens vorstoßen. Die Strategie einer gestaffelten Verteidigung sollte genau dies verhindern. Ein Paradebeispiel solch einer Festung ist der Burgus beim pfälzischen Eisenberg (Abb. 21). Dieser sicherte einerseits einen römischen *vicus* mit bedeutender Eisenindustrie, andererseits aber auch die Fernstraße nach *Divodurum* (Metz) und *Augusta Treverorum* (Trier).

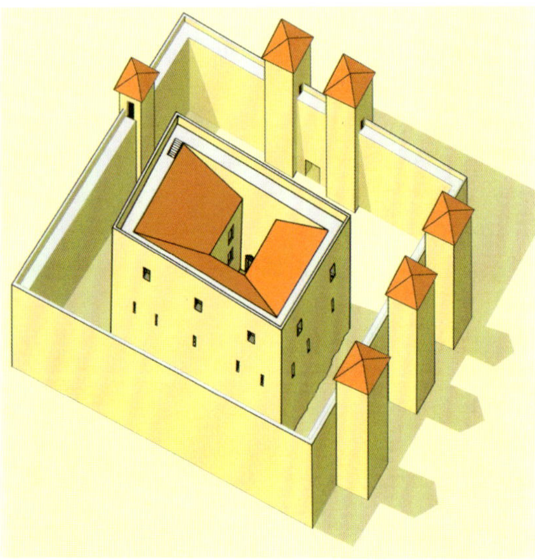

Abb. 21

Rekonstruktion des spätantiken Burgus von Eisenberg.

Abb. 22

Kirchenwüstung St. Peter bei Stadecken.

Eine vergleichbare Kleinfestung scheint es bei Stadecken gegeben zu haben, im Bereich der Wüstung des Dorfes Hedtenesheim (Abb. 22). Am Platz von Kirche und Kirchhof befindet sich ein mächtiger, rechteckiger Erdhügel, der mit seinen Maßen von 60×40 m und bis zu 6 m Höhe deutlich größer ist, als es die Ruine einer Kirche sein sollte. Fragmente von Menschenknochen belegen zwar, daß hier tatsächlich einst Kirche und Friedhof lagen. Neben Resten von Dachschiefer und Kalksteinen findet man aber auch römische Ziegel und Mörtelstücke. Nach diesen zu urteilen, steckt in dem Hügel ein mächtiger römischer Bau, der am ehesten mit einem Burgus des späten 4. Jahrhunderts n. Chr. zu erklären ist. Dieser wurde im Bereich einer älteren *villa rustica*, also einem römischen Bauernhof, errichtet, von dem sich Reste bis jenseits der Straße von Stadecken nach Nieder-Olm finden lassen. Fundmaterial datiert von der mittleren Kaiserzeit bis mindestens in die Mitte des 4. Jahrhunderts.

Etwa 200 m südlich der Peterskirche konnten Spuren des im Hochmittelalter verlassenen Dorfes Hedtenesheim ausgemacht werden. Diese Ortschaft bekam ihren Namen in der Merowingerzeit; daß hier kein romanischer Name mehr vorliegt, könnte eine Unterbrechung in der örtlichen Siedlungskontinuität bedeuten.[74]

Abb. 23
Lagebeziehung Hedtenesheim und Stadecken.

Hedtenesheim wurde im 14. Jahrhundert zu Gunsten der um die Wasserburg Stadecken (2. Hälfte 13. Jahrhundert) gegründeten Siedlung, des heutigen gleichnamigen Dorfes Stadecken, aufgegeben (Abb. 23). Die Verleihung eines Stadtrechtes an die neue Siedlung im Jahr 1301 dürfte auch zur Attraktivitätssteigerung gegenüber dem Umland geschehen sein. Den Ort Hedtenesheim bezeichnet heute die Flur »Altdorf« südlich der Kirchenruine St. Peter; archäologisch sind zudem Luftaufnahmen mit erkennbaren Kellern, ein Gräberfeld sowie Lesefunde bekannt. Die Nachfahren der Hedtenesheimer (also die Stadecker) nutzten übrigens die Kirche St. Peter bzw. deren Friedhof noch bis in napoleonische Zeit! Die Kirche wurde 1804 abgebrochen, die Steine zum Wege- und Brückenbau verwendet.

DIE PETERSKIRCHE BEI STADECKEN

Die Peterskirche bei Stadecken, bei der früher ein Dorf namens Heddesheim gelegen hat, war die siebente Kirche in der Christenheit. Sie besaß zwei silberne Glocken von Rom als Patengeschenk, die später, als der Krieg ins Land kam, unter den Bellen (Pappeln) vergraben wurden, um sie vor Wegnahme zu schützen. Diese silbernen Glocken sind noch bis heute in jenem Versteck verborgen, weil nach Beendigung des Krieges

niemand mehr wußte, wo sie vergraben worden waren. Der zu der Peterskirche gehörende Friedhof soll als erster christlicher Begräbnisplatz in ganz alten Zeiten auch von anderen Gemeinden am Rhein bis nach Trier und Köln hinunter benützt worden sein. Während die Kirche am Anfang des 19. Jahrhunderts verschwunden ist, sind die Totenwege, die von Engelstadt und Jugenheim nach Stadecken zu führen, heute noch eine Erinnerung an jene uralten Zeiten, da die Peterskirche und ihr Friedhof für einen großen Umkreis den Mittelpunkt christlichen Lebens gebildet haben.[75]

Nach dem Patrozinium St. Peter handelt es sich in der Tat um eine frühe Kirche, doch möchte man deren Ursprung eher in der Merowingerzeit suchen, in der sicher auch der Ort Heddesheim (oder Hedtenesheim) zu seinem Namen kam – soweit die Namenskunde. Analog zu den frühen Kirchen in den Kastellen Alzey und Kreuznach, wie auch zum Fund eines frühchristlichen Brotstempels im Burgus von Eisenberg in der Pfalz, ist es allerdings durchaus denkbar, daß die Peterskirche bei Stadecken bereits im 5. Jahrhundert bestand. Damit wäre sie zumindest Kandidat dafür, einer der ältesten christlichen Kultplätze Rheinhessens zu sein. Auf die alte Peterskirche ist die folgende Sage zu beziehen, die zum Teil bereits in der vorherigen enthalten war:

EIN GLOCKENVERSTECK

In den Kläuern (Flur 6) zu Stadecken wurden vorzeiten bei drei Bellenbäumen die Kirchenglocken vergraben, wenn dem Orte Gefahr drohte.[76]

Die Kläuer liegen beim Wolfshof im Osten der Stadecker Gemarkung, etwa 800 m östlich der Peterskirche. Bellen ist ein anderer, in Rheinhessen gebräuchlicher Name für Pappeln, und diese stehen auch heute im Bereich des Aussiedlerhofes.

Mit dem ehemaligen Dorf Hedtenesheim ist zudem die Sage um einen verfluchten Feldmesser in den Weinbergen südwestlich der Wüstung verbunden:

DER FELDMESSER AM ERMEL (Abb. 24)

An der Gewann »Am Ermel« in der Gemarkung Stadecken geht nächtlicherweise ein Feldmesser um. Das zur Strafe dafür, daß er bei Lebzeiten die Grenzsteine falsch gesetzt hatte.[77]

Abb. 24

Die Flur Ermel (Bildmitte, zwischen Wäldchen).

Es ist allgemeine Überzeugung gewesen: Ein käuflicher Feldmesser oder ein Grenzsteinverrücker muß nach seinem Tode am Ort seiner Verfehlungen als Geist umgehen. Dieser in ganz Mitteleuropa und wohl auch darüber hinaus vorkommende Topos ist an sich verwunderlich. Eigentlich sollte man annehmen, das Buß- und Strafsystem der christlichen Religion sollte ausgereicht haben, um so geschehenes Unrecht zu ahnden. Dann würde man jedoch die große Bedeutung von Grenzen unterschätzen! In der Antike gab es niedere Gottheiten, die für die Grenzen zuständig waren und an den entsprechenden Steinen auch vorhanden waren. Der Gott Terminus (gleichzeitig auch das lateinische Wort für Grenze) wurde bei Grenzumgängen mit Opfern geehrt, ihm kam am Ort des Grenzsteins gleich eine Doppelrolle zu: Einerseits bewahrte er die lineare Grenze, andererseits die punktuelle Grenzmarkierung. Die numinosen Grenzwächter waren prinzipiell unverrückbar und absolut an ihren Ort gebunden; nur im Rahmen der entsprechenden Rituale unter Beteiligung aller Anrainer war das Versetzen eines Terminus möglich. Verehrung an den Grenzen fanden aber insbesondere auch die Gottheiten, die dem beginnenden Gebiet besonders zugetan waren. So finden sich auf Bögen, die Grenzen zwischen Land und Meer markieren konnten, Neptune, auf solchen bei Grenzen zweier Gemeinwesen die favorisierten Gottheiten der aufstellenden Gruppe. Darstellungen von Bögen und Altären als Sakralbauten an Grenzen finden sich ausdrücklich in den Illustrationen zu den Werken römischer Landvermesser.

Regelmäßige, oft jährliche Gemarkungsumgänge prüften die Versteinung, d. h. die Markierung der Grenze im mittelalterlichen und neuzeitlichen Rheinhessen. Bei diesen war auch die Kirche beteiligt, sei es durch die Teilnahme des Priesters, sei es als Anfangs- oder Endpunkt des Umgangs. Hierin darf man keine heidnischen Wurzeln sehen, vielmehr zeigt sich die hohe Bedeutung allgemein anerkannter Grenzen für den sozialen Frieden einer ländlichen Gemeinschaft. Sagen über Grenzsteinverrücker dürften daher regelhaft auf entsprechende Streitigkeiten zurückzuführen sein, wobei gar nicht sicher ist, daß der sich ungerecht behandelt fühlende Anrainer auch tatsächlich Opfer eines Unrechts war: Jedenfalls hat er am lautesten seinen Unmut geäußert, was mittelbar in die Entstehung einschlägiger Sagen münden konnte.[78]

Sagen um Drusus und den Mainzer Eichelstein

Der sogenannte Eichelstein ist eines der bedeutendsten Denkmäler der römischen Antike, die Mainz noch besitzt (Abb. 25, Abb. 26, Abb. 27). Er befindet sich auf der Zitadelle, einer Befestigung des 17. Jahrhunderts, die den strategisch wichtigen Jakobsberg im Süden der Stadt sicherte. Das Bauwerk besteht aus *opus caementitium*, römischem Gußmörtel, in den wohl zur Stabilisierung einige Steinquader eingesetzt wurden und hat eine quadratische Grundfläche von ca. 12 m Seitenlänge, hierauf rechteckig aufgehendes Gußmauerwerk von ca. 10 m Höhe. Auf diesem Sockel liegt ein zylindrischer Aufbau von ca. 12 m Höhe. Ursprünglich war auf diesem Bau wahrscheinlich noch ein kegelförmiger Abschluß, den die militärische Nutzung des Denkmals (in der Neuzeit als Wachturm) beseitigte. Diese sekundäre Nutzung des Denkmals führte auch zum Einbau einer Wendeltreppe im Kern des zylindrischen Bauteils.

Der Name »Eichelstein« ist weder von der Form einer Eichel (wie es im Spätmittelalter in einer Volksetymologie versucht wurde), noch von einem bekrönenden Adler (lat. *aquila*), noch von einem Mann namens Egil o. ä. herzuleiten. Vielmehr enthält er das mittellateinische Wort *agulia*, was »hoch«

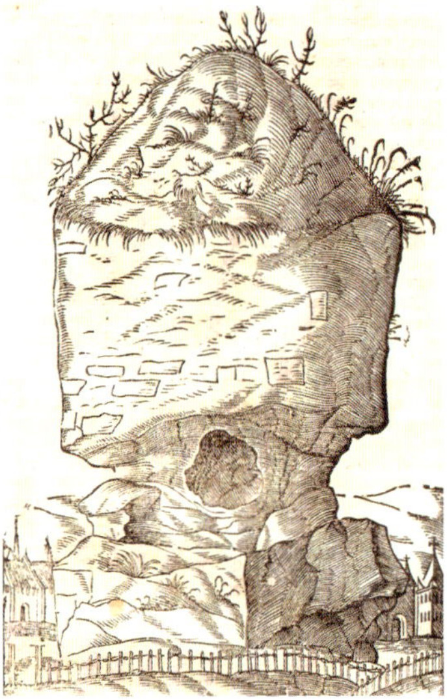 

bedeutet. So ist auch zu erklären, daß es den Namen Eichelstein mehrfach gibt, so zum Beispiel als Flurnamen in der Gemarkung Selzen.[79]

Heute wird der Eichelstein häufiger als Drususstein bezeichnet, eine Benennung, die letztlich auf der Überlieferung des römischen Historikers Sueton beruht. Dieser schreibt um 120 n. Chr. zum Tod des römischen Feldherrn Nero Claudius Drusus im Jahr 9 v. Chr.: (...) *»Sein Körper wurde nach Rom gebracht und auf dem Marsfeld eingeäschert. Gleichwohl hat ihm das Heer einen Grabhügel errichtet, um den von nun an zu einem bestimmten Tag der Soldat eine Parade und die Bürgerschaften Galliens öffentliche Feiern veranstalten.«*[80]

Sueton hat sein Wissen wohl aus den offiziellen Akten des römischen Staatsarchivs bezogen; die Kopie eines Senatsbeschlusses etwa aus dem Jahr 19 n. Chr. wurde 1982 in Südspanien gefunden. Die nach ihrem Fundort Siarum »Tabula Siarensis« benannte Inschrift nennt ebenfalls einen Grabhügel, den das Heer schnell für Drusus errichtet hatte. Augustus habe dann die Erlaubnis zu Ehrenfeiern für Drusus gegeben, ein neuer Ehrengrabhügel sei erbaut worden.

Eine gewisse Problematik liegt in der Ansprache des vorhandenen Denkmals als *tumulus*, so der lateinische Ausdruck für den Grabhügel nach den

Abb. 25 (links)

Der Eichelstein in der Cosmographie des Sebastian Münster (16. Jh.).

Abb. 26 (Mitte)

Der Eichelstein auf der Zitadelle heute.

Abb. 27 (rechts)

Der Eichelstein als Drususdenkmal in einer Rekonstruktion nach H. G. Frenz.

genannten antiken Quellen. Ein Tumulus ist ein Erdhügel über einem Grab, in unserem Fall über einem Leergrab, aber eben kein Grabbau. Der erst im späten 4. Jahrhundert n. Chr. belegte Ausdruck *monumentum* für das Ehrenmal des Drusus[81] träfe den Eichelstein genau – doch selbstverständlich handelt es sich bei dieser historischen Betrachtung 400 Jahre nach den Ereignissen nicht mehr um eine authentische Quelle: Eutrop hat von älteren Historikern abgeschrieben, sein Faktenwissen zum julisch-claudischen Kaiserhaus findet sich auch schon bei Sueton.

Sueton gehört nicht zu den antiken Autoren, die nach der Antike erst im Spätmittelalter wiederentdeckt werden mußten. Bereits in karolingischer Zeit wurde er gelesen und rezipiert, so ist Einhards Vita Karls des Großen nicht von ungefähr am Aufbau der Kaiserviten Suetons orientiert. Dies bedeutet aber, daß die mittelalterliche Ansprache des Eichelsteins als Kenotaph für Drusus nicht eine kontinuierliche Tradition antiken Wissens darstellt, sondern eine gelehrte Theorie ist – die ihre Verifizierung oder Falsifizierung verdient. Allerdings wird sie regelhaft in einem Zirkelschluß als Basis für die moderne Ansprache des Denkmals als Drususstein benutzt. Immerhin gibt es auch die Theorie, es handele sich beim Eichelstein um den Torso eines Denkmals zu den siegreichen Germanenkriegen des Domitian. Sicher wäre es sinnvoll, hier auf naturwissenschaftliche Methoden der Datierung zurückzugreifen. So könnte man Holzkohlepartikel aus dem Mörtel mit der ^{14}C-Methode datieren.

Die Massivität des Eichelsteins, seine beeindruckende Größe und nicht zuletzt die naheliegende Interpretation als Zeugnis imperialer römischer Macht, führten zu den zahlreichen Sagen, die um ihn gewoben wurden. Die historisierenden Anteile der Sagen lassen die Antike und bisweilen auch das tragische Ende des Drusus selbst durchscheinen.[82]

DER EICHELSTEIN ALS TEUFELSWERK

In dem römischen Heer, das noch lange nach Drusus Tod in den befestigten Lagern am Rhein die Grenzwacht hielt, waren auch viele Christen, die in dem Mainzer Lager auf einer Erhöhung eine kleine Kirche bauten, um ihren Gottesdienst ausüben zu können, wogegen die römischen Feldherren nichts einwenden zu hatten. Den Teufel aber verdroß das, und er wollte den heidnischen Götzendienst über das ihm so verhaßte Kreuz triumphieren lassen. Er schleppte also einen ungeheuren Stein herbei, auf dem dann hoch oben ein heidnisches Götzenbild thronen sollte, für die Soldaten ein Wahrzeichen, das Kreuz zu meiden. Ehe er aber noch zur Aufstellung des Götzenbildes gelangen konnte, hatte der vorüberziehende Engel der Morgenröte die Absicht des Satans entdeckt und darüber dem Herrn des Himmels berichtet. Da gebot dieser einer Engelschar, zur Erde niederzueilen, um das Teufelswerk zu zerstören. Kaum aber sah der Teufel die Schar der Engel, als er auch schon alles im Stich ließ und Reißaus nahm. Die Engel aber führten ihren Auftrag aus, und es blieb von dem Stein nur der dunkle Rest, den man heute noch sieht.[83]

Eine andere Sage spielt indirekt auf das Schicksal des römischen Feldherrn Drusus an:

DRUSUS UND DER EICHELSTEIN

Ein mächtiger König der Heiden hat einst von der Auferstehung der menschlichen Körper am Ende der Welt gehört und daß beim jüngsten Gericht jedermann Rechenschaft über seine Handlungen geben müsse. »Wohlan«, sagte er darauf im Ärger und sich Gott widersetzend »wenn das geschieht, so will ich, daß man mich nach meinem Tod mit einer so dicken Mauer umgibt, daß ich nie dort erscheine«. Als der König bald

danach das Schienbein brach und infolgedessen eines schmerzhaften Todes starb, wurde sein Körper dem gegebenen Befehl gemäß von seinen Freunden unter dem Eigelstein begraben.[84]

Hier muß es wohl Drusus selbst sein, der das Erscheinen beim Jüngsten Gericht verweigert – nach dem römischen Historiker Livius starb derselbe 9 v. Chr. während eines Germanienfeldzugs an den Folgen eines Beinbruchs in Scelerata Castra, dem Unglückslager. Dieser stark von christlicher Moral durchsetzten Sage darf eine Anekdote beigefügt werden: Friedrich der Große soll einst einer pommerschen Gemeinde auf deren Bitte, ihren Pfarrer abzuberufen, da dieser die Auferstehung anzweifele, geantwortet haben: *»Der Pfarrer bleibt. Wenn er am Jüngsten Tage nicht mit aufstehen will, kann er ruhig liegen bleiben.«*

Ein weiterer Drusustein

Vielleicht sei an dieser Stelle auch die Nennung eines anderen »Götzenbildes« erlaubt, welches mit Drusus verbunden ist. 1808 wurde im Haus zum Römischen Kaiser am Liebfrauenplatz ein eingemauerter römischer Stein gefunden, der 1820 ins Museum gelangte und heute im Mainzer Landesmuseum unter der Inventarnummer S 515 inventarisiert und ausgestellt ist. Es handelt sich um einen sogenannten Viergötterstein, also den Sockel für eine Säule mit bekrönendem Jupiterbild. Diese quaderförmigen Viergöttersteine zeigten einst auf ihren vier Seiten verschiedene Götter, zum Beispiel Minerva, Merkur, Herkules, Juno. Auf unserem Stück hat sich nur die Seite mit Minerva erhalten; umlaufend aber mit einer deutlich nachantiken Inschrift versehen: IN MEMORIAM DRVSI GERMANICI (die letzten beiden Buchstaben sind weggebrochen). Übersetzt: »In Erinnerung an Drusus Germanicus«. Pikanterweise gibt es für die Inschrift zwei Datierungsvorschläge: Wolfgang Selzer nahm ihre Entstehung im 9. Jahrhundert an und betrachtete sie als Zeugnis des Erinnerns an den Feldherrn Drusus im frühmittelalterlichen Mainz. Fritz Arens datierte sie – ebenfalls aufgrund stilistischer Erwägungen – in das frühe 16. Jahrhundert. Ich möchte mich den Argumenten Arens' anschließen; demnach sehe ich das Stück eher als humanistisches Gelehrtenwerk, denn als Relikt tradierter Erinnerung.[85]

Bauten des Drusus

Zu einer gewissen Vorsicht bei der Annahme einer drususzeitlichen Bauherrschaft für den Eichelstein mahnt die Vielzahl von Bauten, welche die Sage dem römischen General zuschreibt. So auch im rheinhessischen Bingen:

DRUSUS IN BINGEN

Der Draisbrunnen, die steinerne Brücke über die Nahe und auch die Burg Klopp sollen auf Gründungen des Drusus zurückgehen und nach diesem römischen Feldherrn benannt sein; die Burg Klopp hätte einst Druseburg geheißen.[86]

Den Binger Draisbrunnen sprach bereits der Benediktinerpater Fuchs im 18. Jahrhundert als römischen *fons Drusi* an. Diese Interpretation und die darauf aufbauenden etymologischen Analysen sind leider alle unzutreffend;

Abb. 28

Der Draisbrunnen in Bingen (Mainzer Straße).

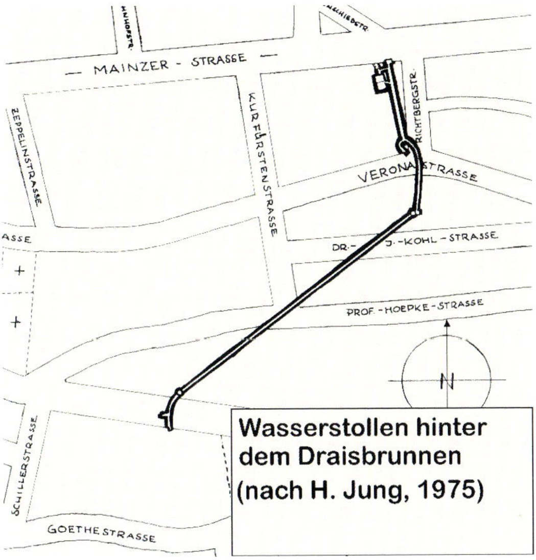

Abb. 29

Plan der Wasserstollen zum Binger Draisstollen.

das Drais des Draisbrunnens entstammt dem mittelhochdeutschen Wortschatz (vgl. Drüse) und bezieht sich auf die Wasservorkommen; die Brücke ist erst um 1000 n. Chr. erbaut worden, und die römischen Befestigungen lagen nicht auf dem späteren Burgberg, sondern im Bereich der Altstadt. Es sei angemerkt, daß Sebastian Münster gar den Tod des Drusus nach Bingen verlegte! Und auch in Mainz ging man noch vor etwas über hundert Jahren davon aus, Drusus habe Rheinbrücke, Wasserleitung, und ein Lager in Kastel errichtet ...[87]

Der Draisbrunnen zu Bingen

Der Binger Draisbrunnen (Abb. 28) samt der zugehörigen, sehr langen Stollen ist entgegen der Auffassung Engelhardts, welcher von einer römischen Datierung spricht, als mittelalterliche bis neuzeitliche Anlage zu betrachten.[88] Seine erste Erwähnung als »Drusebrunnen« reicht in das Jahr 1158 zurück, der heute sichtbare Brunnenbau in der Mainzer Straße datiert ins 19. Jahrhundert. Die ganze Anlage ist ein hervorragendes Beispiel für die hohe Bedeutung einer gesicherten Wasserversorgung in einer Stadt des Mittelalters und der Neuzeit – vor der Einführung eines Wasserleitungsnetzes, welches die Haushalte selbst erreicht. Früher mußte man zu öffentlichen oder privaten Brunnen gehen, wollte man sauberes Wasser haben; besondere Wichtigkeit kam diesen auch bei den gerade in Bingen einst nicht seltenen Stadtbränden zu. Vor diesem Hintergrund macht der Bau einer mehrere hundert Meter langen unterirdischen Stollenanlage (Abb. 29) im Mittelalter Sinn, denn er ist nur als eine Gemeinschaftsleistung zu verstehen. Die Stollen nutzte man, um aus verschiedenen Quellen am Hang das Wasser zu sammeln und geschützt unter der Erde einem Brunnen zuzuführen. Um 1560 wurde der Draisbrunnen repariert, dabei legte man zudem eine Verbindungsleitung zum Drüsselbrunnen auf dem Speisemarkt.[89]

VOM DRAISBRUNNEN

Aus dem Draisbrunnen sollen übrigens die neugeborenen Kinder geholt werden. Ihr Rufen, Lachen und Weinen sei bei genauem Hinhören in der Tiefe des Brunnens zu hören.[90]

Das Drusenloch bei Mainz

Um die Reihe angeblicher Bauten des Drusus noch fortzusetzen, gab es zu Zeiten des Paters Fuchs in Mainz einen »Entenpfuhl« genannten Teich, der angeblich von Drusus *als Wasserbehälter am Ende des von ihm errichteten Aquädukts erbaut wurde. Noch im 18. Jahrhundert war die Stelle sumpfig und wurde das Drusenloch genannt.*[91]

Dabei handelte es sich wohl kaum ein sogenanntes Wasserschloß, also einen Sammelbehälter als Verteiler für das mittels eines Aquäduktes herangeführte Wasser. Wie in Bingen ist das »Drusen« keines lateinischen Ursprungs, sondern ein germanisches Wort und bezieht sich auf den morastigen Grund.

Die Römerbrücke zu Mainz

Von besonderer Bedeutung für das römische Mainz war die Rheinbrücke. Sie gewährleistete den sicheren Übergang und vergrößerte damit den strategischen Wert des Legionslagers *Mogontiacum*. Die erste feste römische Brücke von Mainz wurde wahrscheinlich unter Kaiser Tiberius, um 30 n. Chr. errichtet. Das Datum des Brückenbaus wird neuerdings an Spundbohlen festgemacht, die man 2003 in der Holzstraße in sekundärer Verwendung als römische Uferbefestigung gefunden hat. Die Spundbohlen dienten zuvor dem Trockenlegen der im Flußbett befindlichen Baustellen für die Brückenpfeiler. Durch die Jahrringe der Hölzer konnte ihre Fällzeit auf den Zeitraum zwischen 16 und 28 n. Chr. eingegrenzt werden. Die Sage, Caesar selbst habe die Brücke erbaut, ist daher im Detail, nämlich bezüglich der Datierung, nicht zutreffend. Übrigens ist Caesar wohl nie an der Mainmündung gewesen, und auch die Siedlung *Mogontiacum* ist uns für die caesarische Zeit, also um die Mitte des 1. Jhs. v. Chr. nicht belegt.

CAESAR UND MAINZ

Caesar erbaute gegenüber Mainz ein Kastell, welches er mit einer Brücke verband. Sie war die Zierde der Stadt, bis sie später wegen der Untreue der Mainzer gegenüber ihren Herren auf den Grund des Rheines versank.[92]

In der Quelle dieser Sage, der Regensburger Kaiserchronik aus der Mitte des 12. Jahrhunderts, werden auch Ingelheim und Oppenheim als Gründungen Caesars genannt. Die Chronik ist, abgesehen von ihrer Erzählkraft, vor allem durch ihre zahlreichen politischen Anspielungen und Positionen bemerkenswert.[93]

Pontius Pilatus und der Vater von Jesus

Eine andere Berühmtheit, die in der römischen Politik zwar nur in der dritten Reihe stand, durch die historischen und legendären Ereignisse um eine weit bekanntere Persönlichkeit jedoch in Mittelalter und Neuzeit geradezu in aller Munde war, heißt Pontius Pilatus. Die Geschichtswissenschaft kennt keine Verbindung des Mannes, unter dessen Gerichtsbarkeit Jesus hingerichtet wurde, mit Mainz. Die Sage schon:

PONTIUS PILATUS UND MAINZ

In Mainz herrschte einst der König Tyrus, der einmal auf einem Jagdausflug bei Bamberg in einer Hütte übernachten mußte. Dort deutete er eine Sternenkonstellation so, daß ein in dieser Nacht gezeugtes Kind Ruhm und Macht erlangen werde. Schnell ließ er seine Diener nach einer Frau ausschicken; sie kamen mit Pila, der Tochter des Müllers Atus zurück.

Abb. 30
Blick über Vienne und die Rhône auf den Turm des Pilatus.

Neun Monate später gebar diese einen Sohn, den sie Pilatus nannte und im Alter von drei Jahren nach Mainz, an den Hof seines Vaters schickte. Dieser hatte bereits einen anderen Sohn, und wie es das Schicksal wollte, war der legitime Sprößling seinem Halbbruder in allem überlegen. Aus Neid tötete ihn Pilatus, der daraufhin nach Rom verbannt wurde. Dort ermordete er ebenfalls aus Neid die mit ihm nach Rom geschickte Geisel Paginus, den Sohn des französischen Königs. Die Römer überlegten nun, was mit ihm zu tun sei. Dabei kamen sie zu dem listigen Entschluß, ihn zur Unterwerfung der Ponter nach Pontus zu senden: Meistert er diese Aufgabe, so gewänne Rom daran; versagte er, so bekäme er seine gerechte Strafe, war das Kalkül der Römer. In der Tat besiegte er die Ponter und wurde fürderhin Pontius Pilatus genannt. König Herodes in Judäa hörte von dessen militärischen Erfolgen, und da er sich selbst im eigenen Land mit Aufständen plagte, ließ er ihn zu sich kommen und zum Mitregenten machen. Doch wie zuvor entzweiten sich die beiden schnell durch das

intrigante und neiderfüllte Wesen des Pilatus. Ihr Verhältnis besserte sich erst, als Pilatus den angeklagten Jesus an Herodes überstellen ließ. Herodes schickte ihn dann wieder an Pilatus zurück, der schließlich am Tod Jesu maßgeblich mitwirkte.
Zur selben Zeit war zu Rom der Kaiser Tiberius schwer erkrankt und hatte von den Wunderheilungen durch Jesus gehört. Er sandte einen Vertrauten nach Judäa, um Jesus zu ihm zu holen. Doch dieser erfuhr dort vom Tod Jesu am Kreuz. Die ihm davon erzählte, war die heilige Veronika. Sie gab dem Gesandten des Kaisers das Schweißtuch mit dem Antlitz Jesu und begleitete ihn auch selbst nach Rom. Dort heilte das Tuch den kranken Kaiser, der daraufhin den Pontius Pilatus nach Rom befahl, in den Kerker werfen und zum Tode verurteilte. Der Vollstreckung kam Pilatus zuvor, indem er sich die Kehle durchschnitt. Sein Leichnam wurde in den Tiber geworfen, wo jedoch die Geister des Flusses ihr Spiel mit ihm trieben und dadurch Hochwasser auslösten. Daraufhin wurde der Leichnam nach Vienne an der Rhone geschafft, wo sich aber die gleichen Unglücke wiederholten. Letztlich versenkte man ihn im höchsten Alpensee, dem Pilatusberg bei Luzern. Dort sei der Geist des Pilatus jeden Karfreitag in der Seemitte zu sehen, wie er sich die Hände wäscht. Reizt man ihn, so läßt er den See über das Ufer treten.[94]

In Vienne ist noch heute ein mittelalterlicher Turm auf dem rechten Rhoneufer zu sehen (Abb. 30), in dem nach einer dortigen Legende Pontius Pilatus seinen Lebensabend verbracht haben soll – so berichtete der spätere Kasseler Buchhändler Jacques Estienne im Jahr 1676.[95]

Die Menschen des Mittelalters haben immer wieder versucht, biblische Geschichten durch Einbinden in die ihnen bekannte Umwelt leichter begreifbar zu machen. Aus diesem Grund sehen wir auch auf fast allen mittelalterlichen und frühneuzeitlichen Gemälden mit biblischer Thematik die Protagonisten in der Kleidung und Landschaft, die der Umwelt des Malers entsprachen. Bezüglich des Pilatus wurde zusätzlich dessen Charakter noch mit den Fehlern ausgeschmückt, die den Menschen seine Beteiligung am Tod Christi verständlich machen konnten: Brudermord, die Untat des Kain, und Selbstmord, die Untat des Judas, waren beides schwerstwiegende Sünden.

Das Verlangen nach Verständlichkeit von Wundern darf ebenso der Entstehung einer Sage des 20. Jahrhunderts als Ursache zugestanden werden:

ABDES PANTHERA, VATER VON JESUS (Abb. 31)

Beim Bau der Eisenbahn in Bingerbrück wurde 1859 ein römischer Grabstein gefunden, der einst dem Bogenschützen Tiberius Julius Abdes Pantera errichtet worden war. Nach Überzeugung mancher soll es sich bei diesem um den leiblichen Vater Jesu Christi handeln. Diese Auffassung wird jedoch weit stärker in Amerika vertreten, als in unserer Gegend.

In dieser Meinung steckt einiges an Zündstoff. Schon in der Antike haben Gegner des Christentums das unlogische Bild der vaterlosen Schwangerschaft als Hebel genutzt, um vor allem durch die Benennung eines unvorteilhaften Vaters einen Kern der christlichen Lehre zu beschädigen. Die Geschichte hat gezeigt, daß diese Argumentationen wenig ausrichten konnten – selbst wenn man nicht ausschließen möchte, die historische Person Jesus habe tatsächlich einen menschlichen Vater gehabt. Das Gerücht scheint jedenfalls in heid-

Abb. 31 (links)

Grabstein des Tiberius Julius Abdes Pantera aus Bingerbrück.

Abb. 32 (rechts)

Inschrift auf dem Grabstein des Tiberius Julius Abdes Pantera.

nischen und jüdischen Kreisen seit der Antike tradiert worden zu sein, so berichten Origenes und die Talmuden davon; im christlichen Abendland von Mittelalter und Neuzeit war es sicherlich nur gebildeten Theologen bekannt – bis schließlich nach der Auffindung des genannten Grabsteines das Relikt mit den alten Texten verknüpft wurde. Es ist scheinbar auch recht naheliegend: Die Inschrift des Steins (Abb. 32) lautet übersetzt: Tiberius Julius Abdes Pantera aus Sidon, der Jahre 62, der Dienstjahre 40, Soldat aus der 1. Kohorte der Bogenschützen, ist hier begraben. Nach Datierung des Steines und der Herkunft des Mannes aus Sidon könnte dieser in der Tat der Vater Jesu sein, rechnerisch. Die Wahrscheinlichkeit ist indes nicht besonders groß, auch bei angenommenem Zutreffen der Liaison Mariens mit einem gleichnamigen römischen Soldaten, da zum einen der griechische Name Panthera im Nahen Osten nicht selten war, zum anderen es auch vor Ort genügend stationierte Soldaten gab, so daß es nicht eines in Germanien dienenden bedürfte. Nun, es ist ein interessantes historisches Rätsel, aber vielleicht ist es ebenso interessant, wenn man sich darüber Gedanken macht, warum diese Legenden in unserer Zeit eine Renaissance erleben. Könnte es sein, daß wir als aufgeklärte Menschen eine Welt mit Wundern nur dann ertragen, wenn wir die Wunder in einen rationalen Zusammenhang stellen, der unserem jeweiligen Intellekt entspricht?[96]

Abb. 33
Das Schloß zu Herrnsheim.

Die Dalberger und ihre römischen Ahnen

Die Abstammung von berühmten und mächtigen Vorfahren kann ihren Glanz auf die Lebenden werfen, besonders, wenn es ihnen an eigenen Ruhmestaten mangelt. Nur so ist der merkwürdige Umstand zu erklären, daß man sich heute als Nachkomme des Schinderhannes in dessen Vita sonnen könnte, während man wohl beleidigt und zur Rechtfertigung veranlaßt wäre, wenn man gesagt bekäme, der Großvater sei ein Trinker gewesen. So ist immer wieder von einzelnen versucht worden, eine ununterbrochene Kette von Vorfahren bis zu Karl dem Großen oder auch römischen Kaisern zu konstruieren. Historisch belegbar sind solche Genealogien freilich nicht, regelhaft sind sie sogar schlicht Töchter reger Phantasien. Dabei spielt eigentlich nur eine Rolle, ob man dies den betreffenden Personen sagen darf – den Dalbergern als einflußreicher Familie bis in das 19. Jahrhundert durfte man dies sicherlich nicht ohne Mißbilligung ...

Gerhard der Jüngere wurde am 3. Mai 1239 mit dem Wormser Kämmereramt belehnt und gehörte damit der Ministerialität des Wormser Bischofs an. Da das Amt erblich war und innerhalb der Familie weitergegeben wurde, konnte so der Grundstein für den Aufstieg der »Kämmerer von Worms« gelegt werden, die sich erst später »von Dalberg« nannten (nach der Verbindung mit der Wormser Familie von Dalberg im 14. Jahrhundert, die ihren Stammsitz auf der um 1150 erbauten Burg Dalberg im Kreis Bad Kreuznach hatte). Angeblich schon um 1460 wurde in Herrnsheim die Burg der ursprünglich aus Rüdesheim stammenden Kämmerer errichtet, historisch gesichert ist jedoch erst ein Schloß zur Mitte des 16. Jahrhunderts. Dieses wurde 1689 völlig zerstört, nur ein mächtiger Rundturm ist von dem Bau noch erhalten (Abb. 33). In der ersten Hälfte des 18. Jahrhunderts wurde das Schloß als wuchtiger Barockbau wieder aufgebaut. Der nach Beschädigungen 1792 Anfang des 19. Jahrhunderts renovierte Bau gehörte zwischenzeitlich (1883–1957/1958) der Lederfabrikantenfamilie Heyl (1886 als »von Heyl zu Herrnsheim« geadelt), heute ist er Eigentum der Stadt Worms. Die Hauptlinie der Dalberger starb mit dem Tode des Emmerich Joseph von Dalberg im Jahr 1833 aus.[97]

DIE KÄMMERER VON WORMS, GENANNT V. DALBERG

Über die Herkunft der Kämmerer von Worms, genannt von Dalberg, gibt es mehrere Berichte. Die einen halten für den Stammvater des Geschlechts einen Cajus Martellus, der unter P. Quintilius Varus Kommandant in Worms gewesen sein soll, während es nach andern von einem römischen Hauptmann abstammt, der Jesus Christus die Seite mit einer Lanze durchstochen hätte. Auch die Herleitung des Geschlechts von den Juden, die bald nach Jesu Geburt in Worms einwanderten, ist versucht worden. Ja, die Familie rühmte sich ehemals sogar, durch Maria mit Jesus selbst verwandt gewesen zu sein. Als einmal eine Frau von Dalberg im Begriff war auszufahren, soll sie auf die Frage des Kutschers, wohin er sie fahren solle, geantwortet haben: »Zu meiner Cousine nach Liebfrau«. Damit meinte sie aber niemand anders, als das Gnadenbild der heiligen Maria in der Liebfrauenkirche zu Worms. Wahrscheinlich ist die Sage von der Verwandtschaft der Familie von Dalberg mit der Familie Jesu auf die Stiftung des berühmten Stammbaums Christi im Wormser Dom zurückzuführen. Auf jenem Meisterwerk deutscher Bildhauerkunst, das Bischof Johann von Dalberg 1483 errichten ließ, erblickt man oben im reichen Astwerk des Stammbaums eine thronende Maria, während der

Stifter des Bildwerks zur linken Seite des Baumes kniet und sein Antlitz zur Jungfrau emporrichtet. Grund genug also, daß sich eine Sage, wie die erzählte, bilden konnte.[98]

Weiteres aus der Römerzeit

Geradezu realitätsverbunden wirkt dagegen eine Legende zum frühesten Mainzer Bischof, der bereits im späten 1. Jahrhundert n. Chr. gewirkt haben soll. Die überlieferte Legende bedient sich zu Gunsten des Nachweises eines solch frühen Christentums in Mainz recht skrupellos an der Legende des hl. Crescens. Dieser soll zwar als Paulusschüler in Gallien missioniert haben, dann jedoch in seine Heimat Galatia (in der heutigen Türkei) zurückgekehrt und dort unter Trajan den Märtyrertod gestorben sein.[99]

DER ERSTE MAINZER BISCHOF

Die Stadt Mainz hat unter allen deutschen Städten eine der glänzendsten Vergangenheiten. Das kommt nicht zuletzt daher, daß sie schon in den frühesten Zeiten infolge ihres Handels und ihrer militärischen Lage eine hervorragende Bedeutung erlangt hat. Sehr frühe ist sie auch Sitz eines Bischofs geworden. Der erste Mainzer Bischof soll sogar der erste Bischof überhaupt gewesen sein. Die Überlieferung nennt ihn Crescenz, zu welcher Zeit er gelebt und wer er gewesen, ist bei dem gänzlichen Mangel zuverlässiger Nachrichten aber sehr schwer zu ermitteln. Wie bei allen solchen Dunkelheiten greift auch hier die Legende mit ihren Berichten ein: Danach soll der erste Mainzer Bischof niemand anders gewesen sein, als jener Crescenz, der im zweiten Brief Pauli an Timotheus Kap. 4 Vers 10 genannt wird und der zuerst ein Begleiter und Schüler des Apostels Paulus gewesen ist. Zweiundzwanzig Jahre, so erzählt die Legende weiter, hätte er die Kirche von Mainz regiert, bis im Jahre 103 bei der Feier des ersten römischen Quinquennalfestes eine allgemeine Christenverfolgung am Rhein ausbrach. Da die in Mainz wohnenden Christen sich weigerten, bei dem Genius des römischen Kaisers zu schwören und die üblichen Opfer darzubringen, wurden sehr viele hingerichtet und der Anfang mit ihrem Bischof Crescenz gemacht.[100]

Müller ergänzt:

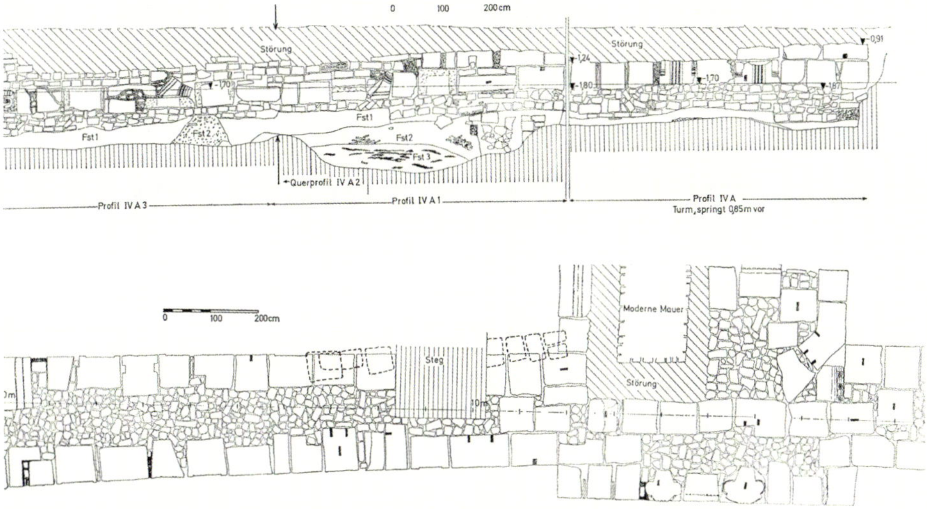

Abb. 34 (oben)

Plan der Fundamentlage der römischen Stadtmauer auf dem Kästrich. Deutlich zu erkennen sind Spolien, die vor ihrem Einbau zum architektonischen Schmuck anderer Gebäude gehörten.

Abb. 35 (unten)

Wiederverwendete Architektursteine in der spätantiken Mainzer Stadtmauer auf dem Kästrich.

Um der Legende größere Glaubwürdigkeit zu verschaffen, wurde später von einer Steinkanzel im Pfarrchor des Doms erzählt, Crescenz hätte auf ihr schon im Jahr 89 gepredigt. Eine dortselbst angebrachte lateinische Inschrift des Wortlauts: »S. Crescens a divo Paulo missus hic praedicavit episcopus et martyr anno 89« hat man später zur Ehre der Wahrheit wieder beseitigt. Auch die letzte Ruhestätte des Bischofs will man gekannt haben: Nach seinem Tode wurde er im Heiligental bei Mainz beigesetzt. Im Jahr 935 aber sollen seine Gebeine mit denjenigen von neun anderen Bischöfen ins St. Albanskloster übertragen worden sein.

Die Inschrift (a divo Paulo zu korrigieren in a D. Paulo) befand sich auf dem Schalldeckel der Kanzel, der nach 1800 entfernt wurde. Die Kanzel selbst dürfte frühmittelalterlich gewesen sein.[101]

Ein römischer Grabstein am Gautor?

Dieses Kapitel abschließen soll die knappe Betrachtung eines wahrscheinlich römischen Denkmals, welches offenbar im Mainz vergangener Tage wohlbekannt gewesen war: Im Gegensatz zu dem Bingerbrücker Grabstein des Pantera nicht mehr erhalten scheint der Stein, welcher einer grausigen Meinung als Ursprung gedient haben dürfte.

EINGEMAUERTE VERRÄTER

Noch Jahrhunderte nach der Hinrichtung der beiden Männer, die am 28. Oktober 1462 die Stadt Mainz an Adolf von Nassau verraten hatten, seien ihre Köpfe an der inneren Böschungsmauer des Gaugrabens zu sehen gewesen.[102]

Müller selbst führt an, daß die Köpfe wohl Teil eines römischen Bildsteines gewesen seien. Solche Spolien waren im neuzeitlichen Mainz an einigen Stellen zu sehen, vor allem in den römischen Sockeln der mittelalterlichen Stadtmauer auf dem Kästrich (Abb. 34, Abb. 35). Leider ist heute das entsprechende Denkmal nicht in den Sammlungen oder Fundberichten zu identifizieren. Warum aber hat man überhaupt antike Bauplastik in mittelalterlichen und neuzeitlichen Gebäuden ansichtig vermauert? Wenn solche Praktiken über die reine Laune des Maurers hinausgehen, dann sind es wohl unheilabwehrende Vorstellungen, die alte Götterbilder, Fratzen und ähnliches in die Fassaden von Gebäuden gebracht haben (ähnlich den dämonischen Wasserspeiern an mittelalterlichen Kirchen). Ein Beispiel dafür ist die Udenheimer Bergkirche, in der ein römischer Viergötterstein vermauert war; weitere Beispiele sind in ganz Europa viele bekannt. Die bisweilen zu lesende Hypothese, man habe damit die heidnischen Denkmäler quasi christianisieren wollen, ist wahrscheinlich zu verwerfen, denn hierfür ist das Zerschlagen immer noch das probateste Mittel.

3

Burgunder, Hunnen und das frühe Christentum

Im 5. Jahrhundert n. Chr. endete die Herrschaft Roms am Rhein. Dies geschah aber nicht mit einer großangelegten germanischen Eroberung samt vollständiger Flucht römischer Bevölkerung, gleichsam einem historischen Paukenschlag, sondern eher subtil und in kleinen Schritten. Die römische Zentralregierung war schon zu Beginn der Kaiserzeit allenthalben bemüht, gerade an den peripheren Gebieten des Imperiums jedes Machtvakuum zu vermeiden. In den beiden germanischen Provinzen führte dies bereits in den letzten beiden Jahrzehnten vor Christi Geburt zu einer starken Militarisierung, die auch das zivile Leben prägte. Im 3. Jahrhundert beanspruchten äußere Bedrohungen und nicht zuletzt Bürgerkriege den römischen Militärapparat aber so stark, daß Randgebiete zeitweilig nicht aus eigener Kraft gehalten werden konnten. In solchen Situationen wählte Rom den politischen Weg einer weitreichenden (sicherheitspolitischen) Integration Fremder, die in Stämmen oder Stammesverbänden aus verschiedensten Gründen in das Römische Reich drängten. Nach der Devise »Der Feind meines Feindes ist mein Freund« nutzte man die verbreiteten Streitereien unter den germanischen Stämmen aus, indem man solche Immigranten gezielt zur Grenzsicherung und generell zur Übernahme militärischer Aufgaben heranzog. Dabei war vor allem das Vorgelände des Imperiums Spielfeld römischer Außenpolitik (die Aussage, Deutschland würde auch am Hindukusch verteidigt, fußt heute auf vergleichbaren Überlegungen).

Das Risiko dieser Form der Außenpolitik liegt insbesondere in der kaum durchschaubaren Treue jener, die als Feinde eigener Feinde zu Freunden erklärt werden. Zusätzlich ist die Versuchung groß, die Leistungen der Verbündeten zum Anlaß zu nehmen, die eigenen Anstrengungen zu vermindern oder in innenpolitische Machtkämpfe zu lenken.

Den römischen Kaisern der Spätantike, also des 4. und 5. Jahrhunderts, ist im Westen des Römischen Reiches genau das widerfahren. Die Schwächung eigener militärischer Kräfte führte an der Rheingrenze schließlich dazu, daß sich Anfang des 5. Jahrhunderts germanische Gruppen links des Rheins für längere Zeit festsetzen konnten. In unserem Raum waren dies im Jahr 413 n. Chr. die *Burgundiones* (zu deutsch Burgunden oder Burgunder) unter ihrem König Guntiarius. Dieses Königreich wurde von Seiten Roms gezwungenermaßen geduldet, erst unter dem 425 n. Chr. an die Macht gekommene Kaiser Valentinian III. und insbesondere dessen militärischem Oberbefehlshaber Aetius wandten sich die Geschicke: 435 n. Chr., so die antiken Quellen, griffen römische Truppen König Gundichar (womöglich identisch mit dem 413 n. Chr. überlieferten Guntiarius) an. Gundichar erbat einen Frieden, der auch geschlossen wurde, den er aber kurz darauf selbst nicht eingehalten haben soll. 436 n. Chr. kam es an einem unbekannten Ort zur Schlacht zwischen Burgundern und hunnischen Verbänden im Dienste des Aetius, in der die Burgunder völlig unterlagen. Anfang der 440er Jahre wurden die verbliebenen Reste der Burgunder in der heutigen Westschweiz angesiedelt, dabei folgten den linksrheinischen Burgundern wohl auch die Teile des Volkes, die bereits seit dem 4. Jahrhundert rechts des Rheins zwischen Neckar und Wetterau gesiedelt hatten.

Die Hunnen, ursprünglich ein fernöstliches, nomadisches Reitervolk, hatten im späten 4. Jahrhundert nach ihrem Eroberungszug durch die mittelasiatischen Steppen die Donaugrenze des Römischen Reiches erreicht. In den 380er Jahren, besonders 395 n. Chr. plünderten sie etliche römische Städte auf dem Balkan, bald darauf dienten sie aber auch römischen Heerführern. 445 n. Chr. wurde Attila (Abb. 36), nachdem er seinen Bruder und Mitregenten Bleda ermordet hatte, zum Alleinherrscher der Hunnen. Er konzentrierte seine Aktivitäten nun mehr auf den Westen des Römischen Reiches, wohl aus dem Grund, weil hier erfolgreiche Raubzüge mit weniger militärischem Widerstand zu rechnen hatten. Auf dem Höhepunkt der hunnischen Macht fiel er in Gallien ein, 451 n. Chr. kam es dann zur großen Schlacht auf den »Katalaunischen Feldern« (der genaue Ort ist unbekannt).[103] Die Schlacht endete unentschieden, doch hatte Attila damit den Ruf des ewigen Siegers verloren. Er wandte sich nun 452 n. Chr. gegen Oberitalien und Rom, wo er zwar Erfolge feiern konnte (Einnahme von Aquileia, Mailand und Pavia), sich aber schließlich doch zurückziehen mußte. Mit dem Tod des Attila 453 n. Chr. (angeblich ist er nach einem Gelage am eigenen Erbrochenen erstickt, andere Quellen mutmaßen, seine germanische Braut hätte ihn ermordet) begannen Streitigkeiten um die Nachfolge, in deren Verlauf das Hunnenreich schnell auseinanderfiel. Schon ein Jahr später unterlagen die Hunnen in der Schlacht am Fluß Nedao in Pannonien den Gepiden und ihren Verbündeten. Zwanzig Jahre später waren die Hunnen als Akteure der europäischen Geschichte vollständig verschwunden.[104]

Abb. 36
Renaissancezeitliches Idealportrait des Attilla in Certosa di Pavia (Italien).

Soweit der historische Rahmen, der die Geschicke von Römern, Hunnen und Burgundern miteinander verknüpft. Nun ist Geschichte aber mehr als nur die Abfolge aufgeschriebener Ereignisse. Vor allem sind mit den Protagonisten und deren Handlungen Emotionen verbunden, die sich tief in das Kollektive Gedächtnis der Menschen eingraben können. Das Bild der Hunnen als Inbegriff von Wildheit und Zerstörung wurde bereits von den Zeitgenossen geprägt, und gewiß haben die Hunnen selbst an diesem »Image« gearbeitet – den Feind durch Gerüchte in Schrecken zu versetzen, ist schließlich besser, als seine Stärke jedesmal auf ein Neues mit gefährlichen Waffengängen unter Beweis zu stellen. Darüber hinaus haben sich schnell Sagen um die Ereignisse des 5. Jahrhunderts gebildet. Auch wenn solche Überlieferungen immer wieder variiert und ergänzt wurden, und sie daher kaum als objektive historische Quelle brauchbar sind, stellen sie doch einen ganz wesentlichen Teil unserer Kultur dar. Schließlich hat 1900 der deutsche Kaiser Wilhelm II. Soldaten nach China mit der doch recht dümmlichen Empfehlung verabschiedet, sie sollen sich dort gnadenlos wie die Hunnen benehmen; womit er ebenso das Bild der Hunnen, wie das der Deutschen nachhaltig mit deutlichen Konturen versehen hat …

Heiligenlegenden und das Nibelungenlied, um die wichtigsten zu nennen, reflektieren vergangenes Geschehen und erzeugen in unseren Köpfen Bilder der Vergangenheit. Gleichzeitig sind sie ein Teil des Wechselspiels von Realien und Interpretationen: Ein ausgegrabenes Tongefäß wird als »burgunderzeitlich« interpretiert, danach dient es als Beleg für die Anwesenheit der Burgunder und im Umkehrschluß werden deswegen alle gleichen Gefäße ebenso gedeutet. Vorrömische Befestigungen, wie der Ringwall auf dem Dollberg bei Otzenhausen im Saarland werden als »Hunnenring« angesprochen und so mit einer neuen, wenn auch unzutreffenden Deutung versehen. Archäologie und Geschichtswissenschaft werden hier noch auf lange Zeit Mißverständnisse aufzuarbeiten haben; es darf jedoch von vornherein festgestellt werden, daß die Spuren des Burgunderreiches stärker in unseren Köpfen, als in den tatsächlichen Befunden liegen.

Die Nibelungensage

Werfen wir erst einmal einen Blick auf die bekannte Sage, um dann vor diesem Hintergrund einige Denkmäler anzusehen (Die Sage läßt sich bis ins Frühmittelalter zurückverfolgen; sie bildete die Grundlage für die Entstehung des hochmittelalterlichen Nibelungenliedes):

Zu Worms lebte die Königstochter Kriembild, welche der Krieger Siegfried zur Frau begehrte. Gunther, einer der Brüder Kriembildens versprach sich für diesen einzusetzen, als Gegenleistung erwartete er allerdings Siegfrieds Hilfe bei seiner eigenen Brautwerbung auf Isenstein. Dort wies Brunbild jeden Freier ab, der sie nicht im Kampf besiegen konnte – bislang war dies ein jeder gewesen. Siegfried, zum Schein als sein Gefolgsmann ausgegeben, vermochte seinem Schwager zu helfen, denn er besaß eine Tarnkappe, die ihn unsichtbar machte. So besiegten beide Brunbild und jeder heiratete die gewünschte Dame. Allerdings wollte es Gunther nicht gelingen, seiner Gattin die Rolle als Ehefrau auch im Bett zukommen zu lassen. Abermals half der unsichtbare Siegfried, diesmal jedoch noch als Lohn Ring und Gürtel der Brunbild für seine Kriembild mitnehmend.
Zehn Jahre darauf sind die beiden Paare zu Isenstein auf einem Fest, als Brunbild und Kriembild miteinander in Streit gerieten. Erstere verlangte ein unterwürfigeres Verhalten Siegfrieds, war ihr dieser doch einst als Gefolgsmann des Gunther vorgestellt worden. Kriembild wiederum, wie Brunbild nicht alle Details der Geschichte kennend, hält dieser entgegen, Siegfried hätte noch vor Gunther mit ihr geschlafen, und zeigt zum Beweis Ring und Gürtel. Der stärkste Vasall von Brunbild, Hagen von

Tronje, sann nach Rache für diese Demütigung seiner Königin. Mit einem Vorwand entlockte er Kriemhild das Geheimnis um die verwundbare Stelle des Siegfried: Beim Bad in Drachenblut, welches seine Haut unverwundbar machte, war einst eine Stelle zwischen den Schultern von einem Lindenblatt verdeckt worden und damit verwundbar. In den Vogesen, bei einem Jagdausflug, tötete Hagen den Siegfried wenig später mit einem Speer.
Die trauernde Kriemhild rechnete sich leicht aus, wer ihren Gatten ermordet hatte: Um Rache zu nehmen, versprach sie fremden Kriegern Geld, welches sie aus ihrer Morgengabe reichlich besaß. Dies wiederum blieb Hagen nicht verborgen; er nahm den Schatz der Kriemhild an sich und versenkte ihn im Rhein. Doch Kriemhild sann weiter auf Rache. Dreizehn Jahre später bot sich ihr die Gelegenheit, indem sie den mächtigen Hunnenherrscher Etzel heiratete und diesen dazu überredete, ihre Brüder, allen voran Gunther, und Hagen ins Hunnenland einzuladen. Trotz des mißtrauischen Hagens Warnungen und einem großen Gefolge bewaffneter Krieger kam es am Hof der Hunnen zur Katastrophe: Die Nibelungen unterlagen in einem Blutbad, Gunther und Hagen wurden der Kriemhild vorgeführt. Sie verlangte das Versteck des Schatzes zu erfahren, doch Hagen verweigerte dies mit dem Argument, er könne seinen Eid gegenüber Gunther nicht brechen. Als die zornige Frau nun ihrem eigenen Bruder den Kopf abschlagen ließ, wußte Hagen, daß nur er noch das Versteck kannte und es niemals verraten würde. Von Kriemhildens eigener Hand ward er hingerichtet, worauf sie selbst vom alten Krieger Hildebrand erschlagen wurde. Dies war der Untergang der Nibelungen.[105]

Eine Person taucht in der Sage nicht auf, ist aber in der Nibelungenlied genannten Version enthalten: Volker von Alzey. Diese Person wirft daher einige Unklarheiten bezüglich ihrer Herkunft auf. Nichtsdestotrotz bezieht man sich im heutigen Alzey gerne auf sie:

DAS WAPPEN DER STADT ALZEY

Die Stadt Alzey führt im Wappen einen aufrechtstehenden Löwen, der eine Geige in der Hand hält. Denn der Fiedler von Alzey des Nibelungenlieds ist aus ihrer Stadt gebürtig. Darum heißen auch die Alzeyer selbst die Fiedler.[106]

Abb. 37
Der Kelterstein am Wormser Dom.

Nach Wilhelm Müller wird umgekehrt ein Schuh aus der Geschichte. Er bringt die Theorie an, die Fiedel im Wappen der Truchsesse von Alzey sei der Grund für den Dichter des Nibelungenliedes gewesen, den im Lied hochgelobten Volker als Fiedler von Alzey zu bezeichnen. Damit hätte er dem Alzeyer Adelsgeschlecht geschmeichelt. Die Diskussion darüber, wer genau denn nun wirklich das historische Vorbild des Volkers im Nibelungenlied war, scheint dennoch ungelöst. Denn das Wappen wird von einer ganzen Reihe Persönlichkeiten in der Entstehungszeit des Nibelungenliedes, um 1200, geführt. Sicher ist wohl, daß im Volker keine Person des 5. Jahrhunderts zu sehen ist.[107]

Denkmäler der Burgunder in Worms

In Worms wurden früher (und zum Teil auch heute noch) angebliche Originalstücke aus der Zeit der Burgunder gezeigt. Hierin folgte man dem verbreiteten Streben nach Beweisen für Legenden und Sagen und tat gleichzeitig etwas für den Fremdenverkehr. So bewahrte man im Dom eine Stange auf, *66 Werkschuh lang, die ein Riese, der früher da lebte, geführt haben soll. Andere erzählen, die Stange sei Siegfrieds Lanze gewesen.*

Heutigen Touristen wird der sogenannte Siegfriedstein (Abb. 37) gezeigt, der vom auch als Riesen bezeichneten Helden über den Rhein geworfen

Abb. 38

Haus zur Münze, Worms.

worden sein soll.[108] Müller nennt eine ganze Reihe von Interpretationsmöglichkeiten: Kapitell einer Riesensäule, Basis eines Kruzifixes, heidnischer Opferaltar, Gerichtsstein – allesamt unzutreffend. Es handelt sich vielmehr um einen Kelterstein, der im Hochmittelalter in der Domkellerei (an der Stelle des Lioba-Hauses, Schloßgasse 6) verwendet wurde. Der 3,1 t schwere Kalksteinblock diente dabei als Hebelgewicht am Arm einer großen Kelter. Die jüngst geäußerte Vermutung, der Stein habe dies in römischer Zeit getan, berücksichtigt nicht die mittelalterliche und neuzeitliche Keltertechnik, die solche Steine durchaus kannte.[109]

Das Wormser Haus zur Münze (Abb. 38)

Zu diesen greifbaren Dingen, die mittels Sagen begreifbar gemacht werden sollen, ist ebenfalls das einst berühmte »Riesenhaus« zu zählen. Eigentlich heißt es »Haus zur Münze« (Marktplatz 10), und seine Geschichte spiegelt das Schicksal der Stadt Worms: Nachdem das ursprünglich als Sitz der Wormser Münzerhausgenossenschaft genutzte, dann als Repräsentationsbau des Rates der Stadt dienende Gebäude 1689 zerstört worden war, wurde Anfang des 20. Jahrhunderts das »Cornelianum« an gleicher Stelle errichtet. Letzteres war eine Stiftung des Freiherrn Cornelius von Heyl zu Herrnsheim, welcher sich den aus Vermögen resultierenden Verpflichtungen gegenüber der Gesellschaft bewußter war, als es heute üblich ist: Das Cornelianum diente als Ort kultureller Veranstaltungen. Rückgreifend auf den geschichtsträchtigen Platz waren am Cornelianum Reliefs des Dresdner Bildhauers Georg Wrba angebracht, die unter anderem Siegfried mit geschulterter Lanze beim Einzug in die Stadt Worms zeigten. 1945 fiel das Cornelianum den Bombardements des Zweiten Weltkriegs zum Opfer. Das Siegfriedrelief wurde am 1963 fertiggestellten Nachfolgebau, der ebenfalls »zur Münze« heißt und städtische Bildungseinrichtungen beherbergt, wieder angebracht und ist dort gegenwärtig zu sehen.

Übrigens existieren Zeichnungen aus dem Jahr 1690, welche den Trümmerhaufen des Hauses zur Münze und die unzerstörten Wandmalereien zeigen.[110]

DAS RIESENHAUS

In Worms hauste einstmals ein Riese, der eine steinerne Wohnung besaß, die das »Riesenhaus« genannt wurde und große weite Tore und ungeheure Fenster von gewaltigen Ausdehnungen hatte. Wahrscheinlich war es dasselbe Haus, das später die »Münze« hieß und mit den Bildern Siegfrieds und Kriemhildens, sowie anderer Riesen und Lindwürmer geschmückt war. Andere glauben, es sei das Rathaus gewesen, an dem man Siegfried nach Art der Rolande norddeutscher Städte als Wahrzeichen der hohen Gerichtsbarkeit abgebildet sehen konnte.[111]

Hunnen und Burgunder in Rheinhessen

Maßgeblich für das Schicksal der Burgunder waren der Sage nach die Hunnen. Sie stehen seit langem als Synonym für barbarische Zerstörungswut; dabei wird allerdings übersehen, daß dieses Steppenvolk viele der kriegerischen Untaten im Dienste anderer beging: Der noch im Nibelungenlied nachklingende Untergang der Burgunder ist in Diensten und im Sinne Roms von hunnischen Verbündeten erfochten worden.

Doch was geschah zu dieser Zeit en détail in Rheinhessen? Die Burgunder lebten hier sicher nicht als ausschließliche ethnische Gruppe. Neben Personen anderer germanischer Herkunft oder auch noch weiter entfernten Ursprungs gab es die Nachkommen der gallo-römischen Provinzbevölkerung. Auch wenn die Besiedlung auf dem Land sich ausgedünnt haben dürfte, bestanden etliche *villae rusticae* noch als landwirtschaftliche Betriebe, und gerade in den Städten ist mit Kontinuitäten im Bereich von Kirche und Verwaltung zu rechnen. Die germanischen Eindringlinge hatten kein eigenes staatspolitisches Konzept und besetzten daher meist eine Auswahl der wichtigsten Verwaltungsfunktionen, die sie vorfanden – weshalb in jüngerer Zeit auch die Meinung zu finden ist, das Römische Reich sei insgesamt eigentlich gar nicht untergegangen, sondern habe viel mehr seine Zentralgewalt an regionale, germanische Herrscher

Abb. 39

Digitale Rekonstruktion des Kastells Alzey in seiner ersten Bauphase (370er Jahre n. Chr.).

Abb. 40

Blick in das idyllische Mordkammertal am Rand des Donnersbergmassivs.

übertragen (was Karls des Großen Griff nach dem weströmischen Kaisertum 300 Jahre später in einem anderen Licht erscheinen läßt).

Aus dem Kastell Alzey (Abb. 39) wissen wir aus archäologischen Grabungen des Jahres 2002, daß es dort zur Zeit der Burgunderherrschaft Grubenhäuser gab; eine Hausform, die typisch germanisch ist und von den Stein- und Fachwerkhäusern der Römer stark abweicht. Eine Erdgrube diente als Wohn- und Arbeitsbereich, darüber war ein hölzerner Überbau gesetzt.

Außerdem ist uns von Wolfsheim ein Ensemble Goldobjekte bekannt, welches wohl zum Grabinventar eines bedeutenden Mannes der ersten Hälfte des 5. Jahrhunderts gehört haben dürfte. Ein goldener Kolbenarmring zeigt uns den hohen Status, aber auch die wahrscheinlich germanische Herkunft des Kriegers. Es könnte sich um einen Burgunder handeln, doch ist das nicht mit letzter Sicherheit zu entscheiden.

Zusätzlich haben wir aus Rheinhessen eine Reihe von Funden, die jedoch eher als Beleg für menschliche Siedlungstätigkeit zu sehen sind, denn als

Abb. 41
Die Heiligblutkapelle bei Alzey-Weinheim.

Hilfe bei der Frage nach ethnischer Zuordnung ihrer einstigen Besitzer. Archäologische Relikte der Hunnen sind aus unserem Raum gar keine sicheren bekannt!

Die mit den Hunnen verbundenen Sagen aus Rheinhessen sind deswegen wohl eher auf Basis der Nibelungensage entstanden. Als Hinweise auf tatsächliche Geschehnisse dürfen sie nicht gewertet werden:

FLUCHT DER ALZEYER VOR DEN HUNNEN (Abb. 40)

Allein auch das Burgundische Reich sank in Trümmer und erlag dem Andrang der Horden Attilas. Es erscheint kaum zweifelhaft, daß damals auch der kleine Flecken Alzey durch diese sengende und mordende Bande in Trümmer fiel. Eine Sage erzählt, daß zu dieser Zeit die flüchtigen Bewohner der Umgebung auf den Donnersberg zogen und in einer der Schluchten desselben, welche das Volk heute noch die Mordkammer nennt, von den wütenden Hunnen niedergemetzelt wurden.[112]

Bader hat die Sage abgewandelt, nach ihm waren es die Bewohner des zerstörten Alzey, die sich auf den Donnersberg flüchteten.

DER HEILIGE BLUTBERG BEI ALZEY (Abb. 41)

Im Jahre 454 wurde zwischen dem Donnersberg und der Selz eine große Anzahl christlicher Prediger und Gläubigen ermordet. Besonders auf der Weinheimer Höhe unweit Alzey wurden mehrere Glaubensbekenner grausam getötet. Zum Gedächtnis an diese schreckliche Begebenheit ließ der Erzbischof Bonifazius daselbst eine Kapelle zum heiligen Blut erbauen.[113]

Heute gibt es hier die Weinlage »Heiligenblut«; der Flurname scheint allerdings nicht besonders alt zu sein, wird er doch erstmals 1833 erwähnt. 1521 (und sonst nicht) wird aber ein Heiligenberg genannt, so daß beide möglicherweise denselben Hügel im Osten des Ortes meinen. Dort sollen auch Reste einer Kapelle gefunden worden sein. »Heiligenblut« wird wohl das Blut Christi meinen, dem die Kapelle geweiht gewesen sein dürfte. Die jetzige Heiligblutkapelle wurde 1890 von Georg Balz errichtet, wie uns eine Steininschrift neben dem zeitlosen Sinnwort *»Der Wein erfreut des Menschen Herz, trink mäßig drum in Freud und Schmerz«* mitteilt.[114]

DAS HUNNENTAL BEI HAHNHEIM

Im Hunnental bei Hahnheim sollen die Hunnen einst ein Massaker an der einheimischen christlichen Bevölkerung verübt haben.[115]

Der gebürtige Mommenheimer und spätere Reallehrer in Gießen, Jakob Grimm, schrieb diese Flurnamendeutung in seiner Ortschronik von Mommenheim kurz vor dem Ersten Weltkrieg. Dabei brachte er auch die frühen archäologischen Ausgrabungen des merowingerzeitlichen Gräberfeldes von Selzen in einen Kontext zu den Hunnen, die seinerzeit geradezu synonym mit zerstörungswütigen Barbaren waren – und dies auch weit über Rheinhessen oder Deutschland hinaus: Immerhin wurden kurze Zeit später im Ersten Weltkrieg deutsche Soldaten von der alliierten Propaganda als Hunnen bezeichnet (wofür die oben erwähnte »Hunnenrede« Kaiser Wilhelms II. in Bremerhafen die Ursache war).

Das Hunnental bei Hahnheim wird seine Benennung sicher nicht von den Hunnen des 5. Jahrhunderts haben. Die Überlieferung der Flurnamen zeigt im

Laufe der Zeit so viele Veränderungen und Umdeutungen, daß vielfach Namen des 19. und 20. Jahrhunderts nicht wörtlich genommen werden dürfen.

Heiligenlegenden

Vielleicht ist hier der Platz, etwas zu Heiligenlegenden zu sagen. Sie dienen in erster Linie der religiösen Erbauung, zeigen die Bedeutung von Standhaftigkeit und Moral in schweren Zeiten. Doch sind ihre Inhalte nicht immer ausschließlich zu diesem Zweck verfaßt worden. Insbesondere historische und örtliche Verknüpfungen geben vielen Legenden den Anschein eines Tatsachenberichtes. Im Falle der folgenden Legende wird die Verortung angesichts der schon früh belegten Verehrung des Aureus wohl zutreffend sein – die Zeit der Hunnen, also in unserem Raum die erste Hälfte des 5. Jahrhunderts, muß allerdings nicht zwingend die korrekte zeitliche Einordnung sein. Um ganz reelle Ansprüche zu untermauern, wurden in Mittelalter und Neuzeit gerne Traditionen und Rechte in die ferne Vergangenheit projiziert, so daß gerade die Stellung eines Bistums durch die Legende eines frühen Bischofs gestärkt worden sein könnte (wie wir schon sahen: St. Crescenz). Freilich ist der Beweis für oder gegen die genannte Datierung der Legende nicht zu führen; deshalb möge man sie eben als Legende nehmen, solange historische oder archäologische Fakten nicht etwas anderes erlauben.

AUREUS UND JUSTINA 1

Zu Mainz das Leiden des heiligen Bischofs Aureus, seiner Schwester Justina und anderer Blutzeugen. Als sie in der Kirche die Eucharistie feierten, wurden sie von den Hunnen, die Deutschland heimsuchten, niedergemacht.[116]

In einer anderen Version der Aureus-Legende sind nicht die Hunnen die Übeltäter:

AUREUS UND JUSTINA 2

In Mainz lebten, wirkten und litten sechs Heilige, nämlich Aureus, Justina, Albanus, Theonest, Ferrutius und Bilhildis. Von diesen lebten der Bischof Aureus und seine Schwester Justina zu einer Zeit, da die Arianer den Christen stark zusetzten und selbst vor ihrer Ermordung nicht

zurückschreckten. Letzteres war denn auch das Schicksal des genannten Geschwisterpaars. Als Aureus eines Tags das Meßopfer in der Kirche bei Dalheim verrichtete, töteten ihn seine Gegner zu Füßen des Altars samt seiner Schwester Justina und mehreren Gläubigen. Nicht genug damit, sollen die Leichname der Gemordeten auch noch in einen nahegelegenen Born geworfen worden sein. Nach einem andern Bericht sind die Leichname von den Gläubigen auf dem Marterberg mit allen Ehren, welche die Zeitumstände erlaubten, beerdigt worden. Später aber seien die Gebeine der beiden Heiligen in das neugegründete Albankloster überführt und ihre Särge unter dem Boden der Kirche beigesetzt worden, allwo sie mit großen Wunderzeichen geleuchtet haben.[117]

Die Aureuskapelle gab es wirklich (Abb. 42). Sie darf als Coemeterialbau betrachtet werden, war also dem Totengedenken gewidmet. Wohl bereits in der Spätantike errichtet, stand sie auf dem Gräberfeld, welches vor der

Abb. 42

Die Aureuskapelle (Auschnitt eines Aquarells von Franz von Kesselstatt, um 1800).

Stadt entlang der heutigen Saarstraße wahrscheinlich schon im 1. Jahrhundert n. Chr. angelegt worden war. Römische Funde im Bereich des heutigen Hauptfriedhofs und ein Sarkophag (3./4. Jh.) im Hof des alten Forums der Universität zeugen hiervon. Der Kirchenbau war allerdings bis ins Frühmittelalter dem hl. Hilarius geweiht, erst dann weihte man ihn dem hl. Aureus.

Nach Müller wurde bei der Aureuskapelle alljährlich am 16. Juni des Märtyrers Aureus gedacht. Dabei sei auch Wasser aus dem Aureusbrunnen getrunken worden. Die Kapelle wurde bei der Belagerung der Stadt Mainz im Jahr 1793 zerstört, ihre Reste 1803 bei der Anlage des Friedhofs ausgebrochen.

Wer waren die Arianer, die den Christen so stark zusetzten? Sie waren selber Christen! Allerdings widersprachen sie der Lehre der Dreifaltigkeit. Zur Zeit Konstantins des Großen, also Anfang des 4. Jahrhunderts n. Chr., vertrat der Kirchenvater Arius die These der Einmaligkeit Gottes, das heißt, nur Gottvater ist nicht geschaffen, der Sohn Gottes dagegen schon. In der Mitte des 4. Jahrhunderts war der Arianismus dominierend, so hing dieser Lehre damals auch das Kaiserhaus an. Nach 361 änderte sich dies und die Trinitarier erlangten bis zum Ende des 4. Jahrhunderts die Oberhand; die Bezeichnung »Arianer« wurde nun zum Oberbegriff für Häresie überhaupt. Historische Komplexität erhält dieser Streit durch den Umstand der Christianisierung germanischer Stämme während der arianischen Vorherrschaft; bis ins 7. Jahrhundert hielt sich bei Westgoten, Langobarden und Burgundern die arianische Lehre. Übrigens: Die Zeugen Jehovas, auch wenn sie nicht als Arianer bezeichnet werden können, folgen heute einer ähnlichen Lehre.[118]

Vergleichbaren Inhalts ist die Legende um die Heiligen Albanus und Theonest:

ALBANUS UND THEONEST

Zur Zeit als die arianischen Ketzer in Deutschland die Oberhand hatten, kamen Albanus und Theonest von Italien nach Mainz, um für den reinen christlichen Glauben zu wirken. Die beiden Männer hatten aber die schwersten Prüfungen ihres Glaubens halber zu erdulden. Während dem heiligen Albanus das Haupt abgeschlagen wurde, ist Theonest gemartert und als man ihn für tot hielt, statt begraben zu werden, in einer lecken Kufe in den Rhein geworfen worden. Nur einem Wunder verdankte der Heilige seine Rettung. Im Rhein hatte sich nämlich das Leck der Kufe wieder geschlossen, so daß der fromme Dulder, in dem die frischen Rheinlüfte neues Leben entfachten, wohlbehalten den Rhein hinunter fahren

konnte. Ungefährdet schwamm er durchs Bingerloch und trieb endlich zu Kaub sänftiglich ans Land. Dort angekommen, soll er die Bewohner den Weinbau gelehrt haben, was sie später damit vergalten, daß der Heilige in seiner Kufe stehend, in ihr Stadtwappen aufgenommen wurde. In Mainz aber lebte das Andenken an den Heiligen lange Zeit fort in der Theonestgewann, nordwestlich der Stadt, und in der hauptsächlich von den Bewohnern Mombachs besuchten Theonestkapelle. Auch der Dimesser Ort soll nach ihm benannt gewesen sein. Die letzten Spuren der Kapelle sind schon längst wieder verschwunden.[119]

Nach dem römischen Martyrologium (30. Oktober) wurde Bischof Theonest schließlich in Altinum bei Venedig von den Arianern getötet. Zur genauen Lokalisierung der St. Theonestkapelle sei Adam Bernhard Gottron zitiert (Abb. 43, Abb. 44): »Für die Lage von St. Theonest ist Schaab ein ganz einwandfreier Zeuge. Er hat nämlich kurz nach 1790 den Acker, auf dem die Theonestkirche gestanden hatte, von der Hofkammer gesteigert und besaß ihn noch 1844. »Dreißig bis vierzig Jahre vorher war darauf ein Gewölbe ein-

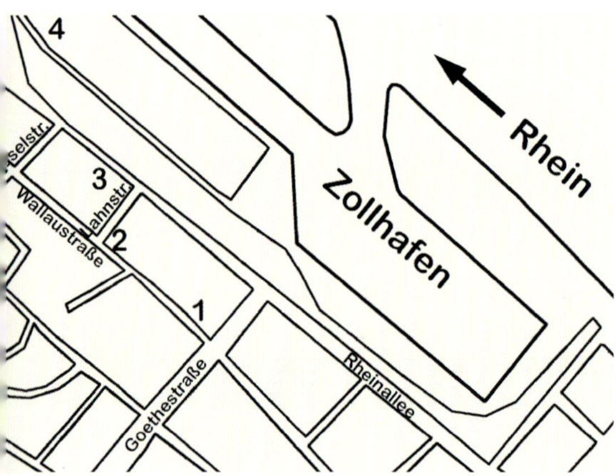

Abb. 43

Lage älterer Kapellen im Bereich der heutigen Mainzer Neustadt. 1: St. Alban, 2: St. Theonest, 3: St. Peter, 4: St. Clemens.

Abb. 44

Zeichnung der Kapelle St. Theonest von F. Bodmann aus dem Jahr 1802, nach Vorlage des 16. Jhs.

Abb. 45

St. Alban (links) und die Stadt Mainz, nach einer Zeichnung aus dem 17. Jh.

gefallen. Der Acker zeichnet sich auch durch die vielen kleinen Mauersteine und seine Erhöhung von den Nebenlägern aus.« Er schildert weiter, daß von St. Theonest der Emausweg nach dem Bruch führte. Noch heute besteht der letzte Rest dieses Emausweges, und auf den Karten aus der Zeit der Bebauung der Neustadt im vorigen Jahrhundert, führt er genau auf das Anwesen der ehemaligen Reulaux'schen Fabrik Rheinallee 193/10 (heute 101). Dort lag also auf einer natürlichen Bodenerhöhung St. Theonest.«[120]

Zum Martyrium des Albanus lesen wir noch etwas spezifiziert:

DER HEILIGE ALBAN

Albanus kam um 404 n. Chr. nach Mainz, um hier die Arianer zu bekehren. Im heutigen Gartenfeld starb er den Märtyrertod und wurde enthauptet; danach jedoch nahm er seinen Kopf und ging auf den Marter- oder Albansberg, nachdem er sich vorher noch an einem Ort, der später die Albansruhe genannt wurde, ausgeruht hatte. Nach anderer Meinung führte den Kopflosen der Weg bis nach Rüsselsheim.[121]

Die älteste Version der Albanslegende datiert ins 9. Jahrhundert und wurde durch die Feder des Hrabanus Maurus überliefert. Das Kopftragen nach der Enthauptung scheint allerdings eine Zufügung des Hohen Mittelalters zu sein.[122]

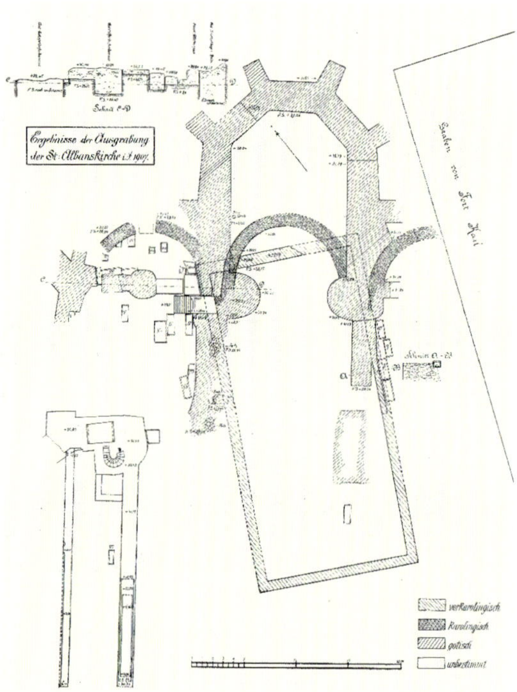

Abb. 46

Grundmauern von St. Alban, nach den Grabungen des Jahres 1907.

Vor der Südmauer der Stadt Mainz wurde unter Karl dem Großen die hochgerühmte Abtei St. Alban erbaut (Abb. 45), die eine am Ort der Verehrung des heiligen Albanus errichtete Gedächtniskirche ersetzte – in deren Umfeld es bereits eine bestehende Mönchsgemeinschaft gab. Für letzteres dürfte der Grabstein eines Abtes namens Pertrammus Zeuge sein, der bei St. Alban gefunden wurde und vielleicht schon aus dem 7. Jahrhundert stammt (heute im Landesmuseum Mainz).

Die Gedächtniskirche bzw. Coemeterialkirche dürfte nach den Ergebnissen archäologischer Untersuchungen der Jahre 1907–1912 (Abb. 46) frühestens ins späte 4. oder das 5. Jahrhundert datieren, vielleicht auch erst im 6. Jahrhundert erbaut worden sein. Für eine Datierung in die spätrömische Zeit spricht die Ausführung des Baus mit Gußmörtel und einem Ziegeldach sowie die Art der dicht bei der Kirche befindlichen Bestattungen; eine letzte Entscheidung ist vor einer umfassenden Auswertung der Altgrabungen jedoch nicht möglich.

Ein bronzener Türflügel aus römischer Zeit, der sich heute im Museum Wiesbaden befindet und bei Schanzarbeiten auf dem Albansberg gefunden wurde, könnte einst in Zweitverwendung in einem der christlichen Bauten eingesetzt gewesen sein. Eine Rekonstruktion der Tür befindet sich am *sacellum* (Fahnenheiligtum) des Limeskastells Saalburg.[123]

Fränkische Ortsgründungen

Nicht unerwähnt bleiben darf die fränkische Besiedlung Rheinhessens, die im 5. und 6. Jahrhundert begann und quasi die Lücke der Burgunder schloß. Die meisten Ortsnamen Rheinhessens stammen aus dieser auch als Fränkische Landnahme bezeichneten Phase, aus der wir die Franken selbst anhand ihrer Gräberfelder gut zu kennen glauben. Weniger gut ist es um unser Wissen bezüglich der verbliebenen romanischen Bevölkerungsteile bestellt. Es ist zudem bemerkenswert, wie wenig literarische Überlieferung aus den Jahrhunderten zwischen der Spätantike und Karl dem Großen vorliegt. Eine angebliche Quelle möchte ich hier ausschalten:

DIE HERKUNFT DES NAMENS WESTHOFEN

Während die Herkunft des Namens Osthofen von seiner östlichen Lage niemals ernstlich bestritten und auch durch das Ortswappen, das eine aufgehende Sonne zeigt, anerkannt wurde, haben die Bewohner Westhofens sich mit der Erklärung ihres Ortsnamens aus der westlichen Lage nicht zufrieden geben wollen. Im 18. Jahrhundert erzählte man, das Dorf sei im Jahr 409 erbaut worden, als Ädovius, der Frankenkönig, in Klein-Frankreich seinen Agnaten, des ostfränkischen Herzogs Sohn, zum Herzog über Bealgia gesetzt habe. Dieser habe danach dort, wo heute Westhofen liegt, den ersten Flecken erbaut und ihn nach seiner Gemahlin Veste den Namen Westhofen gegeben.[124]

Das Datum ist zu früh, die Personen erfunden. Eine bessere, weil schlichtere Erklärung bietet uns der einstige Westhofener Pfarrer Jakob Ebersmann an. Demnach entstand der Ortsname einfach aus der gegensätzlichen Lage zweier gleichzeitig gegründeter mittelalterlicher Höfe: Osthofen und Westhofen.[125]

4
Karl der Große und sein Palast zu Ingelheim

In Ingelheim wurde im späten 8. Jahrhundert eines der bedeutendsten profanen Bauvorhaben dieser Zeit nördlich der Alpen begonnen: Der Bau eines repräsentativen Palastes für den fränkischen König Karl (Abb. 47). Der Palast (von lat. *palatium*, wie auch die Ableitungen Pfalz, Königspfalz oder Kaiserpfalz) greift dabei architektonische Vorbilder antiker römischer Vorbilder auf: Die *aula regia* (Abb. 48) ist, wenn auch in den Dimensionen etwas kleiner, durchaus mit der sog. Konstantinsbasilika in Trier zu vergleichen, einer spätantiken Aula (Thronsaal) des dortigen kaiserlichen Palastes. Auch die Verwendung von nach antiken Vorbildern hergestellten Dachziegeln, eine ca. 7 km lange unterirdische Wasserleitung in Form eines gemauerten Kanals oder die Verwendung antiker Säulen und Marmorplatten sind klare Rückgriffe auf die Antike bzw. zeigen sie den Wunsch des Bauherrn nach Ebenbürtigkeit mit den damaligen politischen und künstlerischen Zentren Rom und Byzanz.

Wichtige archäologische Forschungen fanden in Ingelheim seit Beginn des 20. Jahrhunderts statt, doch besonders die Ausgrabungen unter Holger Grewe seit 1993 ermöglichen es uns, ein ganz detailliertes und facettenreiches Bild des frühmittelalterlichen Palastes zu zeichnen.[126]

Bereits aus den Grabungen Christian Rauchs vor dem Ersten Weltkrieg ist der Grundriß bekannt: Ein quadratisches Gebäudeareal, an welches ein Halbkreisbau (Durchmesser: 89 m) angesetzt wurde. Wichtigster Funktionsbau war die *aula regia* im Südwesten der Anlage; sie diente als Thronsaal. Der langrecheckige Saalbau schließt dabei im Süden mit einer Apsis ab (wodurch Besucher bei Audienzen wegen der Fenster in der Apsis regelhaft den König im Gegenlicht zu sehen bekamen; möglicherweise ein gewollter Effekt). Aus den jüngsten Forschungen wissen wir zudem einiges über die Innenausstattung der Palastaula. Man fand nämlich zwischen dem karolingischen Fußbodenfundament und einem Fußboden des 10. Jahrhunderts zahlreiche bemalte Wandverputzstücke (Abb. 49), die eine vor allem geometrische Ausmalung des Raumes belegen. Darüber hinaus war der Fußboden selbst mit verschiedenartigen Marmorplättchen (*opus sectile*) ausgelegt (Abb. 50).

Der Nordflügel des quadratischen Palastteiles war wohl der aus mehreren repräsentativen Sälen bestehende Wohntrakt. Unmittelbar südlich, fast

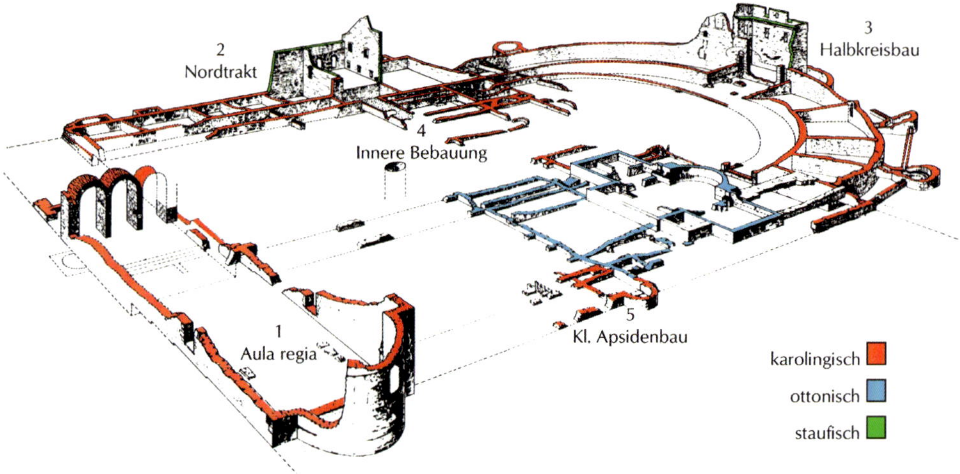

Abb. 47

Plan der erhaltenen frühmittelalterlichen Baureste der Ingelheimer Kaiserpfalz.

im Zentrum der Pfalz, lag ein Dreikonchenbau (möglich ist auch eine Rekonstruktion als Zentralbau, da dessen Fortsetzung im Westen durch Kanalgräben vollständig zerstört ist). Er wurde erst bei den Grabungen 2004 entdeckt und kann aufgrund seiner karolingischen Zeitstellung vielleicht als ursprüngliche Pfalzkapelle bezeichnet werden. Noch bis ins 13. Jahrhundert bestand an gleicher Stelle eine kleine Kirche, die den Konchenbau zu unbestimmter Zeit ablöste.[127]

826 war der Dänenkönig Harald Gast von Ludwig dem Frommen in der Pfalz Ingelheim. Mit seiner Familie und Gefolgschaft empfing jener die Taufe; ein Ereignis, wofür vielleicht St. Alban bei Mainz den Rahmen bot; womöglich aber auch die Pfalzkapelle selbst. Bei der Beschreibung dieses Geschehens in einem Lobgedicht auf Kaiser Ludwig gibt uns Ermoldus Nigellus einen Eindruck der Malereien, die wohl den Sakralbau schmückten: Es fanden sich Darstellungen aus dem Alten Testament (Adam und Eva, Kain und Abel, Noah und seiner Arche, Abraham, Joseph mit seinen Brüdern und dem Pharao, der Auszug aus Ägypten, Israels Könige und Propheten sowie den Jerusalemer

Abb. 48 (oben)

Rekonstruktion der Aula regia (Thronsaal) in der Ingelheimer Kaiserpfalz.

Abb. 49 (Mitte)

Reste von Wandmalerei aus der Kaiserpfalz Ingelheim.

Abb. 50 (unten)

Opus sectile-Reste aus der Ingelheimer Pfalz Karls des Großen: Bodenbelag aus verschiedenfarbigen und -geformten Marmorplättchen.

Tempel), dem Neuen Testament (Verkündigung, Geburt Jesu, Herodes' Kindermord, Taufe Jesu, Erweckung des Lazarus, Verrat des Judas, Auferstehung Jesu, Himmelfahrt und anderes). Im Bereich des Palastes fanden sich ferner Wandmalereien mythisch-historischen Inhalts (so neben anderen Romulus und Remus, Hannibal, Alexander, Römische Kaiser – Konstantin und Theodosius, schließlich fränkische Herrscher – Pippin und Karl der Große). Konkrete Funde von entsprechenden Malereiresten fehlen bislang allerdings, wie auch die Beschreibung des Ermoldus bezüglich der Ortsangaben an Klarheit zu wünschen übrig läßt.[128]

Erst im 10. Jahrhundert kam die noch heute bestehende Saalkirche hinzu, mit der das Baukonzept über 100 Jahre nach Baubeginn vollendet wurde. Der Halbkreisbau schließlich ist hinsichtlich seiner Funktion schwer zu beurteilen. Mit Säulengängen ausgestattet, war er aber sicher in Bezug auf seine Außenansicht der prächtigste Teil der Königspfalz.

In seiner Gesamtheit, wie auch in Details ist der karolingische Palast eine klare Wiederaufnahme antiker Formensprache. Erst im Hohen Mittelalter verliert er seinen anfangs ausschließlichen Repräsentationscharakter, als er im 12. Jahrhundert mit Wehrmauern ausgestattet wird, die noch heute weite Bereiche des Saalgebietes prägen. 1375 schließlich verpfändete Kaiser Karl IV. die Pfalz Ingelheim und den zugehörigen Ingelheimer Grund an Kurpfalz,

Abb. 51

Der Solidus Karls des Großen, gefunden bei den neuen Ausgrabungen in Ingelheim.

womit die schon seit der Befestigung nur mehr regional bedeutende Palastanlage ihre ursprüngliche Funktion endgültig verlor.

Der Palast der Karolingerzeit stand nicht alleine: Um ihn herum, vor allem im Westen, wurden Spuren von Wohn- und Wirtschaftsgebäuden gefunden. Sie dürfen anhand der Grabungsbefunde als Grubenhäuser bzw. Holzfachwerkbauten rekonstruiert werden und haben der Versorgung der Pfalz gedient, vor allem bei Aufenthalten des Herrschers, andererseits dürften hier aber auch Händler und Handwerker von der wirtschaftlichen Kraft des Hofes profitiert haben. Zeugnis hiervon legt der Fund einer Goldmünze ab, die unter Karl dem Großen in Arles geprägt worden war und just in dieser Begleitsiedlung, nicht aber im Palast selbst verloren gegangen war (Abb. 51).

Letzten Endes unterscheidet sich die Königspfalz Ingelheim von anderen karolingischen Pfalzen durch die Kompaktheit ihrer Architektur; dann aber vor allem durch das Fehlen kirchlicher Zentralfunktionen.

Aber warum wählte der Frankenkönig gerade Ingelheim? Wichtig ist sicher die überregionale Lage; Ingelheim liegt am Rhein, weniger als eine Tagesreise von der Mainmündung entfernt. Der Main wiederum war ein wichtiger Weg nach Osten. Außerdem waren der Mainzer Bischofsitz und die Mainzer Klöster im 8. Jahrhundert von überdurchschnittlicher Bedeutung; daß Karl nicht Mainz selbst wählte, deutet auf eine vorsichtige Distanz zu Stadt und Bischof hin. Für die Wahl des Ortes dürften ferner ein bestehender Königshof, die Gunst des Geländes und nahe römische Ruinen von Bedeutung gewesen sein; letztere, um das nötige Baumaterial zu liefern. Es überrascht wenig, hier eine sagenhafte Erklärung hinzufügen zu können:

VOM BAU DER PFALZ INGELHEIM

Ursache für die Entscheidung, den Königshof Ingelheim zu einem Palast auszubauen, soll der Wunsch Karls des Großen gewesen sein, am Rhein zu leben. Dieser Wunsch wiederum ist einem Zauberring verschuldet, mit dem seine Gattin Fastrada ihn an sich band, der aber nach ihrem Tode vom Mainzer Erzbischof in den Rhein geworfen worden wäre.[129]

Die Geschichte wird mit anderen Orten auch als Ursache für den Bau der Pfalz zu Aachen angeführt: Hier wäre der Ring in die warmen Aachener Quellen geworfen worden. Da Fastrada erst 794 in Frankfurt starb (sie wurde in St. Alban zu Mainz bestattet), die Ingelheimer Pfalz zu der Zeit aber schon stand, birgt die Sage eine kleine Verspätung.

Abb. 52

Renaissancezeitliche Zeichnung eines Mosaiks im Lateran, welches die Legitimation geistlicher und weltlicher Herrschaft durch den hl. Petrus zeigt: Empfänger sind Papst Leo III. und Karl der Große.

Zu Fastradas Grablege in St. Alban sei an dieser Stelle mit einer knappen Überlieferung ein Detail hinzugefügt:

FASTRADAS GRAB

Als Fastrada, die dritte Gemahlin Kaiser Karls, in Frankfurt a. M. gestorben war und in St. Alban bei Mainz ihre letzte Ruhestätte gefunden hatte, ließ Karl die silberne Spindel der Verstorbenen am Hochaltar dortselbst aufhängen. Ähnliches geschah auch beim Begräbnis einer anderen hohen Frau in St. Alban. Als im Jahre 953 Liutgarde, die Tochter Ottos I. und Gemahlin Konrads des Roten, gestorben und nicht weit von Fastrada bestattet worden war, hingen die Mönche die silberne Spindel der Toten über ihrem Grabe auf. Beides also ein Ausdruck für den Wert, der dem Spinnen damals beigelegt worden ist.[130]

Dieses Beigeben von Spindeln scheint eine Reminiszenz an älteres germanisches Brauchtum zu sein. Schon in alamannischen und fränkischen Gräbern finden wir in unserem Raum Spindeln (von denen sich nur der Schwungkörper erhalten hat, der sogenannte Spinnwirtel, welcher meist aus gebranntem Ton hergestellt war). Entgegen einer Wertschätzung des Spinnens scheint sich darin vor allem eine Wertschätzung der Verstorbenen zu zeigen, der damit die Stellung einer ehrbaren Frau zuerkannt wurde. Allerdings war das Spinnen eine weit verbreitete Tätigkeit, so daß es nicht verwundern darf, wenn man die Folgen der dabei auftretenden einseitigen Körperbelastungen auch am Skelettmaterial mancher frühmittelalterlichen Dame ablesen kann.[131]

Der Ortsname Ingelheim

Der Name Ingelheims weist auf eine für Rheinhessen typische Ortsnamensbildung hin. Vor die Endung -heim ist nämlich regelhaft ein germanischer Personenname gestellt, im Fall Ingelheims der eines Ingilo (Koseform des Namens Ingo). Die älteste überlieferte urkundliche Erwähnung des damals sicher schon längere Zeit bestehenden Namens Ingelheim datiert in das Jahr 774. Eine ursächliche Verbindung des Ortsnamens mit Karl dem Großen oder dem Bau der Pfalz ist damit ziemlich unwahrscheinlich.[132]

DAS SCHWERT KARLS DES GROSSEN

Karl der Große empfing in Ingelheim von einem Engel das Schwert, womit er in Spanien die Sarazenen besiegte, daher der Name »Engelheim«.[133]

Das Schwert ist Teil der Reichskleinodien, die heute in Wien aufbewahrt werden. Allerdings war es Kaiser Friedrich II., der es diesen im 13. Jahrhundert als Zeremonienschwert hinzugefügt hat; es wurde von arabischen Handwerkern in Palermo vor 1220 hergestellt. Wenige Generationen später verwob es die Legende mit Karl dem Großen, der das Schwert in Ingelheim von einem Engel empfangen haben soll. Nach Saalwächter wird die daraus folgende, legendenhafte Namenserklärung Ingelheims auch um 1500 durch den Abt Trithemius erwähnt.

Einen Feldzug Karls nach Spanien hat es im übrigen gegeben, dieser endete jedoch nicht mit einem Sieg, sondern mit einem taktischen Rückzug.[134]

Papst Leo und König Karl (Abb. 52)

Weitere bedeutende historische Ereignisse werden mit Ingelheim verknüpft, so soll sich Papst Leo III. hier mit Karl dem Großen im Vorjahr dessen Kaiserkrönung getroffen haben:

(...) Da schieden sich die Herren mit großem Leid; Carl wollte nicht länger in diesem Lande bleiben, sondern er fuhr nach Riflanden. Die Römer hatten wohl erkannt, daß er ihr rechter Richter wäre; aber die Bösen unter ihnen bereuten die Unterwerfung. Sie drangen in St. Peters Münster, fingen den Papst und brachen ihm beide Augen aus. Darauf sandten sie ihn blind nach Riflanden dem Könige zum Hohn. Der Papst saß auf einem Esel, nahm zwei Kapellane und zwei Knechte, die ihm den Weg weisen sollten; auf der Reise stand er Kummer und Not aus. Als er zu Ingelheim in des Königs Hof ritt, wußte noch niemand, was ihm geschehen war; still hielt er auf dem Esel und hieß einen seiner Kapellane heimlich zu dem König gehen: »Schone deiner Worte und eile nicht zu sehr; sage dem König nur, ein armer Pilgrim wolle ihn gerne sprechen.« Der Priester ging und weinte, daß ihm das Blut über den Bart rann. Als ihn der König kommen sah, sagte er: »Diesem Mann ist großes Leid getan; wir sollen ihm richten, wo wir können.«
Nieder kniete der Priester, kaum vermochte er zu sprechen: »Wohlan, reicher König! komm und rede mit einem deiner Kapellane, dem große Not geschehen ist.« Carl folgte dem Priester eilends über den Hof, und hieß die Leute vor sich weichen. »Ihr guten Pilgrime«, sprach er, »wollt ihr hier bei mir bleiben, ich beherberge euch gerne; klaget mir euer Leid, so will ich's büßen, wo ich kann.«
Da wollte der arme Papst zu dem König sich kehren, sein Haupt stand zwerch, sein Gesicht scheel; er sprach: »Daß mir Gott deiner Hülfe gönne! es ist erst kurze Zeit, daß ich mit dir zu Rom die Messe sang; damals sah ich noch mit meinen Augen.« An diesen Worten erkannte König Carl seinen Bruder, erschrak so heftig, daß er zu Boden fallen wollte, und raufte die Haare aus. Die Leute sprangen herzu und hielten ihren Herrn. »Zu deinen Gnaden«, klagte Leo, »bin ich hierher gekommen, um deinetwillen hab ich die Augen verloren; weine nicht mehr, lieber Bruder, sondern loben wir Gott seiner großen Barmherzigkeit!«

Da war großer Jammer unter dem Volke, und niemand mochte das Weinen verhalten.
Als nun der König alles von dem Papst erfahren hatte, sagte er: »Deine Augen will ich rächen oder nimmermehr das Schwert länger führen.« Er sandte Boten zu Pipin seinen Vater und den Fürsten in Kerlingen. Alle waren ihm willig, die Boten eilten von Lande zu Lande, von Herren zu Mannen; Bauleute und Kaufmänner, die niemand entbieten konnte, ließen freiwillig Hab' und Gut, und folgten dem Heere. Sie zogen sich zusammen wie die Wolken. Der Zug ging über die Alpen durch Triental, eine unzählige Schar, und die größte Heerfahrt, die je nach Rom geschah. (...)[135]

Die Sage beginnt mit einem Aufenthalt Karls des Großen in Rom, dessen Abreise ist der Anfang des hier wiedergegebenen Ausschnittes. Dann sind einige Ereignisse widergegeben, die auch aus anderen, zeitgenössischen Quellen historisch verbürgt sind: So hat es zu Rom 799 in der Tat eine Verschwörung gegen Papst Leo III. gegeben, die in einem Anschlag während einer Prozession am Markustag (25. April) gipfelte. Mit dem Raub von Augenlicht und Zunge verstümmelte man den Papst dabei nicht aus Lust an Gewalt; primär machte man ihn amtsunfähig (eine seinerzeit auch in weltlicher Politik nicht unbekannte Praxis). Offenbar hatte Leo III. seine Integrität als Kirchenoberhaupt ebenso verloren, wie die als Bischof von Rom. Die Franken unter Karl dem Großen konnten nun als Schutzmacht auftreten, womit Leo III. seine Position erneuerte, Karl der Große den seit dem Ende des Weströmischen Reiches vakanten Titel als Kaiser erhielt – den er wohl auch selbst begehrte. Auf diesen Kern können die von positivistischen Charakterdarstellungen und Verschweigen unangenehmer Fakten geprägten Viten der Protagonisten Leo und Karl heruntergebrochen werden. Allein bleibt ein kleiner Schönheitsfehler: Leo III. traf Karl den Großen im Frankenreich nicht zu Ingelheim, sondern zu Paderborn.

Zum Abschluß dieses Kommentars noch die zwei wichtigen Zeilen der Kaiserchronik aus der Mitte des 12. Jahrhunderts im Originallaut:

Der bâbes kom zu Ingelnhaim,
mit sînen kappelânen zwain.[136]

Eine andere Sage berichtet von einer Verschwörung gegen König Karl:

WIE KAISER KARL STEHLEN GING

In einer Nacht, als der Kaiser Karl zu Ingelheim in seiner Pfalz lag und schlief, kam ein Engel zu ihm und sprach: »Steht auf, wappnet Euch und fahret stehlen, es ist Gottes Gebot. Und tut Ihr es nicht, so wird es Euch an Euer Leben gehen!« Dem König deuchte das ein fremdes Ding, daß Gott ihm solches entbot, da aber der Engel dreimal und immer dringlicher zu ihm sprach, stand er unwillig auf und machte sich auf die Fahrt in Gottes Namen. Wie er so durch den Wald dahinritt, gedachte er an Elegast, den er um kleiner Sache willen mitsamt seinen Leuten von Land und Gut vertrieben hatte und der ein Räuber geworden war; er trieb es aber so listig, daß niemand ihn dabei fangen konnte; und Karl wünschte, daß er in dieser Nacht des Elegast Geselle wäre.

Da kam ein schwarzer Ritter auf schwarzem Rosse durch den Wald. Sie besahen sich ohne Gruß und einer traute dem andern nicht. Der Schwarze wollte wissen, wer der andere wär und was er hier zu dieser Zeit suche. Karl verweigerte ihm die Antwort und sie griffen zu den Schwertern. Aber bei einem starken Schlag, den der schwarze Ritter auf Karls Helm tat, zerbrach ihm das Schwert, nun gab er sich zu erkennen, es war Elegast. Er müsse sein Leben mit Raub fristen, aber er nehme es nur den Reichen, den Bischöfen, Äbten und Kanonichen, da sei für ihn kein Schloß, keine Kiste zu fest. Der König aber sagte, er heiße Albrecht und sei auch auf Raub aus, Elegast solle mit ihm des Königs Schatz bestehlen gehen. Elegast aber verschwor sich, nie und nimmer werde er Hand an seines Herrn Gut legen, der sei nur durch schlechte Ratgeber gegen ihn aufgebracht. Er wolle bei dem Eckerich zu Eckermünde, der Karls Schwester hatte, einbrechen, der habe es verdient durch manche schlimme Tat, sei auch dem König ungetreu. Sie ritten hin, Elegast stieg durch ein Loch, das er mit einem Eisen brach, ein, Karl blieb draußen, den Raub zu empfangen. Elegast nahm ein Kraut in den Mund, da verstand er, wie Hahn und Hund in ihrem Latein zueinander sprachen, draußen stände der König. Elegast stutzte, Karl aber, als er es dem sagte, tat ungläubig und lachte. Da steckte ihm jener das Kraut in den Mund, nun hörte es Karl auch, aber er spottete über seines Gesellen Furcht. »Nun gib das Kraut wieder«, sprach Elegast, aber der König konnte es nicht in noch außer seinen Zähnen finden.

Da lachte Elegast, er hatte es ihm schon heimlich weggenommen, und sagte, Albrecht wisse ja von Stehlen gar nichts, es sei ein Wunder, daß sie ihn nicht schon längst dabei totgeschlagen hätten. Elegast machte sich nun hinein und an den Schatz und trug heraus, so viel er brauchte. Aber er wollte auch noch einen kostbaren Sattel holen, der hing in der Kammer, wo Eckerich mit seinem Weibe schlief. Doch wie er danach griff, erklangen die vielen goldenen Schellen, die daran hingen, davon erwachte Eckerich und fuhr nach seinem Schwert. Die Frau aber, die auch wach wurde, wollte nicht glauben, daß ein Dieb da sei, und meinte, es sei ein ander Ding, das ihn schon die dritte Nacht nicht schlafen lasse, und lag ihm an und bat so lange, bis er gestand, daß er ihrem Bruder Karl den Tod geschworen, und ihr den ganzen Anschlag erzählte. Und als sie zornig dawider sprach, schlug er sie, daß sie blutete. Elegast fing das Blut heimlich mit seinem Handschuh auf, nahm den Sattel und erzählte Karl, was er gehört hatte, und war so ergrimmt, daß er wieder hinein und dem Eckerich an den Hals wollte. Da wußte der König, weshalb ihm Gott geboten hatte, stehlen zu gehen. Er redete nun dem Elegast zu, es Karl selbst zu hinterbringen, doch jener scheute sich, vor den König zu kommen. Da sagte Karl, so wolle er selbst der Bote sein. Damit schieden sie voneinander. Karl kehrte in seine Burg zurück, und als nun Eckerich mit seinen Leuten kam, tat man ihnen die Pforte auf, ließ sie in den Hof und nahm sie gefangen. Dann wurden an Elegast Boten gesandt, er solle wieder zu Hofe kommen und der Huld des Königs gewiß sein. Er kam und zeugte gegen Eckerich, und erhärtete sein Wort im Zweikampf mit ihm. Eckerich unterlag und wurde mit seinen Gesellen gehenkt. Elegast bekam die Witwe, Karls Schwester, zum Weibe, und alle lebten fortan in Eintracht.[137]

Die Geschichte ist seit dem 12. Jahrhundert bekannt und in verschiedenen Varianten überliefert. Sicher enthält die Sage historische und mythische Elemente, so wird Elegast bisweilen auch Elbegast geschrieben, womit dessen Deutung als Elfenkönig nicht unwahrscheinlich ist.

Eine Verschwörung gegen Karl gab es im Jahr 792 n. Chr., als der Frankenkönig an der Donau einen Krieg gegen die Awaren führte. Karls Sohn Pippin (aus der Verbindung mit Himiltrud) und einige ranghohe Franken waren involviert und wurden bestraft, nachdem der Langobarde Fardulf die Intrige aufgedeckt hatte. Die Lokalisierung der Handlung in Ingelheim dürfte zwar eine historisierende Ausschmückung sein, da Karl der Große aber nach dem

Feldzug 793 Weihnachten in Würzburg feierte und in Frankfurt überwinterte, könnte denkbar sein, er habe die Nähe zum Tatort genutzt, um die Dinge zu korrigieren.[138]

Tassilo

Der sagenhaften Überlieferung darf an dieser Stelle hinzugefügt werden, daß eigentlich nur ein Ereignis größerer historischer Dimension in der Pfalz Ingelheim zu Karls Lebzeiten verbürgt ist. Dies ist die Verurteilung des Bayernherzogs Tassilo im Jahr 788 n. Chr.: Der Frankenkönig steckte Tassilo und dessen Sohn als Mönche in Klöster, resistente Gefolgsleute wurden verbannt. Auch wenn die Chroniken von einer Verschwörung gegen Karl berichten, bleiben die wahren Hintergründe des Prozesses im Dunkeln – Geschichtsschreibung war zu dieser Zeit praktisch ausschließlich Sache der Herrschenden, denen verständlicherweise meist nicht viel an einer objektiven Darstellung ihres Weges zur Macht gelegen war.[139]

Weitere Sagen um die Pfalz Ingelheim

Neben Sagen aus dem Kreis der großen Geschichte hat aber auch das Denkmal als Objekt an sich ein Gespinst von Sagen um sich herum gewoben. So soll selbstredend der Geist des Kaisers noch im Saalgebiet anwesend sein, und zwar nicht im übertragenen Sinn:

DER GEIST KARLS DES GROSSEN

An der Stelle, wo sich einst der Ingelheimer Palast Kaiser Karls des Großen erhoben hatte, wandelt nach der Volkssage zu nächtlicher Stunde der Geist des Kaisers umher. Denn dort ist, so meldet die Sage weiter, ein großer Schatz begraben, der den Toten nicht ruhen läßt. Zentnerschwere Massen von Gold und Silber sind es, die in einem Gewölbe des Schatzhauses verborgen liegen und zu denen niemand Zutritt hat, weil der Kaiser sie seit Jahrhunderten behütet.[140]

Es sei angemerkt, daß Karl der Große nicht in Ingelheim beigesetzt wurde. Reichtümer hatte er als Beute aus seinen Kriegen indes in Mengen gesammelt,

Abb. 53

Das Zuckerbergtor in der mittelalterlichen Befestigung des Ingelheimer Saalgebietes.

so sollen aus den Awarenkriegen etliche Wagenladungen Gold stammen. Es ist jedoch anzunehmen, daß diese Werte eher symbolisch in Ingelheim begraben liegen – wird doch der Bau des Palastes horrende Summen verschlungen haben.

Im Zusammenhang mit dieser Sage zu bemerken ist der Umstand eines Betrugs im Jahr 1525. Damals sollen Betrüger leichtgläubige Ingelheimer um ein Vermögen gebracht haben, indem sie vorgaben, den Ort des Schatzes zu kennen und den Geist des Kaisers erlösen zu können. Drei angesprochene Ingelheimer gaben die dazu aus nicht ganz nachvollziehbaren Gründen nötige Summe von 1200 Gulden; mit der die Betrüger vollkommen unerwartet verschwanden. Parallelen zu Betrugsfällen heutiger Zeit (»geben Sie mir 500 €, dann gebe ich Ihnen 10 000 €«) zeigen, daß solche Leichtgläubigkeit weder ein Phänomen der damaligen Zeit, noch auf Ingelheim beschränkt ist.[141]

Eine weitere Schatzsage benennt gleich den Gegenstand:

DIE SILBERGLOCKE

Im Saale zu Nieder-Ingelheim liegt eine silberne Glocke aus dem Palaste Karls des Großen vergraben. An mehreren Stellen, auch am Hause Zuckerberg Nr. 6, hat man vergeblich danach gesucht. Als an der Türschwelle dieses Hauses nachgegraben wurde, traf man auf einen großen Steinblock mit der Inschrift: »Bis hierher und nicht weiter.« Aus Besorgnis des Einsturzes wurde die Nachgrabung eingestellt und der Quaderstein, worauf die Mauer ruht, in der Erde gelassen. Unter diesem Stein soll die Glocke verborgen liegen.[142] (Abb. 53)

Nach der Beschreibung des Steines könnte es sich durchaus um eine Spolie handeln, also insbesondere einen römischen Inschriftstein, vielleicht ein Grabstein oder ein Altar, der im Mittelalter in anderer Funktion wiederverwendet wurde. Solche Steine gibt es im Saalgebiet eine ganze Reihe; es ist anzunehmen, daß man sie den Ruinen der umliegenden römischen Siedlungen entnahm, um sie dann in den Mauern des karolingischen Palastes zu benutzen. Dann wäre die Inschrift sicher lateinisch gewesen, und die Lesung

Abb. 54

Rekonstruktion des Halbkreisbaus im Osten der karolingischen Palastanlage.

Abb. 55
Säulen aus der Ingelheimer Kaiserpfalz im Museum bei der Kaiserpfalz.

»Bis hierher und nicht weiter« falsch. Da das Haus Zuckerberg 6 Mitte der 1990er Jahre renoviert wurde, fragten der damalige Nachbar und Grabungsleiter Holger Grewe und ich am 27. März 1996 die Eigentümerin, ob sie bei den Arbeiten auf einen entsprechenden Stein gestoßen wäre. Leider, aber wohl auch erwartungsgemäß, verneinte sie. Saalwächter zitiert aus einem Brief des Jahres 1638, in dem ein bereits damals vor etlichen Jahren entwendetes »klein silbernes Klöcklein« erwähnt wird.[143]

Säulen aus dem Palast

Besonders die dauerhaften Realien des Palastes im Nieder-Ingelheimer Saalgebiet haben zu sagenhaften Erklärungen verleitet. Herausragend – im wahrsten Sinne des Wortes – sind hierbei die einst verbauten Säulen und Kapitelle (Abb. 54, Abb. 55). Sie stammten als Spolien aus verschiedenen antiken und frühmittelalterlichen Bauten, zum Teil von jenseits der Alpen. Daher rührt der Umstand ihrer Entstehung aus unterschiedlichen Gesteinsarten. Ermoldus Nigellus beschreibt in einem Lobgedicht auf Ludwig den Frommen die Pfalz Ingelheim:

Nah ist gelegen der Ort an den Fluten des reißenden Rheines,
Dem Ausstattung gewährt Garten und nährende Flur,
Wo sich ein Prachtbau zeiget von hundert Säulen getragen;
Drinnen sind Gänge gar viel, manches Gelaß ist dabei.
Tausendfach kreuzen sich Gäng' und Wege, zu Tausenden Zimmer,
Welche gefüget die Hand künstlicher Meister darin.[144]

Im Laufe der Jahrhunderte, nach Aufgabe des Palastes im Spätmittelalter, sind sie wegen ihrer weitergehenden Verwendbarkeit in diverse Bauten gewandert, 1875 heißt es *»… so daß nichts von diesem Prachtbau übrig geblieben als die Reste einiger in der Umgegend zerstreuten Säulen.«* Kapitelle aus der Ingelheimer Pfalz gibt es denn auch in Nieder-Saulheim, eines war im Beinhaus des dortigen Kirchhofs verbaut. Eine Säule soll in die Mainzer Liebfrauenkirche gekommen sein (der Wahrheitsgehalt dieser Meinung ist allerdings praktisch nicht prüfbar):

EINE SÄULE AUF DEM MAINZER HAUPTFRIEDHOF (Abb. 56, Abb. 57)
Karl der Große soll aus dem Palast des Theoderich zu Ravenna Säulen für den Bau seiner Pfalz zu Ingelheim über die Alpen geholt haben. Eine dieser Säulen wurde später in der Mainzer Liebfrauenkirche als Mittelstütze in der Sakristei genutzt. Beim Abbruch der Liebfrauenkirche, die bei der Belagerung 1793 ruiniert worden war, kaufte sie 1803 der Buchhändler Augustin Leroux, der sie dann drei Jahre später für sein eigenes Grab auf dem neuen Mainzer Hauptfriedhof verwenden ließ.[145]

Die Säule der Liebfrauenkirche besteht aus dem grünlichen Marmor »verde antico«, der im griechischen Thessalien gebrochen wurde. Wahrscheinlich ist die Überlieferung zutreffend, sie darf noch dahingehend ergänzt werden, daß auch beim Bau des Theoderichspalastes (6. Jahrhundert) in Ravenna Spolien verwendet wurden, das heißt, die Säule war vermutlich zuvor bereits Bestand-

Abb. 56 (oben)

Familiengrabstätte Leroux/Gassner auf dem Mainzer Hauptfriedhof.

Abb. 57 (unten)

Grabsäule des Augustin Leroux.

teil eines anderen prächtigen Bauwerks. Allerdings sollte nicht die Möglichkeit außer Acht gelassen werden, Karl der Große könne seine Säulen auch von näheren bedeutenden Ruinen der römischen Antike, zum Beispiel aus Köln, Lyon oder Autun geholt haben. Karls Biograph Einhard rühmt dessen Frömmigkeit, indem er uns in der Vita Karoli Magni mitteilt, Karl habe Säulen und Marmor für den Kirchenbau in Aachen aus Rom und Ravenna herbeigeschafft. Vielleicht ist die Provenienz »Rom und Ravenna«, die es für einige Stücke sicher gibt, nach und nach zum Topos für alle antiken Spolien geworden, die in karolingischen Prestigebauten zur Verwendung kamen?

Übrigens kommt nicht nur die jetzt als Grabmal dienende Säule als Spolie aus der Liebfrauenkirche – noch berühmter sind die bronzenen Türen des Bischofs Willigis, die heute die Marktpforte des Domes schließen: Sie waren einst ebenfalls in der Liebfrauenkirche eingebaut und gelangten erst nach deren Abriß zu Beginn des 19. Jahrhunderts an den benachbarten Dom.[146]

Auch im Umfeld der Königspfalz finden sich verschiedentlich Spuren der karolingischen Zeit, die mittelbar oder direkt in der Palastanlage und der kaiserlichen Anwesenheit ihre Ursache haben.

DAS HEER KARLS DES GROSSEN

Im Osten von Nieder-Ingelheim beginnt eine Hochebene, das Vorland der Festung Mainz. Dort liegt eine Flur (34), genannt »im Polen«, bemerkenswert durch eine Bodenfalte, die sich unweit von »Erlangers Wäldchen« durch die Äcker zieht. An dieser Stelle ist Karls des Großen Heer begraben.

Leute, die bei ihren Feldarbeiten dort ausgeruht haben, behaupten, man höre um 12 Uhr mittags bei Musik und Trommelschlag die Truppen marschieren.[147]

Müller und Saalwächter weisen darauf hin, der Flurname »im Polen« sei wahrscheinlich erst im 18. Jahrhundert entstanden, als dort entsprechende Truppen lagerten. Nun wird sicher keiner der beiden angenommen haben, ihre Leser könnten zu der Auffassung gelangen, in Karls des Großen Heer habe es polnische Kontingente gegeben. Vielmehr dürfte die strategisch günstige Lage der Hochfläche, neben der bereits in römischer Zeit bestehenden Fernstraße Mainz-Ingelheim-Bingen, das Gelände wiederholt als Lagerplatz für Truppen prädestiniert haben. Vielleicht interpretierte das Landvolk alte Spuren von Verschanzungen als karolingisch? Saalwächters Beschreibung

Abb. 58

Die karolingische Wasserleitung bei Wackernheim während einer Ausgrabung der Mainzer Archäologischen Denkmalpflege im Jahr 2004.

»Vorland der Festung Mainz« weist schließlich auf die jüngsten Militäranlagen an dieser Stelle hin: Die Armierungsstellungen der Festung Mainz, die hier Anfang des 20. Jahrhunderts angelegt, zu Beginn des Ersten Weltkriegs ausgebaut und in den 1920er Jahren wieder gesprengt wurden. Betonteile in Gehölzinseln sind hier meistens nicht wild entsorgter Bauschutt (wie sonst so oft), sondern Reste der Bunkeranlagen.[148]

Die karolingische Wasserleitung (Abb. 58)

Ein tatsächliches Bodendenkmal ist dagegen die Wasserleitung im Osten der Pfalz. Sie ist ein gemauerter Kanal von gut 7 km Länge, ca. 40 cm Innenbreite und einer lichten Höhe von 110 cm. Nach Forschungen der 1990er Jahre ist eindeutig, daß die Wasserleitung in karolingischer Zeit erbaut wurde, und auch wenn sie ihre Vorbilder in der römischen Antike findet, so wissen wir nun sicher, daß sie keinen römischen Vorgänger hatte.

Karl der Große wird die Quellen nicht so en passent entdeckt und zu seinen Zwecken nutzbar gemacht haben, wie es in der folgenden Sage erscheint. Vielmehr ist der Bau der Leitung ein Prestigeprojekt, mit dem er sich in die Tradition antiker Herrscher setzte und gleichzeitig nach Rom und Byzanz seine Ebenbürtigkeit als Herrscher zeigte. Mit dem Wasser wurden sicher auffällige Wasserspiele in der Palastanlage betrieben, die jeden Besucher fragen ließen, woher das Wasser dafür denn käme.[149]

DIE ENTDECKUNG DER KARLSQUELLEN (Abb. 59)

Kaiser Karl der Große, ein Freund der Jagd, jagte öfters, wenn er sich in seiner Residenz Niederingelheim aufhielt, in der Umgegend. Eines Tages kam er sehr durstig in den Waldungen oberhalb Heidesheim an, lagerte sich an der die jetzigen Mühlen treibenden Quelle und erquickte sich an ihrem silberklaren frischen Bergwasser dermaßen, daß er beschloß, sie in seinen Palast leiten zu lassen und diesen Beschluß sofort ausführen ließ. Diese Quelle heißt heute noch die Karls-Quelle und die solide Wasserleitung, von der man überall noch Spuren findet, die Karls-Dohle.[150]

Die Verbindung der Quellen oberhalb der Heidesheimer Sandmühlen, am Mainzer Berg, mit Karl dem Großen ist wenigstens seit dem 18. Jahrhundert verbürgt. Dabei handelt es sich um mindestens zwei gefaßte Quellen, die den Ausgangspunkt der Wasserleitung zur Königspfalz Ingelheim bildeten. Die erhaltenen Quellfassungen aus Bruchsteinen sind undatiert, könnten aber neben einer karolingischen Zeitstellung auch aus der frühen Neuzeit stammen und den im 16. Jahrhundert eingerichteten Sandmühlen (ehemals Fengenberger Hof) gedient haben.

Wohl nur eine Laune der Natur ist eine Höhlung im Kalkstein, die der Frankenkönig aufgesucht haben soll.

DIE KARLSHÖHLE AM RABENKOPF

Kaiser Karl suchte mit seinem Gefolge, von einem Gewitter beim Jagdvergnügen überrascht, in einer Höhle auf der Heide, dem sogenannten Rabenkopf, Schutz. Sie aßen und tranken in dem Bauche des Berges, und es schmeckte ihnen so vortrefflich, daß sie noch öfters gerne dort verweilten. Daher nannte man die Höhle die Karlsgrotte.[151]

Abb. 59
Eine der Quellen im Quellgebiet der »Karlsquelle«.

Nach Müller existierte tatsächlich eine kleine Höhle, deren Eingang im 19. Jahrhundert wiedergefunden und freigelegt wurde – zwölf Personen hätten an der vorhandenen Tafel Platz nehmen können, dazu sei die Grotte noch erheblich tiefer gewesen. Saalwächter konkretisiert, Wasser habe Sand zwischen Kalksteinfelsen ausgewaschen und dadurch einen Hohlraum geschaffen, der seinerzeit jedoch stark zerstört gewesen sei. Die Beschreibung des Nieder-Ingelheimer Lehrers Anton Grooß (1813–1899) läßt jedoch nicht auf einen begehbaren Hohlraum schließen: *Bei Wackernheim am »Rabenkopf« sieht man, wie die Felsen zusammengestürzt sind, der Kalksand zwischen ihnen ist teilweise weggeführt, und es entstanden Höhlen, in denen sich strahlenförmig angeordnete Kalkspatkristalle bildeten. Man sieht, daß zirkulierende Wässer gearbeitet haben.*[152]

Im Ingelheimer Grund

Schließlich haben auch die umliegenden Gemeinden ihren Anteil an der Nähe des Kaisers gehabt. Leider wissen wir nicht, wie dies genau aussah. Es ist ja nicht einmal bekannt, ob Bau und Betrieb des Palastes den Anwohnern mehr Vor- oder mehr Nachteile brachte. Das positive Geschichtsbild Karls mag hier zu einer gewissen Verklärung geführt haben:

GROSS-WINTERNHEIM UND DER WEIN

Groß-Winternheim hatte zur kaiserlichen Pfalz in Ingelheim einen Weinzehnten zu entrichten. Einst kam Karl auf der Jagd an dem Teil der Gemarkung vorbei, den man heute Rondeel nennt, und rastete auf einem Acker. Dorthin brachten ihm die sofort herbeigeeilten Bewohner einen Ehrentrunk von dem bei dem Orte gewachsenen Wein. Karl war darüber so erfreut, daß er ihnen für alle Folgezeit die Entrichtung des Weinzehnten erließ. Groß-Winternheim ist seitdem bis zur französischen Revolution, die alle Zehnten aufhob, davon freigeblieben.[153]

Nach Müller boten die Groß-Winternheimer Karl dem Großen ihren besten Wein an: Bocksteiner Riesling. Den Weinzehnten brauchte Karl ihnen jedoch nicht erlassen, da sie ihn aller Wahrscheinlichkeit nach auch zuvor nicht zu entrichten hatten. Der Weinzehnt oder auch kleine Zehnt wurde im Ingelheimer Grund über das Mittelalter hin nicht erhoben, und auch wenn es besonders in der Neuzeit Versuche gab, diesen einzuführen, bestätigte noch 1747 Kurfürst Karl Theodor von der Pfalz das Privileg. Als dann übrigens die französische Zeit um 1800 die Zehnten aufhob, war dies eher von Nachteil für diejenigen, welche zuvor keine zu entrichten hatten: Mit der Aufhebung einher ging nämlich die Einführung einer keineswegs geringeren Steuerlast …[154]

FREI-WEINHEIM

Die Bewohner des Dorfes Weinheim am Rhein waren zur Zeit, als Karl der Große in Ingelheim residierte und in seinem Palast einen großen Glanz entfaltete, noch außerordentlich arm. Ihre Armut erschien den Weinheimern um so drückender, als die benachbarten Dörfer des Ingelheimer Grunds, nämlich Bubenheim, Elsheim, Schwabenheim a. d. S., Groß-Winternheim, Wackernheim und die beiden Ingelheim, von Karl dem Großen zahlreiche Freiheiten erhalten hatten, unter denen sie einen großen Aufschwung nahmen. Da Karl aber nicht nur ein mächtiger, sondern auch ein gütiger Herrscher war, verlieh er eines Tages den armen Bewohnern von Weinheim dieselben Rechte und Freiheiten, deren sich die vorhingenannten Orte schon längst erfreuten. Zum Zeichen, daß sie nun frei von allen kaiserlichen Abgaben waren, nannten die Bewohner ihr Dorf von Stund an »Frei-Weinheim«.[155]

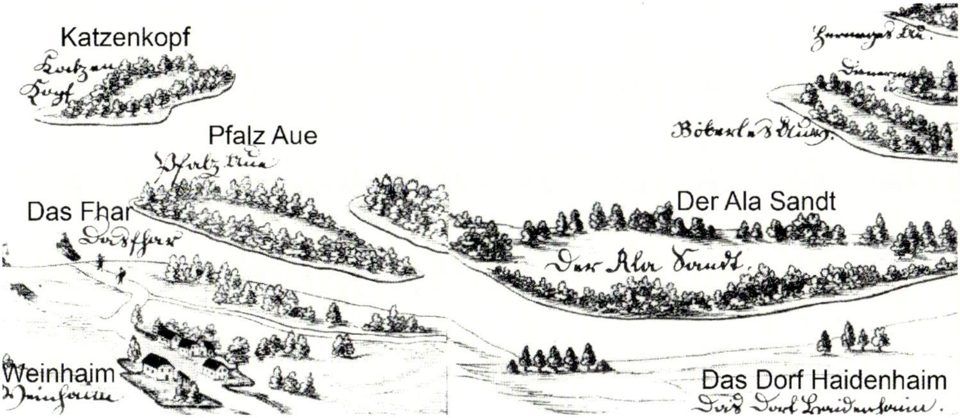

Abb. 60

Die Rheinauen bei Ingelheim auf einer Karte von 1575. Im Bild transkribiert sind die Namen der Rheininseln Pfalzaue, Katzenkopf und der Alte Sand. »Das Fhar« nördlich Frei-Weinheim bedeutet »Fähre«, »Haidenheim« meint »Heidesheim«.

Als Reichsdorf im Ingelheimer Grund kam dem Ort in der Tat eine besondere Rechtsstellung zu, den Zusatz »Frei-« trägt es jedoch erst seit dem späten 15. Jahrhundert: Zur Unterscheidung von anderen, gleichnamigen Dörfern, zum Beispiel Weinheim bei Alzey. Übrigens denkt man bei Frei-Weinheim schon wegen der Lage in der Rheinniederung zu Recht nicht an eine Herkunft des Namens vom Weinanbau. Wir haben es mit der in Rheinhessen dominierenden Ortsnamenbildung aus einem Personennamen (hier wohl ein Wiho) und der Endung -heim zu tun, die regelhaft in die fränkische Zeit (6./7. Jahrhundert) datiert.

Die Pfalz Ingelheim und Ludwig der Fromme

Auch wenn die Königspfalz Ingelheim immer mit Karl dem Großen in einem Atemzug genannt wird, wuchs ihre Bedeutung unter den karolingischen Pfalzen eigentlich noch unter dessen Sohn Ludwig dem Frommen. Von diesem sind mehr Aufenthalte verbürgt; er hielt hier 826 n. Chr. eine bedeutende Reichsversammlung ab, empfing wichtige Gesandtschaften (wie den Dänenkönig Harald). Schließlich endete am 20. Juni 840 nahe der Ingelheimer Pfalz sein Leben:

DIE SANDAUE BEI NIEDER-INGELHEIM (Abb. 60)

Der alte Sand ist eine Aue, ein paar Kilometer von Nieder-Ingelheim entfernt. Auf ihr soll Kaiser Ludwig der Fromme 840 gestorben sein, als er Heilung suchend von Ingelheim hierher gegangen war. Der magenkranke Kaiser beschloß, von einer Sonnenfinsternis schwer geängstigt, sein Leben auf einer Rheininsel bei Ingelheim. Während man dem Sterbenden den Segen erteilte, schrie er plötzlich laut: »Hinaus! hinaus!« Da meinten alle, die um ihn waren, er habe einen bösen Geist verscheuchen wollen.[156]

Die Sandaue liegt oberhalb der Selzmündung, nördlich des heutigen Altrheinarms, der »Sandlache« genannt wird. Ob Ludwig der Fromme auf ihr sein Leben beendete, ist nicht wirklich bekannt. Die zeitgenössischen oder zeitnahen Quellen sprechen nur von einer Rheininsel bei Ingelheim: Gerward schreibt vor 860 in den Xantener Jahrbüchern: (…) *ludowicus imperator obiit in insula quadam parva hereni fluminis contra villam regiam que vocatur ingulunheim* (…). Zu deutsch: *»Kaiser Ludwig starb auf einer kleinen Rheininsel gegenüber dem Ingelheim genannten Königshof«*. Demnach könnte es sich auch um die Lebertsaue oder gar die Mariannenaue gehandelt haben. Archäologische Untersuchungen der Inseln sind mir keine bekannt. Die Sonnenfinsternis müßte am 5. Mai stattgefunden haben.[157]

5

Klöster, Kirchen und Kapellen

Klöster

In der ersten Hälfte der 690er Jahre gründete die Nichte des Mainzer Bischofs Rigibert, Bilehilt (latinisiert: Bilhildis) (Abb. 61), ein kleines Frauenkonvent in der Nordwestecke der ummauerten Stadt, etwa im Bereich der heutigen Münsterstraße/Bahnhofsstraße. Mit einer der Maria geweihten Kirche wurde es anfangs *ecclesia Sanctae Mariae* genannt, seit unter Karl dem Großen das prächtige St. Albanskloster auf dem südlichen Vorgelände der Stadt erbaut worden war, ist zur Unterscheidung die Bezeichnung »Altes Kloster« (»altes munistar«) aufgekommen. Das Altmünsterkloster gehörte seit 1243 dem Zisterzienserorden an und war dem Kloster Eberbach unterstellt. Der mit diesem Jahr verbundene Wechsel der Klosterregeln, nämlich insbesondere die Einführung der Klausur, also der Anwesenheitspflicht der Nonnen im Kloster, hatte nicht den ungeteilten Beifall der vorher dem Benediktiner-

Abb. 61

Das Bilhildisdenkmal am Erthaler Hof.

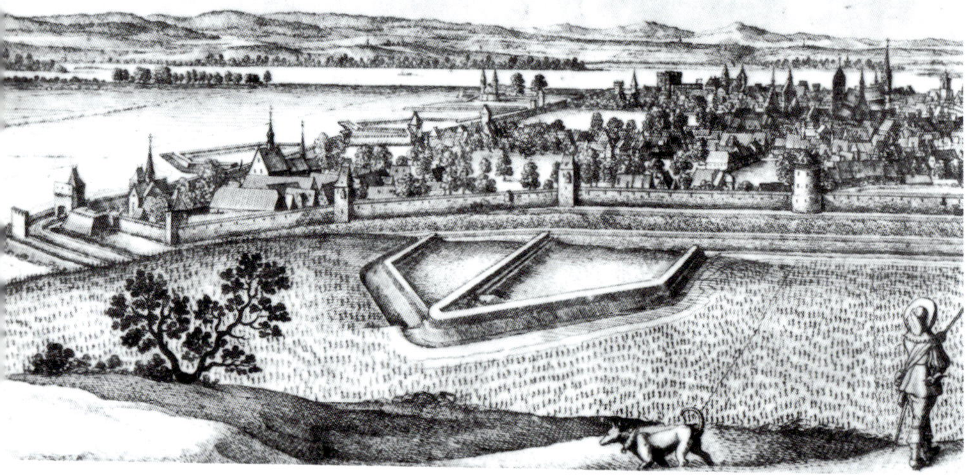

Abb. 62

Das Altmünsterkloster in den 1630er Jahren auf einem Stich des Wenzel Hollar (Ausschnitt, das Kloster liegt in der Befestigung ganz links, mit Paulskirche und Marienkirche).

orden anhängenden Klosterdamen gefunden. Von nun ging es mit dem Kloster allerdings in wirtschaftlicher Hinsicht bergauf, erst die Kriege und Krisen des 16. Jahrhunderts schadeten Bestand und Gütern in größerem Maße. Beispielsweise überließ das Altmünsterkloster im Jahr 1563 das ihm gehörende Dorf Bretzenheim dem Mainzer Erzbischof. Im 17. Jahrhundert beendete der Dreißigjährige Krieg die zwischenzeitlich begonnene wirtschaftliche Konsolidierung, so daß 1622 die Äbtissin klagen mußte, sie könne ihre 40 Nonnen nicht mehr ernähren. Von nun an waren die Geschicke des Klosters eng an die der Stadt Mainz geknüpft. Die Einnahme der Stadt durch die Schweden und die folgende Besatzung (1631–1635) hatten drastisch den überalterten Zustand der Mainzer Wehranlagen vor Augen geführt. Nach dem Krieg, 1655, wurde daher seitens der erzbischöflichen Obrigkeit beschlossen, die Stadt mit einem Ring von Schanzanlagen zu umgeben – wobei das Altmünsterkloster mit seinen umfangreichen Wirtschaftsgebäuden an einer Stelle lag, die unbedingt befestigt werden mußte (Abb. 62). 1656 bis 1663 wurde eine neue Klosterkirche erbaut, wofür man zum Teil die Steine der alten Gebäude nutzte, die abgerissen wurden. Da der gut 100 m entfernte neue Bauplatz an den Hängen des Kästrichs deutlich kleiner war, war auch die Reduzierung des Klosters unumgänglich. Es verwundert nicht viel, daß man die Klostergemeinschaft weitgehend auf den Umzugskosten sitzen ließ. 1781 erfolgte die Auflösung des Altmünsterklosters zugunsten des Universitätsfonds. Die Nonnen »dislocierte« man in benachbarte Klöster, bis schließlich 1802 sämtliche Mainzer Klöster säkularisiert wurden.[158]

In der ersten Hälfte des 12. Jahrhunderts wurde eine Gründungsurkunde zum Altmünsterkloster konstruiert, die sich zum Teil auf echte frühmittelalterliche Texte stützt, andererseits aber auch durch neue Hinzufügungen auf die lokalpolitische Situation im Mainz des 12. Jahrhunderts Bezug nimmt. Zu letzteren Passagen gehört ein Fluch gegen rücksichtslose Bischöfe und gegen auswärtige Äbtissinnen, die dem Kloster ohne Zustimmung vorgesetzt würden. Diese sollten *»der schlimmsten Art von Lepra verfallen und danach zum schändlichsten Tode verurteilt zugrunde gehen und hier keinen Platz zur Verwesung finden.«* Einige Gelehrte des 18. Jahrhunderts setzten sich intensiv mit der Urkunde auseinander; vielleicht ist hieraus die folgende Meinung entstanden:

DER FLUCH DER HEILIGEN BILHILDIS

Das Kloster Altenmünster zu Mainz ist eine Stiftung der heiligen Bilhildis, die ihm auch als erste Äbtissin vorstand. Als sich das Leben der Heiligen seinem Ende nahte und sie wegen der damals herrschenden sturmvollen Zeiten für den Bestand ihres Klosters fürchten mußte, sprach sie einen dreifachen Fluch aus über den, der es jemals wagen würde, das Kloster mit frevler Hand anzutasten. Aber das Kloster gedieh und blühte wieder, so daß der Fluch lange Zeit ruhte. Erst zur Zeit des letzten Mainzer Kurfürsten ward dies anders. Dieser hob das Kloster auf und schenkte seine reichen Güter der Universität. Dafür traf ihn der furchtbare Fluch der Stifterin. Er verlor seine Würde und sein Land, einige grausige Revolution lechzte nach seinem Blut und endlich starb er zu Aschaffenburg an Gift, das ihm seine Feinde heimlich beigebracht hatten. Das war die Erfüllung des Fluchs der heiligen Bilhildis.[159]

1802 wurde die Altmünsterkirche übrigens das erste evangelische Gotteshaus der Stadt Mainz; nach der Zerstörung 1944 errichtete man sie als einen sonderlichen und vielleicht gerade deshalb bemerkenswerten Multifunktionskirchenbau wieder (Abb. 63).

Abb. 63
Die Altmünsterkirche in ihrem heutigen Zustand.

Als im 17. Jahrhundert die Stadtbefestigung um der Wehrtechnik der Zeit entsprechende Bastionen verstärkt wurde, nutzte man die Wasserläufe im Bereich Münstertor/Binger Schlag, um mit ihnen das Vorfeld der Bastionen zu sichern: Sie füllten den Graben vor der Bastion Georg und bildeten so den Altmünsterweiher. Dieser wurde von verschiedenen Zuflüssen gespeist, so dem Zaybach, dem Grabbronnen und der Altmünsterquelle. Letztere diente dann in der zweiten Hälfte des 19. Jahrhunderts dem ersten Mainzer Wasserleitungsnetz. Heute befinden sich die Gleisanlagen des Mainzer Hauptbahnhofs an der Stelle des Weihers.[160]

DER ALTMÜNSTERWEIHER

An dem Altmünsterweiher, oben auf der Bastion Georg, ist ein Platz, ohne Grausen kann man nicht in den Abgrund, den trüben Weiher sehen. Bei der großen, im Jahre 1770 herrschenden Theuerung ging ein armes Weib, das auf der mittleren Bleich wohnte, viele Kinder, kein Brot hatte, Abends vom Haus fort, stürzte sich von der Höhe in den Weiher mit großem Geschrei. Alle Monat, wenn der Tag war, wo sie sich versäuft hatte, kam sie um Mitternacht den Weg daher, ging die Straße, die sie hingenommen, nach ihrer Heimath zurück.

Auf der mittleren Bleich ist ein Haus, wo ein schön Mariabild stehet, vor dem die Nachbarsleut Nachts Licht brannten, da konnte sie nicht vorbei. Laut jammernd ging sie wieder nach ihrem Mordplatz zurück. Dieses ging so viele Jahre durch, viele Leute wollen sie gesehen haben; dermalen hört und sieht man nichts mehr.[161]

Kloster St. Alban

Das im Mittelalter bedeutendste Kloster von Mainz und wohl ganz Rheinhessen war das Kloster St. Alban im Süden der Stadt. An Stelle einer wohl schon spätantiken Basilika, die als Coemeterialbau dem Gedenken an Tote im Allgemeinen und Märtyrer im Besonderen diente, gründete Erzbischof Richulf 796 n. Chr. ein Kloster. Einweihung der Kirche war am 1. Dezember 805. Bereits vorher war Karls des Großen Gattin Fastrada nach ihrem frühen Tod in der noch im Bau befindlichen Kirche beigesetzt worden. Dabei war das Kloster mehr als nur ein Ort der Geistlichkeit: Im Zuge der auch karolingische Renaissance genannten gesellschaftlichen und kulturellen Reformen kam ihm eine besondere Bedeutung als Ort der Gelehrsamkeit zu – und der Lehre. St. Alban war außerdem Grablege fast aller Mainzer Bischöfe des 1. Jahrtausends und Ort wichtiger Versammlungen; als ein herausragendes Ereignis darf möglicherweise die Taufe des Dänenkönigs Harald 826 n. Chr. genannt werden – wenn diese nicht in Ingelheim stattfand.[162]

Die lange Zeit wichtige Benediktinerabtei verlor im Spätmittelalter an Bedeutung, 1419 wurde das Kloster schließlich in ein Ritterstift umgewandelt. Diesem erteilte Kaiser Maximilian I. im Jahr 1518 das Recht, Gulden zu münzen.

Abb. 64

Albansgulden von 1780 (letztmalige Ausprägung).

DIE ESELSGULDEN VON ST. ALBAN ZU MAINZ (Abb. 64)

Der Propst Pfinzing ärgerte sich, daß das Domkapitel Martinsgulden münzen durfte, während doch St. Alban ein ähnliches Recht nicht besaß. Er ging darum zum Kaiser und bat um die Erlaubnis, daß sein Stift gleichfalls münzen dürfe. Der Kaiser, ungehalten über dies Verlangen, sagte barsch: »Münzen wollt Ihr? Einen Esel sollt Ihr münzen!« Der schlaue Propst empfahl sich mit Knixen, faßte aber die abweisende Rede wörtlich und schickte nach einiger Zeit dem Kaiser den ersten St. Albansgulden, worauf der Esel geprägt war, mit der Bitte, der Kaiser möge nun auch allergnädigst die Urkunde über das dem Stift verwilligte Recht in der Reichskanzlei ausfertigen lassen. Maximilian lachte herzlich und willfahrte dem Gesuch.

So durfte das Stift Goldmünzen schlagen, auf denen vorne der Heilige Alban, hinten aber ein Esel abgebildet war, der einen Vorder- und einen Hinterfuß aufhebt.[163]

Prägungen der Albansgulden sind von 1518 bis 1780 überliefert. Diese Goldgulden sind jedoch nicht für den Geldumlauf bestimmt gewesen, sondern waren Festmünzen zur Ausgabe an Würdenträger während des am 21. Juni alljährlich gefeierten Albansfestes. Der Esel indes dürfte dem Wappen des Philipp Flach von Schwarzenberg entstammen, der Anfang des 15. Jahrhunderts erster Propst des Ritterstiftes war.[164]

Albrecht Alkibiades von Brandenburg-Kulmbach (Abb. 65)

Ein weiterer, entscheidender Einschnitt in der Geschichte von St. Alban war der 28. August 1552. An diesem Tag wurde das Stift durch Markgraf Albrecht Alkibiades von Brandenburg-Kulmbach zerstört.

Um die Mitte des 16. Jahrhunderts schreckten verschiedene Kriege die Mainzer Bürger, zum Teil waren sie von jenen auch unmittelbar betroffen. Im Juli 1552 hatte Markgraf Albrecht Alkibiades von Brandenburg-Kulmbach nach der Plünderung Oppenheims am 20. desselben Monats die Stadt Mainz zur Übergabe aufgefordert. Angesichts dessen, daß Kurfürst, Domkapitel und Vizedom bereits geflüchtet waren, kapitulierte die Bürgerschaft. Es kam zu Plünderungen durch die feindlichen Truppen, wovon vorwiegend die Höfe der geflohenen Herrschaften betroffen waren, zudem wurde der Stadt eine

Abb. 65

Portrait des Markgrafen von Brandenburg-Kulmbach, Albrecht II. Alcibiades (1522–1557).

Brandschatzung auferlegt: 100 000 Gulden sollten aufgebracht werden, um die Stadt vor der Einäscherung zu bewahren, die Summe wurde aber rasch auf 15 000 Gulden gemildert.

Der Markgraf hatte als Verfechter der evangelischen Sache und als Teilnehmer eines 1551 begonnenen, vom französischen König initiierten Aufstandes der Reichsfürsten gegen Kaiser Karl V. gekämpft. Nach seinem Einrücken in die Stadt Mainz war nur ein Monat vergangen, und die kaiserlichen Truppen näherten sich bedrohlich. Markgraf Albrecht Alkibiades flüchtete mit seinen Söldnern aus der Stadt, zuvor ließ er noch den Bischofshof am Höfchen einreißen und eine Reihe geistlicher Bauten niederbrennen: Das Viktorstift, das Karthäuserkloster, Heiligkreuz und eben St. Alban. Daneben ging auch die Martinsburg in Flammen auf, und selbst die mit Beute beladenen Schiffe, welche wegzuführen keine Zeit mehr blieb, zündete man an. Die einrückenden kaiserlichen Truppen plünderten dann übrigens ebenfalls in der Stadt … In den folgenden Jahrzehnten erholte sich Mainz relativ schnell von den Schäden. Nicht zuletzt zogen viele Auswärtige als Neubürger in die wirtschaftlich erstarkende Stadt, deren Nachfahren noch heute in Mainz leben. Der Name Alkibiades ist übrigens der Renaissance geschuldet: Als Rückgriff auf die Antike führte der Markgraf Albrecht den Namen eines Schülers des Sokrates![165]

Die Zerstörung der genannten kirchlichen Einrichtungen in und um die Stadt Mainz ist ohne Zweifel in Kalkül und Ausführung eine politische Handlung gewesen, nicht eine persönliche Zornestat, wie die Sagen bezüglich der Karthause und des Klosters Jakobsberg simplifiziert erklären wollen:

DIE ZERSTÖRUNG DES KARTHÄUSERKLOSTERS BEI MAINZ

Das Karthäuserkloster zu Mainz stand der Mündung des Mains gegenüber, auf einem Punkt, der vielleicht der schönste der Stadt ist und von wo aus man eine unvergleichliche Aussicht auf den Rhein und die jenseitigen Gegenden genießt.

Als der Markgraf Albrecht Alcibiades von Brandenburg-Kulmbach mit seiner Armee die Stadt Mainz und Umgegend in seine Gewalt gebracht und dem Bischof schwere Geldauflagen gemacht hatte, fiel es der Frau Markgräfin ein, die Karthause mit ihren Damen besuchen zu wollen. Als der Markgraf nebst den Damen dort erschien, wurden sie von dem Pförtner nicht eingelassen, weil der Eintritt in das Kloster allen Frauenspersonen verboten und das Zuwiderhandeln von dem Papst mit dem Bann bedroht war. Über dies Benehmen war der Markgraf so aufgebracht, daß er sogleich den Befehl gab, die Karthause zu verbrennen. An mehreren Enden angezündet, brannte sie gänzlich nieder bis auf vier Zellen.[166]

DIE VERSCHONUNG DES KLOSTERS JAKOBSBERG

Markgraf Albrecht von Brandenburg hat bei den Mainzern keinen guten Namen. Als er mehrere Stifte und die Martinsburg vor seinem Abzug 1552 hatte anzünden lassen, verglich man dies mit der Art, wie der Teufel einen Gestank hinter sich her verbreitet. Daß er nicht auch das Kloster Jakobsberg niederbrannte, hat folgenden Grund: Als der Markgraf noch jung war und einst bei seinem Vetter, dem Kurfürst Albrecht, zu Gast weilte, hatte er sich mit seinen Begleitern einmal so verspätet, daß sie nicht mehr in die Stadt kommen konnten. Da sie nahe beim Kloster Jakobsberg waren, baten sie dort um Nachtherberge, die ihnen von den Klosterbrüdern auch nicht abgeschlagen wurde. Weil sich Albrecht später dessen noch erinnerte, hat er das Kloster bei seinen übrigen Untaten verschont. Er ist, sagt der Chronist, also doch noch ein wenig besser gewesen, als Kaiser Nero.[167]

Abb. 66

Die letzte Kapelle auf dem Albansberg (nach einem Stiftskalender von 1767).

Nach der Zerstörung des Klosters St. Alban

An die in vorkarolingischer Zeit dominierende Funktion St. Albans als Ort der Märtyrerverehrung – die schließlich in der Zeit Karls des Großen bedeutende Grablegen nach sich zog – erinnert die folgende Sage zu einer Kette, deren Ursprung leider im Dunkeln bleibt.[168]

Nachdem in der Frühneuzeit, vor allem im 17. Jahrhundert, die Reste des Albansstiftes verschiedenen Neubauten zugeführt wurden (so unter anderem 1632 dem Bau der Gustavsburg an der Mainmündung, insbesondere aber um 1660 der Zitadelle), ließ Stiftspropst Christoph Rudolf von Stadion 1684 am ehemaligen Platz des Hochaltars eine Kapelle errichten. Nach einer Beschädigung 1688 und folgendem Wiederaufbau wurde diese schließlich 1793 beim Bombardement der Stadt Mainz zerstört.

DIE KETTE DER MÄRTYRER (Abb. 66)

Vor der berühmten Klosterkirche St. Alban bei Mainz hing ehemals eine schwere eiserne Kette von 63 Gliedern, jedes eine Hand lang, so daß die ganze Kette etwa 11 Meter lang gewesen sein mag. Nach der Überlieferung sollen damit einst die in der Nähe des Klosters St. Alban gemarter-

ten Christen gefesselt worden sein. Nach der Zerstörung des Albanstifts im Jahr 1552 wurde die Kette im Kreuzgang der Dominikaner aufgehängt. Als dann an Stelle der Klosterkirche St. Alban die Albanskapelle erbaut wurde, trug man die Kette wieder zurück, hing sie am Eingang der Kapelle auf und setzte die Inschrift »Catena Martyrum«, d. h. Kette der Märtyrer darüber. Wo die Kette nachher hingekommen ist, weiß niemand mehr.[169]

Die Handlung der nächsten Sage spielt nur zum Abschluß in Mainz, doch sei sie eben deswegen hier angefügt; betont sie doch noch einmal die herausragende Bedeutung des Klosters St. Alban als herrschaftliche Grablege.

VON LUDWIG DES BÄRTIGEN GESCHLECHT

Ludwig, der Bärtige genannt, nachdem er mit seiner jungen, tugendlichen und reichen Gemahlin Hochzeit gehalten und sie heimgeführt auf sein neues Schloß Schauenburg, erbaute in dem nahen Altenberga, wo der heilige Bonifacius die erste christliche Kapelle in dem Lande Thüringen gegründet hatte, eine schöne Pfarrkirche; und als ihm der erste Sohn geboren wurde, schrieb er einen Brief an Bardo, den Erzbischof zu Mainz und bat diesen mit großem Fleiß, daß er zu ihm auf seine Burg kommen möge. Das that der Bischof, kam, weihete die neue Kirche in die Ehre St. Johannes ein und taufte auch zugleich in ihr den jungen Grafensohn, in Gegenwart des Herzogs von Braunschweig, der Grafen Günther von Schwarzburg, Heinrich von Mühlberg, Günther von Käfernburg, Bußo von Gleichen und vielen andern edlen Herren aus Thüringen, Hessen und Franken. Das Kind wurde auch Ludwig genannt und der Vater hielt voller Freude Kirchweihe und Kindtaufe mit einander mit großer Pracht und Herrlichkeit, die nicht beschrieben werden kann.

Dann bekam Graf Ludwig wenige Jahre hinter einander noch zwei Söhne und drei Töchter. Der erste Sohn erhielt nach seines Vaters Tode die Veste Schauenburg und was dazu gehörte, auch alles Land, was vor dem Walde gelegen war, an der Hörsel, bis dorthin, wo die Hörsel in die Werra fällt. Der zweite Sohn, genannt Beringer, empfing Sangerhausen und was dazu gehörte, starb aber wenige Jahre nach dem Vater und zwar an dessen Todestag, hinterließ aber einen Sohn Namens Konrad, welcher Hohenstein baute und der Anherr der Grafen von Hohenstein wurde. Der dritte Sohn des Grafen Ludwig mit dem Barte, hieß Heinrich; diesem gaben

die Leute einen Zunamen, weil er so still und ruhig war, sie nannten ihn Heinrich Raspe. Er baute ein Schloß, das er nach seinem Zunamen Raspenberg nannte und darauf er wohnte. Die erste Tochter des Grafen Ludwig hieß Hildegart und wurde mit einem Grafen Poppo von Henneberg vermählt, die zweite hieß Jutta, nach andern Ute, die bekam einen Grafen von Leuterbeck, und die dritte Adelheid, blieb im jungfräulichen Stand.
Es begab sich aber im Jahre eintausend und sechsundfünfzig, daß Kaiser Heinrich starb und zu Speier begraben ward. Zu diesem Begräbniß kam der Papst Victor mit seinen Kardinälen und Bischöfen, und alle deutsche Fürsten und die meisten Grafen. Diese letztern kamen nicht allein des kaiserlichen Begräbnisses wegen, sondern aus Gehorsam und Ehrerbietung gegen den Papst, auch wegen der Kur eines neuen Kaisers. Auch Graf Ludwig mit dem Bart war gen Speier gefahren, als er aber wieder auf dem Heimritt begriffen war, überfiel ihn zu Mainz eine große Krankheit, von der ihn die Aerzte nicht zu erledigen vermochten, vielmehr riethen sie ihm, sein Seelenheil zu bedenken. Darauf beichtete er, bereute seine Sünden, empfing mit großer Innigkeit die heiligen Sakramente und erkor zu seinem Begräbnißort selbst die Kirche St. Alban, die damals auf dem Berge vor Mainz lag. Dann starb er und wurde dort mit großen Ehren begraben in Gegenwart des Mainzer Bischofs und vieler andern, auch vieler Fürsten, Grafen und Herren, die mit ihm auf der Reise waren. Er hatte dreißig Jahre im Lande Thüringen gewohnt und ihm ehrbar und wacker vorgestanden. Am Nicolaithor zu Eisenach steht aus uralter Zeit sein steinern Bild mit einem langen Bart.[170]

Umfangreicher Grundbesitz mehrte den Reichtum und damit Einfluß des Klosters bzw. Stiftes, davon lagen bedeutende Teile nahe Mainz, so in Bodenheim: Der Esel im Wappen des Ortes ist Zeichen des dort dominierenden Albansstiftes:

DIE ESELSLACHE

In der Gemarkung Laubenheim gibt es eine Flur, genannt »die Eselslache«. Der Name soll daher stammen, daß dort einmal ein Stein gefunden wurde, auf dem das Wappen Bodenheims, ein Esel, eingemeißelt war. Der Stein wurde später an der Ecke einer Gartenmauer im Dorf eingemauert, wo man ihn noch lange sehen konnte.[171]

Abb. 67

Kloster Rupertsberg (um 1620), Stich aus Daniel Meisner, Politisches Schatzkästlein 2, 2 (Frankfurt 1627)

Der Stein dürfte wohl ein Grenzstein sein, mit dem entweder die Bodenheimer Gemarkung oder Eigentum des Albansstiftes abgesteint war. Die Eselslache selbst erscheint nicht in einer Zusammenstellung aktueller und ehemaliger Flurnamen Laubenheims aus dem Jahr 1988; vermutlich liegt der Grund für dieses Fehlen in der geringen Größe der Flur oder dem Gebrauch des Namens über eine nur sehr kurze Zeitspanne. Die Deutung der Bezeichnung »Eselslache« könnte neben dem Bezug auf einen Grenzstein auch in einer feuchten Weide für einen Esel liegen.[172]

Kloster Rupertsberg (Abb. 67)

Das dritte, sehr bedeutende Kloster unserer Region ist deutlich jünger als die beiden vorgenannten: das im Jahr 1150 gegründete Benediktinerinnenkloster Rupertsberg links der Nahemündung. Vor allem durch die charismatische Gründerin Hildegard wurde es berühmt.

DIE GRÜNDUNG DES KLOSTERS RUPERTSBERG

Einst lag Sankt Hildegard, die Äbtissin der Jungfrauenklause auf dem Disibodenberg bei Böckelheim, krank in ihrer Zelle auf hartem Lager und hatte eine Erscheinung, in der Gott ihr den heiligen Rupertus zeigte. Eine himmlische Stimme sprach zu ihr: »Siehe, das ist der fromme Rupertus, dessen Gebeine ruhen, wo die Nahe in den Rhein mündet. Unbekannt liegt das Grab unter den Trümmern seines Gotteshauses, und Nesseln und Dornen wuchern darauf. Mit dem Pilgerstab in der Hand wandere dorthin und baue ein Gotteshaus und daneben eine Klause für fromme Seelen.«

Ein Engel aber schwebte vom Himmel hernieder und setzte ein Kreuzlein an einem wilden, herrlich duftenden Rosenstrauch, zum Zeichen, daß allda des Heiligen Gebeine ruhten.

Alsbald stand die Heilige in voller Kraft auf und schritt, von ihren Freundinnen Hiltrud und Clementia begleitet, hinüber zu der Burg Sponheim, wo Hiltrudens Vater wohnte. Dem tat sie kund, was sie innerlich erlebt hatte. Der Graf zog mit ihnen gen Bingen, wo Hildegard einen blühenden Rosenstrauch fand, auf den der Engel das Kreuz gesteckt hatte. Da knieten alle in heiliger Andacht nieder und priesen den Herrn.

Als man das Jahr 1147 zählte, erhob sich das Gotteshaus mit dem Altar an der Stelle des Rosenstrauchs. Bald stand auch das Kloster fertig da, und nach der Weihe von Kirche und Kloster durch den Bischof von Worms zog Hildegard mit achtzehn frommen Jungfrauen vom Disibodenberg hinab, immer naheabwärts, bis die Türme von Bingen aus der Dämmerung auftauchten, nach ihrer neuen Heimat, dem Rupertsberg.[173]

Hildegard ist als Tochter eines rheinhessischen Kleinadeligen 1098 in Bermersheim geboren worden. Im Jahr 1112 trat sie mit ihrer nur sechs Jahre älteren Lehrerin Jutta in die neu gegründete Klause des Disibodenbergs ein, 1136 übernahm sie die Leitung des Klosters. 1150 gründete sie schließlich das Kloster Rupertsberg. Sie spielte eine wichtige Rolle in einer Zeit, da die monastische Kultur von größter Bedeutung war. Ihr hohes Ansehen zeigte sich vor allem 1163 in einer Audienz bei Kaiser Friedrich I. Barbarossa in der Pfalz Ingelheim. Nicht lange nach ihrem Tod wurde im 13. Jahrhundert ein päpstliches Verfahren zur Heiligsprechung der Benediktinerin und Leiterin mehrerer Klöster im unteren Nahegebiet eingeleitet. Dieses wurde erst 2012 abgeschlossen. Dennoch wird sie lokal bereits seit dem Spätmittelalter als Heilige verehrt, was von seiten Roms auch wiederholt unterstützt wurde. Gerade dies zeigt die tiefe Verwurzelung ihrer Verehrung in der Region ihres Wirkens, für die es letztlich unwesentlich ist, ob ihr Heiligenstatus von Rom bestätigt wurde. In heutigen Martyrologien (Heiligenkalendern) wird sie jedenfalls als heilige Jungfrau an ihrem Festtag, dem 17. September, aufgeführt.[174] Als Kuriosität sei hier angemerkt, daß Karl der Große bereits im 12. Jahrhundert heiliggesprochen wurde, wenn auch unter einem Gegenpapst ...

Der Abt Trithemius schreibt in seinen um 1500 verfaßten Annalen zum Tode der Hildegard nichts von wunderlichen Ereignissen, rühmt aber ihr Leben, ohne die kritische Distanz zu verlieren: Insbesondere weist er darauf hin, daß Hildegard nicht der lateinischen Sprache mächtig war und deshalb beim Verfassen ihrer Texte der Hilfe eines Mönches von St. Disibod namens Gottfried bedurfte.

Die Legende kommt freilich an einer gewissen Wunderanhäufung nicht vorbei, begünstigt vielleicht von dem Verlangen der Kirche und der Gläubigen nach ebensolchen:

DER TOD DER HL. HILDEGARD

Als Hildegard, die berühmte Nonne auf dem Disibodenberg bei Odernheim, später auf dem Rupertsberg bei Bingen, im Jahre 1179 zweiundachtzig Jahre alt starb, geschah am Himmel ein großes Wunder: Über der Wohnung, in der die Heilige bei der ersten Dämmerung der Sonntagsnacht ihre Seele Gott zurückgab, erschienen zwei überaus helle Bogen verschiedener Farbe, die sich am Firmament zur Größe einer breiten Straße erweiterten und nach den vier Teilen der Erde ausdehnten. Der eine dieser Bogen zog von Norden nach Süden, der andere von Osten nach Westen. Im Schnittpunkte der beiden Bogen kam ein helles Licht in der Größe einer Mondscheide zum Vorschein, das sich immer weiter ausdehnte und die Finsternis der Nacht von dem Kloster Hildegards verscheuchte. In diesem Licht erschien ein rotschimmerndes Kreuz, zuerst klein, dann immer größer, das von zahllosen kleineren rotschimmernden Kreuzen umgeben war. Nachdem sich diese Kreuze über dem ganzen Firmament ausgebreitet hatten, neigten sie sich vor dem Kloster, in dessen Mauern die heilige Jungfrau gestorben war und erhellten den ganzen Berg. Solches aber geschah, weil Gott zeigen wollte, mit welchem Glanze er seine Geliebte im Himmel verherrlicht hatte.[175]

Eine ausreichende Wasserversorgung ist von zentraler Bedeutung für die Existenz eines Klosters, aber auch für das Bestehen jeglicher menschlicher Ansiedlung. Während man in Städten wegen der Enge der Bebauung in der Regel auf Brunnen zurückgreifen mußte, konnte man bei Klöstern wegen der meist ländlichen Lage Wasserleitungen bauen, die frisches Quellwasser auch über einige Entfernung heranführten. Für den Leitungsbau benutzte man entweder ausgehöhlte Baumstämme oder ineinander gesteckte Tonrohre.

Warum Quellwasser statt Brunnenwasser? Wasser, welches nach einem Regen in der Erde versickert, wird auf seinem mitunter sehr lange dauernden Weg durch den Untergrund gefiltert und gereinigt, dazu mit Mineralien angereichert. Das Brunnenwasser mittelalterlicher Städte hatte dagegen oft einen kurzen Weg von der Oberfläche in den Brunnen; in argen Fällen konnte der auch durch benachbarte Latrinen führen und dann das Brunnenwasser bakteriell verunreinigen.[176]

DAS HILDEGARDISBRÜNNLEIN

Als das Kloster Rupertsberg erbaut war, fehlte ein Born lebendigen Wassers, und alles Wasser mußte man aus der Nahe holen. Wie und wo man auch grub, auf der steilen Uferhöhe fand sich keine Quelle. Da lag ein Plätzchen in dem Felsen, unfern des Klosters, gar heimlich, friedlich und stille, wo ein Holunderstrauch ein Laubdach, und danebenstehende Haselstauden eine Wand bildeten. Als nun eines Tages die heilige Hildegardis die Armen, die sich an ihrer Pforte gesammelt, gespeist und getröstet hatte, da eilte sie in ihr verborgenes, grünes Betkämmerlein, um dem lieben Gott zu danken, weil er es ihr vergönnt hatte, das Werkzeug seiner Liebe zu sein.

Während ihres innigen Gebetes fielen ihre Tränen zur Erde in den Rasen und in das Gestein, und siehe, ihre Tränen wurden zur lebenden, segnenden Quelle, die rein und hell hervorsprudelte und reichlich hinabrieselte über das Gestein. Da staunte die heilige Jungfrau und pries des Herrn Gnade. Dann grub sie mit ihren schneeweißen Händen ein Brünnlein und legte Steine darum, daß sich das Wasser sammele. Das Brünnlein rinnt noch heute und heißt seitdem das Hildegardisbrünnlein.[177]

In Kriegszeiten konnten auch Klöster als eigentliche Orte des Friedens oft nicht sicher vor Plünderung und Zerstörung sein. Der Sage nach floh man in solchen Fällen in die umwehrte Stadt Bingen:

EIN GANG UNTER DER NAHE (Abb. 68)

Es wird erzählt, daß zum besonderen Schutz der Klosterinsassen und um die Schätze des Hauses schnell nach dem gut befestigten Bingen in Sicherheit bringen zu können, ein unterirdischer Gang existierte, der vom Chor der Klosterkirche durch Felsen zur Nikolauskapelle, die hart an dem Ufer der Nahe gelegen ist, und von dort unter dem Bett des Flusses hindurch zur Krypta der Binger Pfarrkirche führte. Dieser Gang soll gerade so breit und hoch gewesen sein, daß man bequem hindurch gehen konnte. An bedrohlichen Tagen sollen die Nonnen sogar mit brennenden Kerzen, mit Kränzen im Haar, hindurch gegangen sein, singend und betend.[178]

Sagen zu unterirdischen Gängen existieren in den rheinhessischen Städten und Dörfern recht viele. Wenn man auch im Einzelfall immer zu prüfen hat, ob der reale Befund oder die literarische Überlieferung nun einen Kanal, einen Keller oder tatsächlich einen Gang meint, dürfte die hohe Zahl der

Abb. 68

Die Nahe bei Bingen.

überlieferten Anlagen für deren allgemeine Verbreitung sprechen. Ein Gang unter dem Bett der Nahe wäre allerdings mit erheblichen Gefahren verbunden gewesen, vor allem des Einsturzes bzw. des Eindringens von Wasser. Ich nehme daher an, daß es einen solchen Gang hier nicht gegeben hat – im gegenteiligen Fall besäße Bingen eine Anlage höchster bergmännischer Kunst.

Anfang dcs 14. Jahrhunderts reichten jedenfalls die Schutzmaßnahmen des Klosters Rupertsberg nicht aus: Im Streit mit den rheinischen Kurfürsten hatte König Albrecht I. neben anderen dem Mainzer Erzbischof Gerhard II. von Eppstein untersagt, nach Gutdünken Zölle zu erheben. Mit dieser Forderung fand der König die Unterstützung der am freien Handel interessierten Städte, so daß er die folgenden Kriegszüge für sich entscheiden konnte. 1302 eroberte er die Stadt Bingen und Gerhard mußte sich einen verlustreichen Friedensvertrag aufzwingen lassen:

EIN MARIENWUNDER

Während sich nun der Erzbischof mit dem König in der Stadt Bingen befand und über die Friedensbedingungen verhandelte, haben sich alle, die ihr Quartier in dem St.-Ruperts-Kloster jenseits der Nahe gehabt hatten, nach der Eroberung in die Stadt begeben und ließen das Kloster leer und völlig ausgeplündert zurück.

Zwei Taugenichtse, die sich aus Armut dem Heer des Königs angeschlossen hatten, gingen da in das St. Rupertskloster hinein, um, wenn sie noch etwas fänden, es fortzuschleppen. Nachdem sie aber alle Plätze und Winkel des Klosters aufs genaueste durchstreunt hatten, fanden sie nichts, weil nämlich alles vorher durch die fortgeschafft worden war, welche des Ort in den Tagen der Belagerung innehatten. Sie verließen also das Kloster und durchsuchten die Kirche, ob sie vielleicht in ihr etwas Zurückgelassenes fänden. Zu jener Zeit aber war in der Kirche vor dem Eingang des Chors, der sich im unteren Teil über der Erde befand, nicht wie jetzt, erhöht gegen Süden gerichtet eine Klause. Dort stand ein der Hl. Jungfrau und Märt. Catharina geweihter Altar, über dem in der bogenförmig ausgesparten Mauer ein Bild der Hl. Gottesmutter Maria recht passend dargestellt war. Es hatte eine Krone auf dem Haupt, in der vier Kristallsteine in die Mauer und die Krone künstlich eingefügt waren und einen fünften auf der Brust des Bildes selbst. Als nun die Diebe in der Kirche sonst nichts gefunden hatten, stieg einer von ihnen, um nicht ganz leer fortzugehen, auf den Altar und begann, aus der Krone der Jungfrau

die Kristalle herauszubrechen. Der andere sagte scheltend: »Was tust du, Elender, höre auf, die Mutter der Barmherzigkeit zu berauben, von der uns das Heil kommen muß, weil wir von keiner anderen Gnade finden können.« – Aber der Heiligtumsschänder und Gottlose mißachtete dieses Schelten, und nachdem er die vier Kristalle der Krone herausgebrochen hatte, begann er auch den fünften an der Brust der Hl. Jungfrau herauszubohren. Da geschah etwas Wunderbares: Sowie der Bösewicht anfing, die heilige Brust zu verwunden, begann das Bild über und über in Schweiß zu geraten, worüber der Frevler etwas zurückschauderte, aber aus Bosheit das begonnene Verbrechen nicht aufgab. Er riß also den Stein aus der hl. Brust des Bildnisses heraus, und alsbald floß Blut mit Milch gemischt in großer Menge aus der Wunde. Als der Unglückliche das sah, bebte er am ganzen Leib, stieg schweigend vom Altar, sammelte in der Kirche Staub und begann, damit die Wunde des Bildes zu bedecken, damit kein Blut mit Milch mehr fließen sollte. Je mehr er aber die Wunde an der Brust der Hl. Jungfrau zu überdecken versuchte, in desto reichlicherer Menge kam Blut mit Milch heraus. Als der Gottlose das sah, rannte er aus der Kirche, lief wie wahnsinnig zum Nahefluß, stürzte sich hinein und ertränkte sich. Auch sein Genosse floh eilends davon, doch er kam später zurück und erzählte den Verlauf der Dinge der Meisterin und den Nonnen des genannten Klosters. Als aber ein Geistlicher dazu kam, der an jenem Tag die Messe gelesen hatte und dieses ganz neue Wunder sah, enthüllte er vor dem Bildnis das Corporale und sammelte das mit Milch ausfließende Blut auf. Dieses Blut aber mit Milch können wir, aufbewahrt in einem Glasgefäß, bis zum heutigen Tag in dem vorgenannten Kloster sehen. Wir haben es auch schon mit eigenen Händen, als das alte Gefäß zerbrochen war, auf Bitten der Äbtissin in ein neues Gefäß übertragen. Als nun dieses Wunder sogleich bekannt wurde, stieg König Albrecht, der noch in der Stadt Bingen war, mit anderen Fürsten zum St.-Ruperts-Kloster hinauf und staunte, als er das so schreckliche Verbrechen sah. Auch trug er viele Spenden zum Wiederaufbau des Klosters zu Ehren der Hl. Jungfrau bei. Zum Andenken aber an dieses Wunder ist dort eine Kapelle zu Ehren der Hl. Gottesmutter erbaut worden, in der man das Bild über dem Altar, in der Zwischenzeit mehrfach erneuert, sehen kann.[179]

Velten nimmt an, daß diese Legende nach 1302 in Umlauf gebracht wurde, um die Spendenbereitschaft für den Wiederaufbau des Klosters zu erhöhen.

Knapp 500 Jahre bestand das Kloster insgesamt, bevor es in den Strudel der Ereignisse des Dreißigjährigen Krieges gezogen wurde. Hierzu ist sagenhaft überliefert:

KLOSTER RUPERTSBERG IM DREISSIGJÄHRIGEN KRIEG

Den kriegerischen Operationen der Schweden während des Jahres 1632 fiel unter anderem auch das von der heiligen Hildegard gegründete Kloster Rupertsberg bei Bingen zum Opfer. Bei dem Brand des Klosters wollen die Bewohner von Bingen verschiedene Wunderzeichen wahrgenommen haben, durch die der Himmel sein Mißfallen an der Zerstörung kundgetan habe. Drei große Sterne haben sie vom Anfang bis zum Ende des Brandes am Himmel gesehen, eine so seltsame Erscheinung, daß man sie auch den Kindern gezeigt hat. Sieben Stunden lang hat das Kloster gebrannt, bis in die Nacht hinein. Alle, die dem Schauspiel zusahen, glaubten daher, die Kirche werde erhalten bleiben. Endlich ging auch sie in Flammen auf, so daß das Feuer auch die Stadt Bingen erreicht hätte, wenn der Wind danach gegangen wäre. Während des Brandes hörte man Stimmen in der Luft »Wehe, Wehe, Wehe!« rufen. Nach der Meinung der Zeugen waren dies die Seelen der im Kloster verstorbenen Nonnen und anderer gottseliger Leute, die Gott um Gerechtigkeit anriefen und seine Strafe forderten, weil ihre Leichname vom Feuer vernichtet worden sind.[180]

Auch wenn Bingen durch Stadtbrände ein wenig häufiger in Mitleidenschaft gezogen wurde, als andere Städte am Rhein, so sind es meist doch Entscheidungen der Eigentümer und Anwohner, die über Erhaltung und Zerstörung alter Bausubstanz entscheiden. Dementsprechend ist das Zerstörungswerk am Kloster Rupertsberg keineswegs mit dem Jahr 1632 abgeschlossen gewesen. In die Ruinen des Klosters zog um 1641 ein Klostergutsverwalter ein, nachdem man einige Wirtschaftsgebäude errichtet hatte. 1729 wurde dann eine Marienkapelle im Klosterareal errichtet. Dieses Gut, dem Kloster Eibingen gehörend, bestand bis zu seiner Säkularisation 1803, als es der vormalige Pächter Johann Kirchner ersteigerte. 1814 haben angeblich die Soldaten Blüchers aus der Klosterruine Balken als Brennholz entnommen. 1819 bis 1828 war hier das preußische Hauptzollamt untergebracht, schließlich erwarb 1830 Franz-Josef Herter den Komplex. Er baute hier das Hotel Rupertsberg. Mit dem Bahnbau wurden 1857/1858 bedeutende Reste des Klosters zerstört.

Genau 100 Jahre später, 1958, wurde die zwischen den Gleisen liegende, gotische Nikolauskapelle am Naheufer abgebrochen. 1959 übernahm die Winzergenossenschaft Untere Nahe das Hotel Rupertsberg von der Familie Herter, um es später an Franz-Josef Würth zu verkaufen. Das »Herterhaus« (Abb. 69) erlag letztlich 1975 einer Reihe von Brandstiftungen. Beim Wiederaufbau konnte man immerhin Reste der Klosterkirche freilegen und konservieren. Diese Reste, erhaltene Klosterkeller und ein gotisches Portal sind die traurigen Relikte des Klosters, welches wohl bis auf weiteres als verloren gelten darf.[181]

Ländlich gelegene Klöster in Rheinhessen

Auch in den eher ländlichen Städten und sogar im dörflichen Umfeld gab es im Mittelalter weit mehr Klöster, als man heute meinen möchte – oder an den spärlichen Resten zu erkennen vermag.

Abb. 69

Blick auf die Bahnstrecke bei Bingerbrück und das »Haus Herter«, letzteres 1920 am Platz des Klosters Rupertsberg erbaut.

Abb. 70

Blick auf die ehemalige Lage des Klosters Weidas: Die Straße führt mitten hindurch!

KLOSTER WEIDAS BEI DAUTENHEIM (Abb. 70)

Nur ein wenig vor dem westlichen Ausgang des Ortes Alzey-Dautenheim lag im Mittelalter das Zisterzienserinnenkloster Weidas. Es wurde 1237 gegründet und 1551 aufgehoben; danach diente es als Steinbruch. Ein Denkmal erinnert heute an das Kloster, von dem sich oberirdisch nichts erhalten hat: Die Straße nach Kettenheim führt genau über den Standort der einstigen Kirche und des Kreuzgangs. Bei geophysikalischen Prospektionen, die Veränderungen im Erdmagnetfeld messen, konnte 2007 womöglich ein zugehöriger Brunnen wiederentdeckt werden – er war in den Nachkriegsjahren mit einer aus einem Panzer geschnittenen Stahlplatte abgedeckt worden und im Laufe der Zeit in Vergessenheit geraten.

Interessant ist für den Platz sicherlich die unmittelbare Nachbarschaft einer römischen *villa rustica*, so daß davon ausgegangen werden darf, man habe sich zur Gründung des Klosters bewußt in den Bereich antiker Ruinen gesetzt, um die dortigen Mauern als Steinbruch zu nutzen. Im Landesmuseum Darmstadt befinden sich noch Grabplatten aus der Klosterruine.[182]

Eine Sage berichtet, vom Kloster Weidas würde ein unterirdischer Gang nach Alzey führen.[183]

Alzeyer Klöster (Abb. 71)

Im unmittelbaren Bereich der Stadt Alzey gab es im Mittelalter mehrere Klöster:

1. Kloster zum Heiligen Geist zu St. Johann – um 1220 gestiftetes Zisterzienserinnenkloster, 1564 aufgehoben. Es lag östlich der Stadt, nördlich der heutigen Dautenheimer Straße. Vorwiegend lebten hier Töchter adliger Herrschaften der näheren Umgebung.

Abb. 71

Lage der mittelalterlichen Klöster in und um Alzey.

2. Kloster Himmelgarten – 1281 erstmals belegtes Zisterzienserinnenkloster in der südwestlichen Vorstadt Alzeys. Wegen seiner geringen Größe und wohl nicht zuletzt der hohen Einkünfte wurde es 1479 aufgehoben.

3. Kloster Klingen – Ende des 13. Jahrhunderts gegründetes Augustinerinnenkloster. Es beherbergte ebenfalls einige adelige Nonnen, es wurde 1499 dem Alzeyer Augustinerkonvent übergeben.

4. Augustinerkloster – Um 1290 gegründet, 1551 von Kurfürst Friedrich III. von der Pfalz zugunsten der Universität Heidelberg eingezogen. Das Kloster lag in der Alzeyer Oberstadt, beim Saalhof.

5. Antoniterkloster – um 1250 gegründet, 1281 erstmals erwähnt. Das Kloster erlitt 1551 das gleiche Schicksal wie das Augustinerkloster.

Hinzuzufügen sind ferner noch eine Kastnerei des Deutschen Ordens in der Stadt Alzey, das Zisterzienserinnenkloster Sion bei Mauchenheim (gegründet 1247, aufgehoben 1563) und das demselben Orden zugehörige, bereits erwähnte Kloster Weidas bei Dautenheim (gegründet 1237, aufgehoben 1551).[184]

Die für Außenstehende nicht völlig nachvollziehbare Lebensweise der klösterlichen Gemeinschaften ist sicherlich ein wichtiger Grund für immer wieder im Zusammenhang mit Klöstern aufkommende Sagen und Legenden (dies geht so weit, daß – wie wir oben gesehen haben – sogar vorchristliche Ruinen der Antike zu sagenhaften Klöstern umgedeutet wurden). Mit einem der Klöster in und um die Stadt Alzey wird nicht zuletzt das Muhkalb in Verbindung gebracht; ein sagenhaftes Dorftier, welches an verschiedenen Orten Rheinhessens belegt ist. Volker Gallé schreibt:

DAS ALZEYER MUHKALB

Die Volkssage berichtet, daß die Hexen in der Walpurgisnacht auf dem Muhkalb herumreiten und dabei lange Pfeifen rauchen. Dieses Muhkalb ist eine Abart des Schweins. Es ist ein Nachtgespenst und Hexentier, grunzt, hat feurige Augen, rennt wütend durch die Gassen, wächst manchmal ins Riesenhafte und fliegt sogar in schreckenerregender Weise durch die Luft. Von dem Alzeyer Muhkalb wird erzählt, daß es in naher Beziehung zu den Insassen eines verschwundenen Klosters gestanden habe.[185]

Das Alzeyer Muhkalb hat nahezu alle Eigenschaften, die man diesem Tiergespenst zugestand. Es ist sowohl Dorftier, als auch Hexenbegleiter und möglicherweise Hüter eines Schatzes. Letzteres könnte man aus der genann-

Abb. 72
Der Jungfernpfad in Ober-Ingelheim.

ten Beziehung zu einem verschwundenen Kloster deuten. Das Muhkalb ist wohl als das zu betrachten, was der Name uns verrät: Ein schreiendes Kalb – die Landbevölkerung weiß, welche urtümlichen Laute ein Kalb produzieren kann. Nur handelt es sich beim Muhkalb um ein Gespenst, um ein sogenanntes Dorftier. Solche Dorftiere sind wohl kaum mehr ursächlich zu ergründen: Sie enthalten Elemente von Fruchtbarkeitsdämonen, aus dem Totenglauben oder den Vorstellungen bzgl. Hexen. Man darf sie sicher nicht als Maskottchen eines Dorfes mißverstehen, vielmehr sind sie mit den bei Dunkelheit aufkommenden menschlichen Ängsten verbunden, welche durch im Sinne des Wortes schreckliche Tierlaute verstärkt werden.[186]

Auch in Ober-Ingelheim zeigt sich das Muhkalb einem ehemaligen Kloster zugehörig:

DAS MUHKALB AM INGELHEIMER JUNGFERNPFAD (Abb. 72)
Vom ehemaligen Nonnenkloster Engeltal am Selzbach zu Ober-Ingelheim führt ein schmaler Weg zur hochgelegenen Kirche. Dieser Weg heißt der Jungfernpfad, weil er den Nonnen zum Kirchgang diente. Auch an diesem Pfad hauste vor Zeiten das Muhkalb.[187]

Das Nonnenkloster ist das um 1290 gegründete Zisterzienserinnenkloster Engelthal. Es lag in der Südwestecke der mittelalterlichen Ortsbefestigung und wurde 1573 aufgehoben. Im Bereich des Klosters befindet sich heute das Anwesen Edelgasse 15, welches weitgehend Bausubstanz des 18. und 19. Jahrhunderts aufweist, zum Teil sind in dem Bereich aber auch ältere Bestandteile zu sehen.[188]

KLOSTER ST. JOHANN BEI ALZEY (Abb. 73)

Kehren wir vorläufig wieder zurück nach Alzey. Das Zisterzienserinnenkloster St. Johann östlich der Alzeyer Altstadt ist heute vom Erdboden verschwunden, sein Standort ist nun von einem wenig schönen Wohngebiet eingeschlossen. Anläßlich dessen Baus hatte man 1963 im Rahmen von Rettungsgrabungen die Möglichkeit, den Grundriß des Klosters zu ergraben. Dabei fand man auch merowingerzeitliche Gräber und sogar Streufunde des 5. Jahrhunderts, die auf eine interessante Kontinuität im Nordosten des

Abb. 73

Grundriß des Klosters St. Johann bei Alzey nach den Grabungen 1963/64.

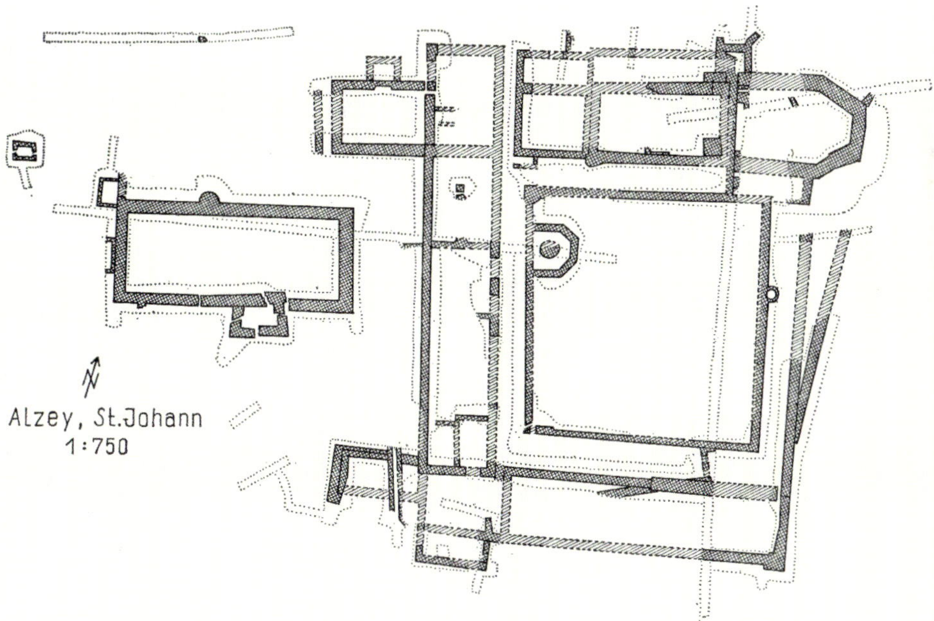

spätantiken Kastells hindeuten: Möglicherweise befand sich hier im 5. Jahrhundert der Friedhof sowohl der römischen Kastellbesatzung, als auch der »burgundischen« Kastellbewohner. Merowingerzeitliche Gräber des 6. und 7. Jahrhunderts würden an diese anschließen, vielleicht im Bereich eines älteren christlichen Memorialbaus. Die spätestens im 6. Jahrhundert gegründete Kirche St. Georg im Kastellinneren wäre dann zuerst primär als Pfarrkirche genutzt worden, bevor im weiteren Verlauf des Frühmittelalters die Bestattung nahe des Altars und dortiger Reliquien üblich und damit der Friedhof um St. Georg begründet wurde.[189] Die vagen Formulierungen und Konjunktive deuten an, daß im Bereich des Klosters St. Johann zukünftige Grabungen wichtige Erkenntnisse versprechen. Wie viele Klöster wurde auch dieses im 16. Jahrhundert nicht abgerissen, sondern lediglich die klösterliche Gemeinschaft aufgelöst. Anfang des 19. Jahrhunderts wurden die letzten Reste des Klosters abgebrochen. In der Zwischenzeit hatten Gebäude und zugehöriger Grundbesitz einen weltlichen Verwalter oder Schaffner.[190] Um einen solchen weiß Wilhelm Müller eine Sage zu berichten:

DER SCHAFFNER VON ST. JOHANN

Das Kloster St. Johann bei Alzey hatte einst einen Schaffner namens Schütz, der wegen seiner habsüchtigen und betrügerischen Amtsführung in so schlechtem Ruf stand, daß nach seinem Tod das Gerücht ging, der Teufel hätte ihn aus dem Grab geholt.

Müller erläutert weiter:

Das böse Gerücht über das Verschwinden der Leiche seines Vaters hatte den Sohn des Schaffners veranlaßt, das Grab zur Rettung der Familienehre wieder öffnen zu lassen. Die Leiche war zwar noch vorhanden, aber, wie sich ergab, aller Habseligkeiten beraubt worden. Bei der daraufhin vorgenommenen Untersuchung stellte sich heraus, daß ein Schornsteinfegergeselle aus Kirchheimbolanden das Grab nächtlicherweise geöffnet und den Toten beraubt hatte, angeblich weil er selber nicht im Besitz eines Hemdes war, wahrscheinlich aber aus andern, abergläubischen Motiven.[191]

ADA-ZELLA?

Wohl mit dem Alzeyer Augustinerkloster ist die sagenhafte Erklärung eines Flurnamens gekoppelt. Zur Erinnerung: Die Gründung des Klosters fällt ins 13. Jahrhundert.

> ***Als Karl der Große in Ingelheim regierte, lebte eine Schwester des Kaisers namens Ada in Alzey, die auch den Namen einer Herzogin von Alzey führte. Ada, die in jüngeren Jahren vermählt war, nahm später den Schleier und zog sich hinter die Klostermauern zurück. Wo dies Kloster gestanden hat, läßt sich nicht mehr genau sagen. Wahrscheinlich befand es sich in jenem Stadtteil von Alzey am rechten Selzufer in der Oberstadt, der seit den ältesten Zeiten Klosterbesitz war und den Namen Atzel, das heißt Ada-Zella, führt.***[192]

Für den Flurnamen Atzel schlägt Zernecke zwei mögliche Ursprünge vor: Zum einen als von dem Vogel Elster stammend (die auch als Atzel bezeichnet wurde), zum anderen von mittelhochdeutsch atzen, was mit speisen, weiden als Hinweis auf eine ehemalige Weide verstanden werden könnte. Becker schlägt vor, die Bezeichnung könne von einem Hausnamen stammen.[193]

Einsiedler

Tatsächlich können Klostergründungen schon den entscheidenden Impuls aus dem Wirken einzelner Menschen empfangen haben. Eine reiche Stiftung ist hier eine Möglichkeit, es kann aber auch das Vorbild eines besonders gottgefälligen Lebens Nachahmer gefunden haben. Auf letztere Weise ist das Mönchtum überhaupt auf der Grundlage spätantiker, orientalischer Eremiten entstanden. In der *Historia Lausiaca* des Palladius, einer Beschreibung des Lebens von Einsiedlern und Eremiten in den nahöstlichen Wüsten um 400 n. Chr., lesen wir von den Versuchen, Gott durch Askese, Gebet und Buße näher zu kommen.[194] Solches Streben war und ist immer begleitet von teilweiser gesellschaftlicher Anerkennung und daraus resultierender Gefahr von Hochmut und Selbstgefälligkeit, weshalb seit dem hl. Benedikt (6. Jahrhundert n. Chr.) klösterliche Gemeinschaften mit festen Lebensregeln der individuellen Totalentäußerung den Rang abgelaufen haben. Verständlicherweise

Abb. 74
Blick auf den Nazarienberg bei Mommenheim.

waren aber auch der Individualität des Eremitentums enge Grenzen gesetzt; immer gab es einen Konsens darüber, was gottgefällig war und was nicht.

In Mittelalter und Neuzeit war Einsiedler auch in unserer Gegend durchaus verbreitet. Sie waren allerdings meist in Kongregationen organisiert oder auch Klöstern angeschlossen. Bekannt ist die Felseneremitage bei Bretzenheim an der Nahe, deren letzter Einsiedler (Andreas Zahn bzw. Bruder Abraham) 1827 als 82-Jähriger vom Felsen fiel und starb.

Auch bei Mommenheim soll es eine Einsiedelei gegeben haben:

DER EREMIT VOM NAZARIENBERG BEI MOMMENHEIM (Abb. 74)

Lange bevor die verschwundene Bergkirche auf dem Nazarienberg bei Mommenheim erbaut war, hauste dort oben auf dem »Nazärie« oder »Lazärie«, wie der Volksmund den Berg lieber nennt, ein wunderlicher Einsiedler. Er soll Wentz geheißen haben. Von seinem frommen Wirken und seinem zurückgezogenen Leben gibt es nicht viel zu berichten. Einsam ist er gestorben. Aber sein Geist blieb an der Stätte seiner irdi-

Abb. 75
Blick auf den Wartberg von Südosten.

schen Behausung. Zu seltener und glücklicher Stunde, wenn man allein auf dem rebenbewachsenen Nazarienberg weilt, kann man den wunderlichen Einsiedler sehen. Wenn er betend durch die Rebzeilen schreitet, wird es ein gutes Weinjahr geben.[195]

Nach älterer Überlieferung soll die Kirche auf dem Nazarienberg, der etwa 500 m südwestlich des Dorfes liegt, im Dreißigjährigen Krieg zerstört und das Areal in der Folge mit Weinstöcken bepflanzt worden sein.[196]

DER EREMIT VOM WARTBERG BEI ALZEY (Abb. 75)
Auch auf dem Wartberg bei Alzey soll früher ein Eremit gelebt haben, der dort aus Gram über familiäres Unglück Ruhe in der Abgeschiedenheit suchte und fand. Der wegen seiner Hütte an den steinigen Terrassen des Wartbergs Steinmann genannte Einsiedler habe Heilmittel zusammengestellt und gegen Nahrungsmittel getauscht; nach ihm soll das Steinmannsrech am Nordhang des Wartbergs benannt sein.[197]

Ehemalige Klöster mit sagenhaftem Charakter

Ehemalige Klöster mit sagenhaftem Charakter, zum Teil auch nur in der Sage zu findender Existenz, gibt es viele. Eine Auswahl führt uns quer durch Rheinhessen und auch noch einmal in die Städte am Rhein.

FLONHEIM

In Flonheim gab es ein Augustiner-Chorherrenstift. Dieses St. Marienstift wurde 1162 durch den Papst, 1182 durch den Mainzer Dompropst bestätigt. Das Chorherrenstift war kein Kloster im heutigen Sinne, sondern eine Gruppe von Geistlichen, die nach der Regel des Augustinus lebten, dabei aber separat im Dorf wohnen konnten und auch kein Gelübde, sondern nur ein Versprechen abgelegt hatten. 1224 gab es neben dem Propst als Vorsteher des Stiftes acht Kanoniker in Flonheim. Diese lebten von ihren Pfründen und waren in der religiösen Betreuung der Einwohner Flonheims und der umliegenden Orte tätig. 1454 wurde das Stift in ein weltliches Kollegialstift umgewandelt, welches die Sollstärke von einem Propst, fünf Kanonikern und sechs Vikaren hatte. Nachdem die Zahl der Kanoniker immer weiter zurückging, wurde das Stift im Zuge der Reformation 1554 aufgelöst. Ein Frauenkloster scheint es zu Flonheim nur in der Vorstellung gegeben zu haben.[198]

Volker Gallé berichtet, man habe ihm erzählt, im Haus Langgasse 55 (Abb. 76) in Flonheim hätte es in der ersten Hälfte des 20. Jahrhunderts Beobachtungen eines Klopfgeistes gegeben. Abends seien die Bewohner durch ein unerklärliches Klopfen geweckt worden. Der Spuk wurde mit einem Nonnenkloster, das dort im Mittelalter gewesen sei, oder einer einst im Haus lebenden Nonne, die ein Verbrechen begangen habe, in Verbindung gebracht.[199]

DAS KLOSTER ZU HÖNNINGEN

Die Nieder-Ingelheimer Gewann »im Flürchen« (Flur XXXI) grenzt an die Gemarkung von Wackernheim und heißt dort im Volksmunde auch »zu Hönningen«. Die Leute sagen, hier habe vor Zeiten ein Kloster gestanden. Man hat dort Fundamente angetroffen.[200]

Saalwächter zitiert hier den Amtsgerichtssekretär Johannes Speth aus Gernsheim. Tatsächlich hat es, allerdings nordwestlich der genannten Gewann, das Kloster Ingelheimerhausen gegeben. Dieses wurde im 12. Jahrhundert als Augustinerinnenkloster gegründet (erste urkundliche Erwähnung 1168), 1536

Abb. 76

Flonheim, Langgasse:
Auf Hausnummer 53 (Vordergrund) folgt 57 (links der Bildmitte)

aufgehoben und säkularisiert. Im 17. Jahrhundert gehörte der Hof der Familie von Haxthausen, wovon der heutige Name »Haxthäuser Hof« herrührt. Bemerkenswert ist der knapp 40 m tiefe Brunnen des Klosters, der heute noch mit einem barocken Brunnenhaus überdeckt ist.

Die offenbar nur mündlich belegbare Bezeichnung »Hönningen« gibt Rätsel auf, denn eine solche Gewann gibt es im äußersten Westen der Nieder-Hilbersheimer Gemarkung. Hier wie dort scheint sie kein Beleg für eine Wüstung zu sein.[201]

AN DER OBER-INGELHEIMER BURGKIRCHE

Von der Ober-Ingelheimer Burgkirche sind es etwa 3 km zum östlich von ihr gelegenen Haxthäuser Hof (Abb. 77). Sowohl der Hessel-, als auch der Burgweg (letzterer wird auf dem Plateau des Mainzer Berges auch Mainzer Weg genannt) verbinden beide Örtlichkeiten miteinander, woraus vielleicht die folgende Sage schöpft:

EIN UNTERIRDISCHER GANG (Abb. 78)

Vom Chor der evangelischen Kirche zu Ober-Ingelheim führt ein unterirdischer Gang nach dem Burgweg. Der Sage nach hat hier ein Kloster gestanden, das durch den Gang mit der Kirche verbunden war.[202]

Müller und Saalwächter bringen einen solchen Gang mit den Befestigungen um die Burgkirche in Verbindung, da es keine Belege für ein Kloster am angegebenen Ort, das heißt am Burgweg gibt (außer dem wohl zu weit entfernt liegenden Kloster Ingelheimerhausen). Die Wehrmauern stammen vorwiegend aus dem 15. Jahrhundert und sind auch über Rheinhessen hinaus eines der am besten erhaltenen Beispiele einer spätmittelalterlichen Kirchenbefestigung. Der komplett erhaltene Bering, der Malakoffturm (seit 1856 so genannt, in Anlehnung an den Krimkrieg) im Süden, ein kleinerer Rundturm im Nordosten und schließlich der zinnenbekrönte Turm (um 1100) der Kirche aus dem 15. Jahrhundert bilden ein malerisches Ensemble. Zusammen mit den spätmittelalterlichen und frühneuzeitlichen (Ritter-)Grabsteinen im Inneren der Burgkirche vermag der Besucher hier besser als in mancher mittelrheinischen Rheinburg des 19. Jahrhunderts das Mittelalter spüren.[203]

Abb. 77

Das Brunnenhaus des Haxthäuser Hofes.

Abb. 78
Die Burgkirche zu Ober-Ingelheim.

DIE KARTHAUSE BEI WEISENAU

Die Karthause auf dem Michaelsberg bei Weisenau wurde Anfang der 1320er Jahre erbaut (die zugehörige Kirche konnte allerdings erst 1350 geweiht werden). In der Folgezeit gehörte es, unter kaiserlichem Schutz stehend und immer wieder mit Spenden bedacht, zu den reicheren Mainzer Klöstern. Bei den Zerstörungen kirchlicher und klösterlicher Liegenschaften im August 1552 wurde es schwer beschädigt, die Karthäusermönche zerstreuten sich. Da die Steingebäude offenbar substantiell verschont blieben, konnten die Mönche in der zweiten Hälfte des 16. und zu Beginn des 17. Jahrhunderts Wiederaufbau und Renovierung der alten Gebäude vorantreiben. Unter dem Prior Michael Welken (1712–1753) blühte das Kloster auf, um dann jedoch 1781 (zusammen mit dem Altmünsterkloster) zu Gunsten des Universitätsfonds aufgehoben zu werden. Ab 1790 versuchte Kurfürst von Erthal Teile der Gebäude in seine Schloßanlage Favorite zu integrieren, wobei er freilich wesentliche Bauten der Karthause abreißen ließ (u. a. den Kreuzgang). Zur Vollendung des Planes kam es gleichwohl nicht mehr: Die unmittelbar folgenden Kriege führten zur Zerstörung der Favorite, 1820 erfolgte der Abriß noch bestehender Klostergebäude.

DIE GRÜNDUNG DER KARTHAUSE

Bevor sich die Karthäuser auf der prächtigen Anhöhe unterhalb Weisenau ansiedelten, hatten sie ihr Kloster in einem Tal bei Kiedrich unterhalb der Burg Scharfenstein. Die allzeit fröhliche Jagdführung ihrer weltlichen Nachbarn störte aber die Karthäuser so sehr, daß sie den Erzbischof baten, ihr Kloster auf einen ruhigeren Ort bei Mainz verlegen zu dürfen. Der Bischof war dem Wunsche zwar nicht abgeneigt, wollte aber doch zuerst noch eine Untersuchung veranstalten. Da ereigneten sich zwei merkwürdige Erscheinungen. Ein alter frommer Benediktiner auf dem Jakobsberg sah im Schlaf nach der Frühmette, dort, wo nachher das Kloster errichtet wurde, eine Leiter, auf der die Engel vom Himmel auf- und abstiegen. Einem Alumnus der Benediktiner aber träumte es, wie die Engel an diesem Ort Hölzer in die Erde schlugen und andere Zimmerarbeiten verrichteten. Da glaubte der Bischof seine Zustimmung nicht länger versagen zu können, worauf sogleich mit dem Bauen an der angedeuteten Stelle begonnen wurde.[204]

DIE KLAUSE BEI ABENHEIM (Abb. 79, Abb. 80)

In der 1298 errichteten Klause bei Abenheim lebten Zisterzienserinnen. Im späten 15. Jahrhundert war die Klause mit Kapelle ruiniert, der Wiederaufbau erfolgte nach einer Jahreszahl am Portal im Jahr 1572. Die nordöstlich des Ortes Abenheim gelegene Klausenbergkapelle befindet sich heute malerisch inmitten von Weinbergen.[205]

GLOCKENLÄUTEN VON GEISTERHAND

Im Jahr 1631 soll die Glocke der Abenheimer Klause das Dorf Abenheim vor der Zerstörung durch die Schweden bewahrt haben. Als schwedische Reiter sich Abenheim näherten, gelangten sie zuerst zur Klause, die bereits nur mehr eine Ruine war. Trotz des Zustandes der Kapelle drang Glockengeläut aus ihr heraus und an die Ohren der Soldaten. Als sie bei näherer Untersuchung weder eine Glocke, noch einen Glöckner fanden, das Geläut aber fortgesetzt zu hören war, wurden sie von Angst ergriffen und kehrten rasch um.[206]

Abb. 79 (oben)

Die Klause oberhalb Abenheims.

Abb. 80 (links)

Graffito am Türstock des Portals der Klause bei Abenheim: I DIEL / 1767 (wohl Johann Diel mit Jahreszahl)

DAS MAINZER ARMKLARAKLOSTER

Im Gegensatz zu den vornehmen Nonnen des Reichklaraklosters lebten die »armen Klarissen« nach der strengen Observanz ihres Ordens. Die armen Klarissen ließen sich erst 1619 in Mainz nieder und bezogen ein Jahr später die Gebäude eines älteren Klosters. Im 14. Jahrhundert war an gleicher Stelle ein Antoniterkloster gegründet worden, welches jedoch 1528 aufgelassen wurde. Kurzzeitig Herberge für eine Handvoll Zisterzienser, diente das Kloster einschließlich der Kirche ab 1574 profanen Zwecken – zeitweilig war das Gotteshaus sogar als Stall verwendet worden.

1802 wurde das Kloster schließlich aufgehoben. Die in den 1780er Jahren gegründete Entbindungs- und Hebammenlehranstalt, das sogenannte Accouchement, war dann ab 1808 bis 1904 im Armklarakloster untergebracht; ihm angeschlossen übrigens ein Findelhaus mit »Babyklappe«, einer Triller genannten Drehlade für auszusetzende Neugeborene. Im gotischen Kirchenbau wurde der Kreißsaal untergebracht, in dem dann durch fast das ganze 19. Jahrhundert die ersten Schreie tausender Mainzer widerhallten.

Nach den Zerstörungen des Zweiten Weltkriegs wurden die Ruinen des Klosters bis auf die Kirche abgerissen und in der Folge durch ausgesprochen unansehnliche Bauten ersetzt. Heute befindet sich hier ein Teil des Römerpassage genannten Kaufhauses.[207]

GUSTAV ADOLF UND DIE ARMEN KLARISSEN

Als Gustav Adolf in Mainz weilte, wollte er sehen, ob der Name »arme Clarissen« auch der Wirklichkeit entspräche. Er begab sich zu diesem Zweck persönlich in ihr Kloster, wo er sich die Nonnen vorstellen ließ und die ganzen Gebäulichkeiten besichtigte. Was er in dem Kloster der Nonnen sah, trug das Gepräge der größten Reinlichkeit, aber auch der größten Armut. Ein kleiner Haufen Frucht war ihr ganzer Vorrat. Gerührt von der Armut, befahl der König, daß die Nonnen jedesmal, wenn Mangel sie bedrohte, ein Glöcklein läuten sollten, worauf sie mit dem Nötigsten versehen werden würden. Das geschah denn auch und selbst nach des Königs Tod ist sein Wille noch befolgt worden. Als endlich die Schweden von Mainz abgezogen waren, fanden die armen Nonnen noch drei Fäßchen mit Leinenzeug und in einem derselben etwas Geld vor dem Klostertor aufgestellt als Zeichen des Wohlwollens der schwedischen Besatzung. Ganz anders wurde es, als Gallas kam. Todesstrafe wurde dem angedroht, der schwedisches Eigentum besäße. Da stellten die armen Nonnen die drei Fäßchen wieder vor das Tor, wo sie sie gefunden hatten.[208]

Kirchen

Kirchen sind heute der religiöse Mittelpunkt ihrer jeweiligen Gemeinden. In früheren Zeiten waren sie darüber hinaus auch kulturelles Zentrum – auf dem Land des ganzen Dorfes. Ihre Steinbauweise gab ihnen eine Langlebigkeit, die das Zeitverständnis ihrer Nutzer überfordern konnte. Damit waren sie prädestiniert dafür, Sagen und Legenden um ihre Entstehung zu winden. Und selbst bei neuzeitlichen Kirchenbauten konnte die hohe Bedeutung des Vorhabens, dessen Durchführung und des fertigen Gotteshauses Legenden überliefernswert machen:

METTENHEIM 1748

Bei der Grundsteinlegung der protestantischen Kirche von Mettenheim im Jahr 1748 soll während der Hammerschläge des Grafen von Wartenberg eine weiße Taube mehrmals in geringer Höhe über die Festgesellschaft geflogen sein.[209]

Dieses Ereignis hält die Pfarrchronik des Ortes fest. Die weiße Taube darf getrost als Heiliger Geist verstanden werden, der offenbar der Gemeinde sein Wohlwollen zeigte und damit den Kirchenbau segnete. Bei den Wiegen späterer römischer Imperatoren pflegte bisweilen der Adler des Zeus gesehen zu werden, was in gleichem Maße wie die Mettenheimer Taube die Auffassung widerspiegelt, göttliche Gunst durch Naturerscheinungen, insbesondere durch das Verhalten von Vögeln erkennen zu wollen.

Angesichts der Verhaltenstips im Neuen Testament erscheint es nach einer anderen Überlieferung allerdings fraglich, ob die Mettenheimer immer so gottgefällig handelten:

UNEHELICHE GEBURTEN IN METTENHEIM

Im 18. Jahrhundert suchte man in Mettenheim um jeden Preis zu vermeiden, daß in einem Haus eine unverheiratete Frau ein Kind gebar. Dabei ging man soweit, selbst im harten Winter die werdende Mutter ins Freie zu schicken. Ursache für dieses Verhalten soll der Glaube gewesen sein, ein Haus würde von einer unehelichen Geburt ebenso auf ewig belastet, wie von einem Selbstmord.[210]

Werfen wir nun einen Blick auf die Entstehungslegenden älterer Kirchen:

Abb. 81

Die Stiftskirche Heiligkreuz um 1790. Kopie eines Gemäldes von Johann Lindenschmit (das Original ist 1944 in Darmstadt verbrannt).

HEILIGKREUZ BEI MAINZ-HECHTSHEIM (Abb. 81)

Bereits zur Zeit Karls des Großen ist eine Kirche »*Sancta Maria in campo*« zwischen Mainz und Hechtsheim belegt, die Gründung des zugehörigen Klerikerstiftes erfolgte Anfang des 11. Jahrhunderts. Um 1320 wurde eine neue Stiftskirche errichtet, in der am Triumphbogen zwischen Chor und Kirchenschiff ein legendenumwobenes Kreuz aufgehängt war. Mit der Zerstörung der Kirche am 23. August 1552 durch Markgraf Albrecht von Brandenburg-Kulmbach wurde es ebenfalls vernichtet. Glücklicherweise konnte man es durch ein nahes, gleichermaßen wundertätiges Feldkreuz ersetzen, welches der Frevler Schelkropf im 14. Jahrhundert berühmt gemacht hatte. Dieses wurde nun bei Kriegsgefahr jedesmal aus der renovierten Stiftskirche entfernt und nach St. Christoph in die Stadt Mainz gebracht, von dort nach Kriegsende in einer feierlichen Prozession zurück nach Heiligkreuz. Zuletzt gingen Stift und Kirche am 10. Juni 1793 bei einem Ausfall der in Mainz eingeschlossenen Franzosen unter General Custine in Flammen auf. Einige Jahre später wurde die Ruine gesprengt. Das Kreuz war unterdessen nach St. Christoph gerettet worden, von wo aus es an seinen heutigen Platz in die St. Franziskuskapelle des Priesterseminars gelangte. Der Bereich des Stiftes ist heute völlig verändert, so wird er nun von der Autobahn zwischen IBM und dem alten Hechtsheim durchschnitten.

HEILIGKREUZ

Einst kam ein Schiff gen Mainz den Rhein heraufgefahren, dem ganz von selbst ein Kreuz nachfolgte. Nachdem die Schiffer bei Mainz gelandet waren, und sich auch das Kreuz daselbst befand, lud man das Wunderkreuz zwei Ochsen auf den Rücken, die noch niemals im Joch gegangen waren. Ohne daß man den Tieren den Weg irgendwie vorgeschrieben hätte, gingen sie nun vom Rheinufer ohne Führer und Treiber landeinwärts, bis sie plötzlich still standen. Dort hat man dann eine Kirche errichtet, das wunderbare Kreuz aber wurde zum ewigen Gedächtnis oben im Gewölbe des Chores aufgehängt.[211]

Das als Quelle zitierte Gemälde an der Mainzer Stadtmauer maß etwa 3×3 m; es trug die überlieferte lateinische Aufschrift: *»Sic quondam imminuit crux pendula in aere navi, / Cum rate mota fuit, cum rate fixa stetit. / Hic Mogonae incumbens orae, sacra sarcina bobus / Creditur, vt pignus, qua via facta, ferant.« (»So hing das Kreuz einst schwebend in der Luft über dem Schiff, / Mit ihm bewegte es sich, mit ihm stand es still. / Hier in Mainz wurde am Ufer die heilige Last / Den Ochsen aufgeladen, damit sie es unter Zurücklegung des Weges trügen.«)*[212]

KAISER KONSTANTIN UND HEILIGKREUZ

Niklas Vogt ging zu Anfang des 19. Jahrhunderts gar davon aus, die Kreuzesvision des römischen Kaisers Konstantin im Jahr 311 sei Ursache für das Aufstellen eines Kreuzes südlich von Mainz und später den dortigen Bau der Heiligkreuzkirche gewesen.[213]

Der historische Gehalt dieser Legende ist sehr gering, allenfalls könnte man römische Funde im Bereich von Heiligkreuz damit in Zusammenhang bringen, die vielleicht auf eine spätantike Kirche, oder vielleicht eher doch nur auf eine *villa rustica*, schließen lassen könnten.[214]

DIE MARTINSKIRCHE ZU WORMS (Abb. 82)

Auch die Wormser Martinskirche kann auf einen in die Spätantike zurückreichenden Mythos stolz sein: Das Martinsstift wurde im 10. Jahrhun-

Abb. 82
Die Martinskirche in Worms.

dert gegründet, heute sind in der Martinsgasse mit den Häusern Nr. 6 und 8 noch vor allem aus dem 18. Jahrhundert stammende Stiftsgebäude erhalten. Die Kirche wurde auf ihrem heutigen Grundriß unter Bischof Burchard Anfang des 11. Jahrhunderts erbaut, das aufgehende Mauerwerk stammt größtenteils aus einem Umbau um 1200. Nach einer Legende befand sich hier das Gefängnis, in dem der hl. Martin eingekerkert war.[215] Friedrich M. Illert schrieb vor gut einem halben Jahrhundert die Sage als historische Tatsache auf: Kaiser Julian (von der christlichen Geschichtsschreibung Apostata, der Abtrünnige genannt; römischer Kaiser von 361–363 n. Chr.) hätte demnach zu Worms einen Palast gehabt, und sein Hauptmann Martinus sei dort als Strafe für seinen Rückzug aus dem Kriegshandwerk eingekerkert worden.[216]

Eine weitere Sage findet ihren Ursprung im Bodenniveau der Kirche, welches niedriger als die Umgebung liegt. Der tiefliegende Fußboden des Kircheninneren kann jedoch zwanglos mit dem Ansteigen des Straßenniveaus erklärt werden, welches in alten Städten regelhaft zu beobachten ist: Der Schutt abgerissener Gebäude, Erdaushub, Straßenbefestigungen und auch Abfälle lassen die Oberflächen langsam emporsteigen, während alte Gebäude scheinbar versinken. Daher darf der nun folgenden, etwas ausführlicheren Sage nicht allzuviel Glauben geschenkt werden:

VON DER MARTINSKIRCHE

An Stelle der Martinskirche zu Worms hat vor mehr als 1500 Jahren eine schöne große Synagoge gestanden, während die Martinsgasse den eigentlichen Hauptteil der Judengasse bildete. Als man später die Juden gezwungen hatte, sich auf den nachmaligen Ghetto zu beschränken, ist die Synagoge in ein christliches Gotteshaus umgewandelt worden. Daß die jetzige katholische Kirche früher den Juden gedient hat, kann man noch daraus ersehen, daß ihre Stufen nicht wie bei andern christlichen Gotteshäusern aufwärts, sondern wie es bei Synagogen üblich ist, gemäß Psalm 130, Vers 1, wo es heißt: »Aus der Tiefe rufe ich, Herr, zu Dir«, abwärts führen.[217]

DIE UDENHEIMER BERGKIRCHE (Abb. 83)

Ein anderes, noch mehr sagenumwobenes Gotteshaus ist die Bergkirche bei Udenheim. Diese ist nicht nur wegen ihrer Lage etwa 300 m südlich des alten Ortes interessant. Auch ihre Gestalt ist anders, als man sich eine Kirche gemeinhin vorstellt; sie scheint aus den Teilen dreier ganz unterschiedlich dimensionierter Kirchen zusammengefügt. Das ist natürlich nicht geschehen, vielmehr erkennen wir in ihrem Äußeren zeitlich unterschiedliche Bauphasen. Als ältester bestehender Teil ist der romanische Turm im Westen des Kirchenbaus zu nennen. Er stammt wohl aus dem frühen 13. Jahrhundert. Das fast quadratische Langhaus und der auffällig überhöhte Chor stammen aus einer Umbauphase zwischen 1518 und 1527. An der Kirche bemerkenswert sind noch etliche Graffiti des 18. bis 20. Jahrhunderts an den Lisenen des Chores sowie fünf barocke Grabsteine (1. Hälfte des 18. Jahrhunderts) des Kirchhofes.

Leider gab es bauhistorische Untersuchungen nur am sichtbaren Bestand, während archäologische Forschungen unterblieben. Angeblich befand sich am Ort der Kirche in römischer Zeit ein Heiligtum, manchmal auch als Tempel bezeichnet. Als Indiz dafür dient ein Viergötterstein, der in einem Strebepfeiler der Kirche verbaut war und 1933/1934 ins Mainzer Altertumsmuseum gelangte. Ein solcher Fund ist jedoch keinesfalls als Beweis für einen römischen Tempel zu betrachten; derartige Steine waren als Sockel Teile von Jupitersäulen, die es im antiken Rheinhessen ebenso häufig gab, wie in christlicher Zeit Feldkreuze und Bildstöcke. An der Bergkirche gefundene Ziegel lassen lediglich den Schluß zu, dort habe einst ein römisches Gebäude gestanden. Vielleicht handelte es sich um eine *villa rustica*, in deren Hof eine Jupitersäule stand. Abschließend seien noch die Götter des Steindenkmals genannt:

Es zeigt auf sich gegenüberliegenden Seiten die Götter Merkur und Minerva, nicht mehr zu erkennen, aber gut denkbar sind für die verbliebenen zwei Seiten die Götter Juno und Herkules.[218]

Verständlich, daß man sich einige Gedanken zu dem merkwürdigen Standort außerhalb des Dorfes gemacht hat:

WARUM DIE UDENHEIMER KIRCHE AUSSERHALB DES DORFES STEHT

Am dritten Pfingstfeiertag des Jahres 1535, zwischen elf und zwölf Uhr nachts, gab es ein furchtbares Unwetter über Udenheim, bei dem durch Hagelschlag 40 Menschen und mehr als 200 Stück Vieh umkamen. Alle Gebäude außer der Kirche wurden zerstört, worauf sich die überlebenden Einwohner ein neues Dorf bauen mußten. Aus Gründen, die heute nicht mehr klar sind, geschah dies im Tal, so daß von nun an die Udenheimer Kirche allein im Feld steht. Zur Erinnerung an den Katastrophentag wurde in der Simultankirche alljährlich am 4. Juni ein Gedächtnisgottesdienst vom katholischen Pfarrer gehalten, an dem sogar die evangelischen Udenheimer teilnahmen. Dabei wurde ein Bericht verlesen, der das Ereignis schilderte.[219]

Udenheim entstand wahrscheinlich aus zwei fränkischen Hofstellen, deren eine vom heutigen Ort überbaut ist und sich dicht am Bach, im Bereich der späteren, heute ebenfalls verschwundenen Burg befand, deren andere aber wahrscheinlich näher zur Bergkirche lag. Oberhalb des zweiten Hofes, der sich nicht erhalten hat, lag dessen Gräberfeld, welches nun Standort der Kirche ist. Vielleicht konnte der Friedhof wegen eines frühen Kirchenbaus seine Bedeutung über das Bestehen der zugehörigen Siedlung erhalten. So gesehen steckt in der Sage vermutlich tatsächlich der berühmte »wahre Kern«. Das Unwetter im 16. Jahrhundert hat es indes auch gegeben, allerdings traf es das Dorf an dem Platz, wo man es auch wieder aufbaute und schließlich heute noch lebt.[220]

Im Jahr 1796 wurden die Glocken der Udenheimer Bergkirche von französischen Soldaten beschlagnahmt und zum Einschmelzen fortgebracht. 1875 kaufte die evangelische Gemeinde der Nieder-Ingelheimer Gemeinde zwei Glocken ab, die eine aus dem Jahr 1744, die andere von 1812. Die Glocken wurden dann aber nicht in der Bergkirche aufgehängt, sondern im 1874–1875 erbauten, 28 m hohen Glockenturm mitten im Ort. Nun sollte dieser Zustand nicht lange Bestand haben: Im Jahr 1917 wurde die jüngere Glocke für Kriegs-

Abb. 83
Die Udenheimer Bergkirche von Süden.

zwecke entfernt, die Glocke des 18. Jahrhunderts folgte denselben Weg 1942. 1950 konnte für die evangelische Gemeinde eine neue Glocke aus Nieder-Saulheim angekauft werden, seit 1968 läutet zusätzlich eine im selben Jahr gegossene, kleine Vater-Unser-Glocke im Turm der Bergkirche.[221]

DIE GLOCKEN DER BERGKIRCHE

Die weithin sichtbare Kirche von Udenheim, südlich vom Dorf auf dem höchsten Teil der dortigen Anhöhe, soll sich einst durch großen Reichtum ausgezeichnet haben. Zu den größten Merkwürdigkeiten gehörte aber ihr wunderbar harmonisches Geläute, von dem man erzählte, daß seine Klänge bis an den Stahlberg bei Mainz vernehmbar gewesen seien. Leider weiß niemand, wo die Glocken später hingekommen sind. Wahrscheinlich war es eine Erinnerung an das herrliche Geläut, wenn nachher an der Außenwand der Kirche die Bilder von drei Glocken zu sehen waren. Auch diese sind jetzt verschwunden.[222]

Eine bekannte Sage zur Entstehung der Kirche schildert uns moralisierend die Folgen von Verrat und Untreue:

DIE DREI SCHWESTERN UND DIE UDENHEIMER BERGKIRCHE

In Udenheim lebten einmal drei adlige Schwestern, denen nach dem Tod ihrer Eltern ein so großes Vermögen in Geld zuviel, daß sie sich bei der Erbteilung eines Viernzels bedienen mußten. Da nun das älteste Fräulein blind war, haben es seine beiden jüngeren Schwestern bei der Teilung betrogen, indem sie selbst sich das Viernzel bis zum Rande mit Geld füllten, wogegen sie der blinden Schwester nur soviel gaben, als der Boden des umgekehrten Viernzels zu fassen vermochte. Der Betrug der jüngeren Schwestern sollte sich aber bitter rächen. Noch heute ist die von der Blinden vor dem Dorf erbaute Kirche wohlerhalten. Die Burg dagegen, die die beiden Betrügerinnen erbaut haben, ist mit Mauern und Türmen zerfallen und die Stelle, wo sie gestanden, längst wieder dem Boden gleich geworden.

Nach einer anderen Überlieferung haben die drei Schwestern mit ihren Erbanteilen drei Kirchen gebaut. Während jedoch die Kirchen der beiden betrügerischen Schwestern auf dem Petersberg bei Gau-Odernheim und dem Nazarienberg bei Mommenheim infolge des Betrugs der Stifterinnen längst wieder vom Erdboden verschwunden sind, ist die von der Blinden errichtete Udenheimer Kirche bis heute noch wohl erhalten. Es fehlt ihr nur der Turm, was aber darauf zurückzuführen ist, daß das schmale Erbteil der Blinden zur Errichtung eines solchen nicht ausgereicht hatte.[223]

Nach Bader handelte es sich um die Kirchen von Bleidenheim, Mommenheim und Udenheim. In einer wiederum anderen Version wurde Armsheim zur langfristigen Gewinnerin:

DIE DREI SCHWESTERN UND DIE ARMSHEIMER KIRCHE (Abb. 84)

Es waren einmal drei Schwestern, eine blind, die anderen beiden sehend, die hatten ein Erbe aufzuteilen. Da beschlossen die beiden Sehenden, ihre blinde Schwester zu hintergehen. Um die Goldmünzen des reichen Nachlasses aufzuteilen nutzten sie einen Meßbecher mit Standring, und immer, wenn sie sich selbst gaben, füllten sie ihn bis zum Rand, wenn sie aber der Blinden ihren Teil zukommen ließen, drehten sie den Becher um und füllten seinen Boden. Die betrogene Schwester fühlte dann, daß Goldmünzen bis zum Rand enthalten waren, konnte aber nicht erkennen, daß der Becher verkehrt gehalten wurde.

Ihre Erbteile nutzten die drei Schwestern für Kirchenstiftungen, um so für ihr Seelenheil zu sorgen. Die Schwestern mit Augenlicht stifteten die Kirchen auf dem Petersberg und auf dem Nazarienberg, die Blinde aber jene von Armsheim. Nur letztere ist heute noch erhalten, da ihr Fundament kein Betrug ist. Zur Erinnerung sind auf einem Steinrelief die zwei Schwestern mit dem Becher dargestellt worden.[224]

Diese Sage, die der Udenheim nicht von ungefähr ähnelt, stellt offenbar die einfache Erklärung des aus dem Jahr 1431 stammenden Steinreliefs dar: Bei diesem handelt es sich um die Gründungsinschrift der Kirche, die zwei Engel zeigt, welche den Kelch des Heiligen Blutes auf einem Korporaltuch präsentieren. Umrahmt sind die Engel von den Wappen der im Ort einflußreichen Adelsgeschlechter. Die spätgotische Wallfahrtskirche wurde im 15. Jahrhundert in Gestalt einer dreischiffigen Hallenkirche als Ersatz für eine dem heiligen Remigius geweihte Kirche am gleichen Platz errichtet; sie stellt heute sicher eine der schönsten und gepflegtesten Kirchen Rheinhessens dar. Trotz verschiedener Beschädigungen (1504 Brand des Dachstuhles, 1852 Blitzschaden am Turm, 1945 Beschuß) zeigt das evangelische Gotteshaus immer noch weitgehend den spätmittelalterlichen Baubestand.[225]

Abb. 84

Relief über dem Portal der Armsheimer Kirche.

DER PETERSBERG BEI GAU-ODERNHEIM (Abb. 85)

In der Sage um die drei Schwestern und die Udenheimer Bergkirche finden wir auch den Petersberg bei Gau-Odernheim als Standort einer heute verschwundenen Kirche erwähnt. Eine solche Kirche gab es tatsächlich, und über diese kam der Berg, der mit 246 m Höhe NN seine Umgebung überragt und eine weite Fernsicht bietet, auch zum Namen des heiligen Petrus. 1947 fand auf seinem Gipfel eine Lehrgrabung der wiedereröffneten Universität Mainz statt, mit der die Ruine der Kirche St. Peter untersucht wurde. Nach deren Ergebnissen wurde im 10. Jahrhundert durch das Metzer Stephansstift eine dreischiffige Basilika errichtet (Abb. 86); diese schenkten 1146 die Herren von Bolanden dem nahen Kloster Gummersheim, auch wurde im 12. Jahrhundert eine Krypta eingebaut. 1563 kaufte die Stadt Odernheim die Peterskirche, die bis 1754 verfiel. In diesem Jahr wollte man eine Restaurierung in Angriff nehmen, scheiterte aber und der Bau diente nachfolgend vor allem als Steinbruch – noch im 18. Jahrhundert war sie abgetragen. Bei den Grabungen fand man unter anderem schöne Bodenfliesen des 13. Jahrhunderts.[226]

Neben der oben erwähnten Sage um die Stiftung mittels eines erschlichenen Erbteils, haben sich noch weitere Sagen auf dem Gipfel des Petersberges niedergelassen. So wurde mir berichtet, *es solle noch heute auf dem Petersberg nicht ganz geheuer sein und spuken.*[227]

DAS OSTERLAMM

Ein anderer Brauch läßt uns tief in die Glaubensvorstellungen vergangener Zeiten blicken:

Auf dem Petersberg bei Gau-Odernheim versammelten sich in der Morgenfrühe des Ostersonntags katholische Einwohner der umliegenden Orte, um dort den Sonnenaufgang zu schauen und das Osterlamm zu erblicken. Man habe dabei die Sonne hüpfen sehen können.[228]

Die Sonne hatte sich bei der Kreuzigung Christi verfinstert.[229] Betrachtet man unser Fixgestirn als Person, so kann man dies als empfundene Trauer und bewußtes Abwenden interpretieren. Folgerichtig müßte sich die Sonne auch freuen können, wenn zu Ostern die Auferstehung Christi gefeiert wird. Ihre Freude soll sie bei Tagesbeginn mit drei Sprüngen zum Ausdruck bringen. Gleichzeitig, so glaubte man verschiedenen Orts, könne man das Osterlamm in der Sonne erblicken, wenn man durch ein nadeldünnes Loch in einem Stück Papier zur Sonne sähe. Diese Vorstellungen sind sicher nicht zwingend mit

Abb. 85
Der Petersberg bei Gau-Odernheim von Süden.

den Kernaussagen der christlichen Religion verbunden; angesichts des Frühlingsbeginns um die Osterzeit darf man hierin wohl vorchristliche Überlieferungen von Fruchtbarkeit und Erneuerung sehen, die im christlichen Kontext noch immer eine hohe Wirkkraft besitzen.

Gleiches wie auf dem Petersberg pflegte früher auch die Stadecker Jugend zu machen: In der Gewann »Auf der Höll« betrachtete man am Morgen des ersten Ostertags die tanzende Sonne.[230]

Wie sonst in Rheinhessen vielleicht nur noch der Wißberg, erfreut sich der Petersberg eines regelrechten Charakters: Er ist fruchtbringend, indem er die Rolle des Kinderschenkens übernimmt, die hierzulande meist mit Quellen und seltener mit Bäumen besetzt ist: Um der peinlichen Frage der Kinder nach ihrer Herkunft auszuweichen, erzählte man in Bechtolsheim früher, die Kinder würden aus dem Petersberg stammen.

Die Gau-Odernheimer waren übrigens der Ansicht, der Petersberg würde sich außergewöhnlich stark absenken und damit stetig an Höhe verlieren, da er keinen stabilen Unterbau besäße.[231]

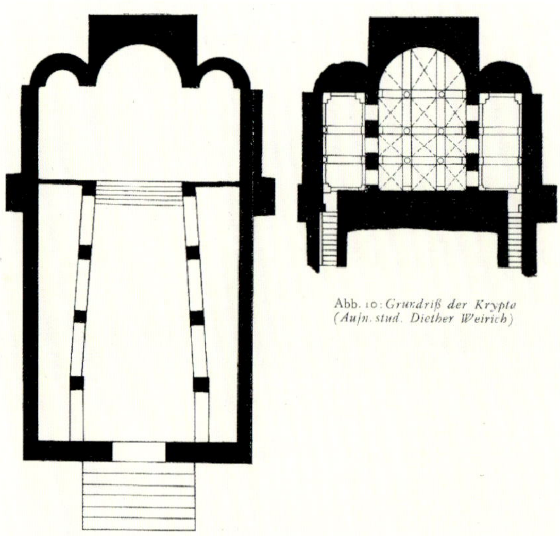

Abb. 86

Grundriß der Kapelle auf dem Petersberg

DIE MONZERNHEIMER KIRCHE

Fester sind sicherlich die Mauern der Monzernheimer Kirche, wenngleich an ihrer Außenseite zahlreiche sogenannte Wetzmarken zu sehen sind:

WETZMARKEN (Abb. 87)

Nach einer Meinung stammen diese an Tür- und Fenstersteinen von ruhelosen Seelen, die ihre zu Lebzeiten vernachlässigten Kirchgänge nun nachholen müssen und deshalb nachts verzweifelt an den Steinen kratzen, um Eingang zu finden.[232]

Pfarrer Ebersmann berichtet 1909 von diesen Wetzmarken, die Interpretation als Spuren unerlöster Seelen stammt nach ihm jedoch aus Posen. Andere Erklärungen besagen, man habe hier Gesteinspulver gewonnen, um es zu Heilzwecken zu verwenden, oder auch nur schlicht seine Klingen geschärft. Letztere Theorie mag für ein einsames Feldkreuz noch zutreffen können, aber ein Kirchenbau scheint doch einem Wetzstein in der Handhabung unterlegen. Ich erinnere mich, solche Wetzrillen sogar an alten Tempeln in Ägypten gesehen zu haben, wo sie durch säbelschärfende Araber der letzten Jahrhunderte verursacht worden sein sollen.[233]

Abb. 87

Wetzmarken an der katholischen Kirche Monzernheim.

ST. NIKOMEDES BEI MAINZ

Doch sollen hier noch einige weitere Gründungslegenden angefügt werden, zum Beispiel aus Mainz. Die Basilika St. Nikomedes lag südlich der späteren Zitadelle. Sie wird für eine Gründung der frühen Karolingerzeit gehalten. Der Bau soll 762 n. Chr. erfolgt sein, doch läßt ihre Lage am Beginn der römischen Gräberstraße nach Mainz-Weisenau auch eine andere Möglichkeit offen: Sie könnte einen Vorgänger gehabt haben, der schon in der Spätantike als Gedächtniskirche (Coemeterialkirche) im Bereich christlicher Bestattungen errichtet worden wäre. Sie wäre dann gleichen Ursprungs, wie die Kirchen St. Alban, St. Aureus und Alt-St. Peter. In den 1050er Jahren wurde die Kirche St. Nikomedes von Erzbischof Liutpold mit zugehörigen Gütern und Rechten dem neugegründeten Benediktinerkloster St. Jakob geschenkt. 1622 wurde eine dem hl. Nigodemus geweihte Kapelle nahe St. Alban abgebrochen.[234]

DIE GRÜNDUNG DER NIKOMEDISKIRCHE

Wie ehemals zahlreiche Berghöhen heidnischen Kultzwecken gedient haben, wird auch vom Jakobsberg zu Mainz berichtet, daß er dermaleinst eine Stätte heidnischer Gottesverehrung gewesen sei. Als aber das Christentum größere Ausdehnung annahm, hat Bischof Gothard ein Kloster auf dem Jakobsberg errichtet, um dadurch ein Gegengewicht gegen die heidnischen Gebräuche, die daselbst in Übung waren, zu schaffen. »Denn es hielten«, so sagt die dem Mainzer Domvikar Georg Hellwich (1588–1632) zugeschriebene Mainzische Chronik, »damals die Heyden noch zur Zeit Druso Germanico zu Ehren auf dem Berge Martis bey den Abgöttern ihre Jahrbegegnussen und Ritterspiel, wie Suetonius in dem Leben Claudii beschreibt. Also, daß ich selbst vermutmaß, es seye der Berg, so jetzund der Jacobsberg, damaln Martis Berg genennet worden.« Und weiter heißt es: »Als aber der heylige Gotthardus gesehen, daß an solchem Ort das Volk große Abgötterey triebe, hat er nahend daselbst ein Kirchen dem Herrn Christo zu Ehren, welche hernach dem hl. Nicomedi zugeeygnet worden, erbaut, und daselbst durch embsiges Predigen des göttlichen Worts die Ungläubigen von ihrem falschen abgöttischen Wesen abgemahnet.«

Die Kirche und das Kloster des heiligen Nikomed oder Komed, wie er kurz genannt wurde, sind längst wieder verschwunden. Sie wurden anfangs des 17. Jahrhunderts abgebrochen und ihre Steine anderweitig verwendet, so daß heute keine Spur mehr davon vorhanden ist.[235]

DIE KATHARINENKIRCHE ZU OPPENHEIM (Abb. 88)

Der Bau der Oppenheimer Katharinenkirche wurde um 1260 auf den Grundmauern eines romanischen Vorgängerbaus begonnen, von dem noch die beiden Westtürme erhalten sind. In den drei Bauphasen 1262–1317, 1317–1370 und 1400–1469 entstand eine prächtige Kirche, die alle Phasen der gotischen Baukunst in sich vereint. Das berühmte Rosenfenster wurde 1332/1333 verglast, in seinen Farben Gold, Rot und Blau sind die Wappen der damals im Rat der Stadt sitzenden Herren dargestellt.[236]

Die bekannte Sage zu diesem Fenster schildert die Schwierigkeiten des Umgangs mit Fortschritt und Entwicklung, die regelhaft nach einiger Zeit Schüler ihre Lehrer übertreffen lassen:

Abb. 88 (oben)

Die Katharinenkirche zu Oppenheim.

Abb. 89 (unten)

Die »Oppenheimer Rose«.

DIE OPPENHEIMER ROSE (Abb. 89)

Zu den prächtigsten Kirchen am Rhein gehört unstreitig auch die Katharinenkirche in Oppenheim. Ihre herrliche Lage und ihr einzigartiges Äußere heben sie in ihrem künstlerischen Wert über andere Kirchen unserer Heimat weit empor. Von unübertrefflicher Schönheit ist vor allem auch ihr Fensterschmuck. Als die Glasmacher mit dessen Herstellung beschäftigt waren, suchte einer den andern durch die Schönheit seiner Leistungen zu überbieten. Dabei hat der Meister mit seinem Gesellen gewettet, er wolle das schönste aller Fenster für die Kirche herstellen. Als beide mit ihren Arbeiten fertig waren, zeigte sich's aber, daß des Meisters Fenster wohl schön, das des Gesellen jedoch bei weitem besser und künstlerischer war. Das ärgerte den Meister so sehr, daß er den Gesellen vom Gerüst herabstürzte.[237]

DIE PAULUSKIRCHE ZU WORMS (Abb. 90)

Schließlich kann auch Worms mit einer interessanten Gründungssage zu einer ihrer Kirchen aufwarten.

Die Erbauung der Pauluskirche in Worms fällt in die Zeit der Kreuzzüge und verdankt ihre Entstehung wahrscheinlich dem Gelübde eines Kreuzfahrers. Dafür besitzt die Kirche noch heute am Chor zwei Hinweise. Am Äußeren findet man nämlich zweimal bloß in starken Umrissen eingehauen die Kreuzform mit erweiterten Enden. Das zweite Merkmal befindet sich im Inneren des Chors an der Nordwand. Dort ist ein Schiff abgebildet, das auf dem Hauptmast das Bild des Kreuzes trägt, während die Meeresflut durch einen Fisch versinnbildlicht wird.[238]

Der erste Kreuzzug, an dem auch deutsche Ritter teilgenommen haben, begann im Jahr 1096 (Erster Kreuzzug, 1096–1099), nachdem die Seldschuken 1076–1078 Syrien und Palästina erobert hatten und nachfolgend die freie Pilgerfahrt zu den heiligen Stätten beendet hatten. 50 Jahre später kam es zum Zweiten Kreuzzug (1147–1149), der aber nicht an die Erfolge des ersten anknüpfen konnte. 1187 begann schließlich die zunächst sehr erfolgreiche Gegenoffensive des Sultans Saladin: Am 2. Oktober 1187 eroberte er Jerusalem, worauf Papst Gregor VIII. am 29. des gleichen Monats erneut zum Kreuzzug aufrief. Dem folgten König Philipp II. von Frankreich und Richard von

Abb. 90

Die Pauluskirche in Worms (im Vordergrund das Dominikanerkloster).

Poitou, der spätere König Richard I. Löwenherz von England. 1191 landeten die Kreuzfahrer bei Akko, belagerten und eroberten die Stadt, in der sie unter den Gefangenen ein furchtbares Blutbad anrichteten. Im 13. Jahrhundert gab es eine Reihe weiterer Kreuzzüge, die jedoch nicht den Verfall der christlichen Herrschaften im Nahen Osten aufhalten konnten. Mit dem Fall Akkos 1291 ist die Kreuzfahrerzeit im Heiligen Land beendet.

Das Paulusstift mit seiner dreischiffigen Basilika ist erstmals 1016 schriftlich belegt. Von Bischof Burchard gegründet, wurde die Kirche Ende des 12. Jahrhunderts und um 1230 umgebaut. Aus der ersten Umbauphase stammen die am Ostchor sichtbaren Symbole, die möglicherweise tatsächlich aus dem Kreuzfahrermilieu stammen: Dann könnte die ganze Baumaßnahme auf das erfüllte Gelübde eines Kreuzfahrers zurückzuführen sein oder den Zeitgeist widerspiegeln. Denkbar wäre aber auch eine Verbindung mit der Rheinschiffahrt, da St. Paul die dem Rhein nächstgelegene Kirche der Stadt Worms ist.[239]

DIE PARTENHEIMER KIRCHE (Abb. 91)

Außer im »alltäglichen Gebrauch« konnten Kirchen gerade unter außergewöhnlichen Umständen ihre besondere Heiligkeit unter Beweis stellen.

So verweist eine zeitgenössische Inschrift an der Partenheimer Kirche in knapper Form auf dramatische Ereignisse:

Anno Domini MCCCCXXXV in die inventionis sancte crucis combusta fuit haec ecclesia et solum sacramentum remansit intactum.
Zu deutsch:
Im Jahre des Herrn 1435 am Tag der Auffindung des Heiligen Kreuzes, verbrannte diese Kirche und einzig das Sakrament blieb unversehrt.

Abb. 91 (links)

Die Partenheimer Kirche.

Abb. 92 (rechts)

Das »Hostienwunder« von Partenheim, dargestellt auf einer Tafel des Partenheimer Hochaltars (um 1500).

Nun bekam die Partenheimer Kirche um 1500 einen Hochaltar, von dem sich über verworrene Wege vier Tafeln erhalten haben, die heute im Mainzer Landesmuseum aufbewahrt werden. Zwei davon hängen direkt mit den Ereignissen des Jahres 1435 zusammen: Auf der einen sehen wir einen Mann, der offenbar unter Anstrengung aus der brennenden Kirche mit einem Sakramentsbehälter auf den erleichterten Pfarrer zukommt (Abb. 92). Das andere zeigt die Rückkehr des Allerheiligsten in die renovierte Kirche. Sie fand in einer Prozession statt, an der auch der Retter der Tafel zuvor teilnahm.[240]

In der Legende verliert sich die Heldentat des Partenheimers zugunsten der religiös motivierten Erklärung, das Sakrament habe sich durch seine Heiligkeit quasi selbst vor dem Feuer gerettet:

DAS SAKRAMENTSWUNDER ZU PARTENHEIM

Im Jahr 1435 wurde die dem hl. Petrus geweihte Kirche zu Partenheim von einer gewaltigen Feuersbrunst heimgesucht. Alles, was nicht von Stein oder Erz war, ist bei jenem Brand von dem Flammenmeer verschlungen und binnen kurzer Zeit in Staub und Asche verwandelt worden. Damals befand sich in der Kirche auch ein Sakramentshäuschen, in dem die Hostien aufbewahrt wurden. Als die gefräßigen Flammen dorthin schlugen, vermochte auch dieser Behälter dem Element nicht zu widerstehen und ging, wie alles im Gotteshause, zugrunde. Nur den in ihm aufbewahrten Hostien konnte das Feuer nichts antun: Sie fielen durch die Flammen zur Erde und blieben unbeschädigt liegen.[241]

Eine wohl jüngere Monstranz gelangte 1684 aus Partenheim nach St. Quintin in Mainz, wo sie noch im 19. Jahrhundert nachweisbar war.[242]

DER HEILIGE RUFUS ZU GAU-ODERNHEIM

Der Metzer Bischof Rufus soll das Martyrium im Jahr 229 n. Chr. unter dem Kaiser Severus Alexander erlitten haben (der übrigens 235 n. Chr. bei Mainz von meuternden Truppen ermordet wurde). Nachdem er in Metz beigesetzt worden war, übertrug man gemäß der Legende unter Kaiser Karl dem Kahlen (843–877) seine Gebeine nach Gau-Odernheim, welches damals den Siftsherren von St. Stephan zu Metz gehörte. Dort sind die Reliquien wenigstens seit dem Anfang des 15. Jahrhunderts nachweisbar, es wird von Festen zu Ehren des Heiligen, von einem Denkmal und von Heilungswundern berichtet. Mitte des 16. Jahrhunderts wurde, als die Heiligenverehrung unter der Reformation nachließ, der Reliquienbehälter hinter dem Hochaltar vergraben. Die Spanier sollen die Gebeine des Rufus im Dreißigjährigen Krieg wieder ausgegraben haben; da jedoch weder die glückliche Rückkehr der Spanier, noch die Verehrung des Rufus im angeblichen Zielort der Soldaten Brügge belegbar erscheint, neigte der Gau-Odernheimer Pfarrer Gredy Mitte des 20. Jahrhunderts zu der Auffassung, St. Rufus könnte noch in seiner Kirche begraben sein. Allerdings wurde bei Grabungen in der Kirche 1964 ein leerer Steinsarkophag im Zentrum des Chores gefunden. Vielleicht war dies – aufgrund der exponierten Lage – das Grab des Rufus (Abb. 93).

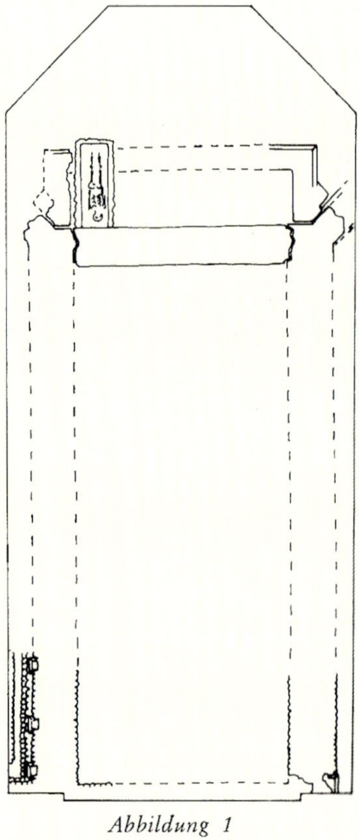

Abbildung 1
(N-Richtung: links)

Abb. 93

Skizze der Grabungsbefunde in der Gau-Odernheimer Kirche.

Nebenbei erwähnenswert ist der Umstand, daß bei den Grabungen in den 1960er Jahren unter der Kirche römische Baureste gefunden wurden, die den Bau der Kirche im Areal der Ruine einer römischen *villa rustica* annehmen lassen.[243]

DER HEILIGE RUFUS

Gau-Odernheim, ehemals von Metz abhängige kirchliche Niederlassung, besaß jahrhundertelang die sterblichen Überreste des ersten Metzer Bischofs, des heiligen Rufus. Hier genossen die Gebeine des Heiligen hohe Verehrung und zogen alljährlich eine große Volksmenge von Nah und Fern herbei. Zahlreiche Wunderheilungen wurden den Reliquien zugeschrieben, bis man zur Zeit der Reformation ihre bisher üblich gewesene öffentliche Ausstellung aufgab und sie in der Kirche hinterm Hochaltar tief in die Erde vergrub. In den Wirren des Dreißigjährigen Krieges wurden sie aber von den Spaniern wieder ausgegraben und – wenn der Transport unterwegs keinen Unfall erlitten hat – nach Brügge in Flandern verbracht. Heute erinnert fast nichts mehr an den Aufenthalt des toten Heiligen in Gau-Odernheim. Ein Steindenkmal des Bischofs aus dem Jahr 1418 ist arg verstümmelt. Ein anderes Bild von ihm erblickt man in der Wetterfahne auf der östlichen Spitze des Chordaches. Wer dort vorüberkommt, kann hören, wie die Wetterfahne in ächzenden Tönen weint und klagt, daß die einst hoch verehrten Reliquien aus der Kirche verschwunden sind.[244]

Nachdem die Spannungen zwischen dem revolutionären Frankreich und seinen deutschen Nachbarstaaten 1792 zu einem Krieg eskalierten, wandte sich das Kriegsglück rasch gegen die deutschen Fürsten. Mainz mußte sich noch im selben Jahr wegen seiner viel zu geringen Besatzung ergeben und wurde von den Franzosen unter General Custine besetzt. In den folgenden Jahren war Rheinhessen Kriegsschauplatz, und auch wenn die Schäden meist geringer waren, als in den Kriegen des 17. Jahrhunderts, so waren die wirtschaftlichen Drangsale enorm – Mainz und Bretzenheim wurden dieser Feststellung zum Trotz auch durch die militärischen Handlungen stark beschädigt. Dieses Schicksal konnte Gau-Odernheim erspart bleiben: Im Herbst 1794 lag französische Artillerie im Städtchen, daneben auch ein Lazarett und zwei Pulverhäuser, worauf die folgende Sage wohl Bezug nimmt.[245]

DIE RETTUNG DER GAU-ODERNHEIMER KIRCHE

Als die Franzosen Ende des 18. Jahrhunderts vor Mainz lagen, wurde auch Gau-Odernheim schwer bedrückt: Lebensmittel mußten geliefert, Fronfuhren geleistet, ein Lazarett aufgenommen werden. Alles das war noch zu ertragen. Nur eines wollten die Bewohner nicht über sich ergehen lassen. Als nämlich die Kirche, in der sehr viel Pulver lag, in die Luft gesprengt werden sollte, eilten die Töchter des Bürgermeisters vor den französischen General und baten kniefällig, von dem entsetzlichen Vorhaben abzustehen. Das Flehen und Bitten hatte auch Erfolg, die Kirche blieb von der Zerstörung verschont, das Pulver wurde in einen Brunnen vor dem Obertor geschüttet.[246]

DIE KIRCHENRUINE ZU HANGEN-WAHLHEIM (Abb. 94)

Und schließlich ist es fast selbstverständlich, daß auch Kirchen sich an dem geläufigen Repertoire der rheinhessischen Sagenwelt bedienen. Wir sehen dies an den gerade mit Burgen und Klöstern immer wieder erscheinenden Sagen um unterirdische Gänge. So im kleinen Ort Hangen-Wahlheim, der seit 1825 zu Alsheim gehört.

Die Kirche von Hangen-Wahlheim wurde als Pfarrkirche des Ortes wohl im 13. Jahrhundert erbaut, gefundene Bodenfliesen deuten auf Umbau- oder Renovierungsarbeiten im Spätmittelalter hin. Eine erste urkundliche Erwähnung findet sich im Jahr 1496, doch schon im folgenden 16. Jahrhundert scheint der Bau seine Funktion eingebüßt zu haben. Die Ursache dafür wird in der geringen Größe Hangen-Wahlheims und der Nähe zu Alsheim und Guntersblum zu suchen sein. 1689 wurde die Kirche der Überlieferung nach von französischen Truppen niedergebrannt. Durch die rührige Sorge und das Engagement der Anwohner und auch der zuständigen Institutionen von Gemeinde, Land und Kirche gelang es jüngst, die Ruine vor weiterem Zerfall zu bewahren und für kulturelle Veranstaltungen nutzbar zu machen.[247]

Die sagenhafte Überlieferung meint, von der Hangen-Wahlheimer Kirche würde ein unterirdischer Gang nach Oppenheim führen, auch soll in der Kirche 1938 eine Gruft mit der Bestattung eines Abtes geöffnet worden sein.[248] Von dem ungewöhnlich kleinen Ort Hangen-Wahlheim sind es allerdings mindestens 8 km bis Oppenheim, weshalb dem unterirdischen Gang keine allzu große Wahrscheinlichkeit zukommt. In Bergwerken kennen wir Erbstollen, die über Generationen und meist zu besonders wichtigen Zwecken, wie der Entwässerung einer Grube, in den Berg vorgetrieben wurden – diese

Abb. 94
Die Kirchenruine von Hangen-Wahlheim.

erreichen auch nach Jahrzehnten meist nur einige Hundert Meter Länge und zeigen damit klar, daß ein mehrere Tausend Meter langer Stollen nur Legende sein kann. Entstanden ist diese Meinung vielleicht angesichts der vielen Keller und Gänge in der Stadt Oppenheim. Leider gelang es mir auch nicht, eine Graböffnung in der Kirchenruine zu verifizieren – vielleicht handelte es sich dabei um eine eher private Grabung?

ST. GANGOLPH ZU MAINZ (Abb. 95)

Die Mainzer Schloßkirche war die 1570–1581 durch den Niederländer Georg Rubyn erbaute Gangolphskirche. Ihre Ruine wurde, nachdem 1813/1814 der Dachstuhl abgenommen worden war, 1826 abgebrochen. Im Dezember 1971 bot sich angesichts der Ausschachtungsarbeiten für die Tiefgarage des Deutschhausplatzes die Gelegenheit, auf die Reste der Kirche einen letzten, archäologischen Blick zu werfen. Mangelndes Interesse der Landesregierung hatte allerdings bis Anfang der 1970er Jahre dazu geführt, daß die Boden-

Abb. 95
Kanzlei und St. Gangolph, gezeichnet von J. Lindenschmit 1814.

denkmalpflege personell nur bedingt handlungsfähig war (und man muß die heutige Situation schönreden, wenn man in diesem Punkt eine Änderung feststellen möchte). Immerhin gelang es, die Fundamente der Kirche zu dokumentieren. Dabei konnte eine weitgehende Übereinstimmung des Renaissancebaus mit seinem ottonischen Vorgänger aus dem 10. Jahrhundert festgestellt werden.[249]

DIE GEHEIMNISVOLLE MESSE IN DER SCHLOSSKIRCHE

Als die Schweden in der Karwoche 1635 die Mainzer Schloßkirche zu ihrem Gottesdienst gebraucht hatten, hörte man in der folgenden Nacht eine wunderbare Musik daraus hervordringen. Als darauf einige Mainzer Bürger aus Neugierde die verschlossenen Türen öffneten und den Kirchenraum durchschritten, trafen sie keinen einzigen Menschen oder sonst jemanden, der die Musik hervorgebracht hätte. Doch sahen sie auf dem Hochaltar zwei brennende Wachskerzen und auf den Altartischen ein Meßgewand und andere priesterliche Kleider liegen. Erschreckt von dem seltsamen Anblick, gingen die Mainzer wieder heimlich nach Hause zurück. Durch diese Männer hat dann die ganze Stadt von den Wundererscheinungen erfahren.[250]

DIE MAINZER LIEBFRAUENKIRCHE (Abb. 96)

Die Liebfrauenkirche, Anfang des 19. Jahrhunderts abgerissen, war eine besondere Kirche mit einer besonderen Geschichte. Sie muß in engem Zusammenhang mit dem westlich benachbarten Dom gesehen werden.

Der erste Kirchenbau an dieser Stelle wurde wohl gleichzeitig mit dem Dom unter Willigis begonnen, also im letzten Viertel des 10. Jahrhunderts. Dem Vorbild der spätantiken Anlage von Alt-St. Peter in Rom folgend, war sie eine Empfangskirche, die vor dem Erreichen des Doms passiert wurde. Dies war ein wichtiger Bestandteil des Zeremoniells beim Empfang von weltlichen Herrschern, und da diese im Regelfall über den Rhein anreisten, ist hieraus auch ihre Lage im Osten des Doms zu erklären. Der Raum zwischen Vorkirche und Dom wird heute dergestalt rekonstruiert, daß hier ein rechteckiger, säulenumstandener Hof (Atrium) angelegt war.

Abb. 96

Die 1793 zerstörte Liebfrauenkirche als Ruine (Aquarell von Johann Caspar Schneider, 1794).

Diese Kirche stand keine 100 Jahre. Ein Neubau wurde am 23. November 1069 geweiht: St. Maria ad gradus (zu den Stufen). Dieses Gotteshaus mußte im späten 13. Jahrhundert einem gotischen Kirchenbau weichen, der schließlich 1793 dem Bombardement der Stadt zum Opfer fiel und dessen Ruine zehn Jahre später abgebrochen wurde.

Eine besondere Erwähnung verdient das zinnerne Taufbecken aus der Liebfrauenkirche. Es diente den Taufen der Dompfarrei, die merkwürdigerweise dort vorgenommen wurden. Heute steht es im Nordflügel des Domquerhauses.[251]

LICHTER IN DER LIEBFRAUENKIRCHE

Hier in Mainz hatte man sonst Erscheinungen von denen man heute nichts bemerkt.

In der Liebfrauenkirch ließe sich öfters des Nachts eine Hellung sehen als wenn die Kirch voll Lichter wäre, ein hohes Fest gefeiert würde. Schon in alten Zeiten, in der Schwedenzeit, im dreißigjährigen Krieg, haben es viele Leut gesehen und aufgeschrieben. Wenn man aufschloß, da war kein Licht da, als die brennende Ampel vor dem Hochaltar, die nur einen düsteren Schein verbreitete.

Bei meiner Zeit, 1770–72–73 war die Kirch oft beleuchtet, es wurde auch untersucht, man konnt nicht auf die Ursach kommen. Die Menschen stunden bei Nacht haufenweis da und betrachteten mit Verwunderung von außen die von innen beleuchtete Kirche. Im Jahre 1793 beim Bombardieren brannte die Kirch bis auf die Mauern aus und man suchte allerlei Geräth treu zu bewahren. Das letzte Mal war die Kirch im Jahr 1798, wo sie Ruin war, beleuchtet. Die Hellung war so groß, daß man Feuer schrie; man schloß auf, da war nichts da. Nachher ward die Kirch eiligst abgebrochen, die Stein an der Kasteler Schanz benutzt.[252]

ST. MAURITIUS

St. Mauritius oder auch St. Moritz, Kanonikerstift, wurde von Erzbischof Liutbert im 9. Jahrhundert begründet. Einziges Relikt dieses Stiftes ist wohl der sekundär im Gebäude Grebenstraße 26 eingebaute Mauritzenbogen aus der Zeit um 1400. St. Moritz gehörte mit anderen Stiften zur »Domimmunität im weiteren Sinne« (L. Falck); in der Kirche St. Moritz stand das Taufbecken der Liebfrauenkirche, die ja wiederum das Taufbecken der Dompfarrei beherbergte.[253]

GEISTER IN ST. MAURITIUS

In der Mauritzenkirch hörte man als des Nachts ein Getöse, als wenn ein Chor gehalten würde. Ein Mädchen, das in einem Haus diente, das an die Kirch stieß, ging, als es schon bald Mitternacht war, am Brunnen Wasser holen. Am Brunnen konnt' man durch ein Fenster in die Kirch sehen. Weil Licht durch die Scheiben schimmerte, schaute es hinein. Ein alter Geistlicher war am Altar, las Messe, zwei junge dienten ihm. Als sich der Geistliche umdrehte, sahe es mit Entsetzen, daß er ein Todtengerippe war; es eilte vom Fenster.[254]

Kapellen

DIE ROCHUSKAPELLE BEI BINGEN (Abb. 97)

Der Bau der Rochuskapelle wurde im Jahr 1666 aufgrund eines Gelübdes des Binger Stadtrates unter dem Mainzer Amtmann Johann Ernst Baron Frey von Dehren begonnen, also während der letzten großen Pestepidemie in Europa (zeitgleich der ähnlich verursachten Sebastianskapelle in Mainz). 1677 wurde die Kapelle geweiht, bereits 1689 von den Franzosen ruiniert, dann bis 1698 renoviert. Etwa 100 Jahre später, 1795, wurde sie erneut durch Kriegseinwirkungen zerstört. Nach dem Wiederaufbau bis 1814 wurde sie dann 1889 durch einen Blitz entzündet und brannte aus. Hierauf wurde sie im Stil des Späthistorismus wiederaufgebaut. Bemerkenswert ist heute noch der Grabstein des Stifters Baron Frey von Dehren, der 1683 starb. Die Ursache zwar treffend, weicht die Sage doch von dem Vorgang der Kapellenstiftung ab:

DIE GRÜNDUNG DER ROCHUSKAPELLE

Als im 17. Jahrhundert das volkreiche Bingen infolge der Pest auszusterben drohte, erkannte man, daß die Ursache all des Elends der Hirschborn war, aus dem viele faule Düfte aufstiegen, die sich über die ganze Stadt verbreiteten. Ohnmächtig hatten die Menschen dem Sterben gegenübergestanden, bis sie gelobten, dem heiligen Rochus, der von jeher als großer Pestheiliger gegolten, eine Kirche zu bauen. Den Ort hierfür sollten zwei Ochsen ausfindig machen. Nachdem man die beiden Tiere an den Hirschborn geführt und ihnen ein Kreuz aufgelegt hatte, überließ man sie ganz sich selber. Unverzüglich trabten die beiden Kreuzträger auf den Eisenberg und warfen droben das Kreuz nieder. Da konnte es nicht zweifelhaft sein, daß hier die gelobte Kirche errichtet werden sollte. Sogleich

begann man die Fundamente auszugraben. Von dieser Stunde an hörten die faulen Dünste am Hirschborn auf und damit zugleich auch das große Peststerben. Wenn man nach dieser Begebenheit den Eisenberg oder Hesselberg, wie er bis dahin geheißen hatte, fürderhin Rochusberg benannte, so geschah dies, weil die Errichtung der Rochuskapelle die Stadt vor dem völligen Aussterben bewahrt hat.[255]

Auf dem früher Eisenberg genannten Rochusberg stand schon im Spätmittelalter eine Bethlehemkapelle, so daß die Geschichte der Platzfindung durch ein Ochsengespann für den Historiker getrost vernachlässigbar ist. Und natürlich wurde die Pest nicht durch schlechte Ausdünstungen bedingt, auch nicht durch Wasser oder Luft übertragen. Erreger ist vielmehr eine mikroskopisch kleine Lebensform: Das Bakterium Yersinia pestis lebt eigentlich in den Nagern der großen, innerasiatischen Steppengebiete. Über die Hausratte kann es durch den Floh Xenopsylla cheopis auch auf den Menschen übertragen werden, bei dem es dann nach zwei bis fünf Tagen die Beulenpest

Abb. 97

Außenchor der Rochuskapelle.

verursacht. In der Form der Lungenpest, also einer Ausbreitung der Infektion auf die Lunge, ist durch Tröpfcheninfektion auch die direkte Übertragung von Mensch zu Mensch möglich – mit einem Krankheitsausbruch schon nach wenigen Stunden. Ohne Kenntnis um den Erreger und den Weg der Ansteckung mußte gerade die Lungenpest einen schockierenden Eindruck auf die Menschen der Vergangenheit machen; zumal die Sterblichkeitsrate sehr hoch war. Auch heute noch flackert die Pest immer wieder in den Gebieten auf, in denen es natürliche Vorkommen des Bakteriums in Wildtieren gibt. Hygiene zur Vorbeugung und im Falle eines Falles Antibiotika zur Bekämpfung sind die modernen Waffen gegen die Pest, die unseren Vorfahren nicht zur Verfügung standen. Zum Abschluß dieser kurzen Betrachtung ein fast willkürliches und kaum aus dem Unglück jener Zeit besonders herausragendes Beispiel aus Ober-Ingelheim: Dort starben dem Anton Odernheimer und seiner Frau Anna Maria, geb. Glaser, im Oktober 1666 vier ihrer wohl sechs Kinder im Abstand weniger Tage.[256]

Neben den Menschen unmittelbar betreffenden Epidemien, zählten in der Vergangenheit auch die das Vieh treffenden Seuchen zu jenen Schrecken, gegen die man sich des göttlichen Beistands versichern wollte. Heute ist uns der wirtschaftliche Schaden, den Bauern beispielsweise aus der Maul- und Klauenseuche oder der Schweinepest erleiden, aus Pressemeldungen wohlbekannt; in früheren Zeiten konnte hierzu noch der Schaden an Leib und Leben hinzutreten, da Vieh und Ernte die Landbevölkerung nicht nur im sprichwörtlichen Sinn ernährte. Folgerichtig gab es auch Kapellen, die dem Schutz der Haustiere dienten – genauso, wie die zum Teil noch heute praktizierten Tiersegnungen (zum Beispiel alljährlich auf dem Laurenziberg bei Gau-Algesheim).

So wird von der Vierzehn-Nothelfer-Kapelle bei Gonsenheim berichtet:

DIE 14-NOTHELFERKAPELLE BEI GONSENHEIM UND OCKENHEIM

Nicht weit von Gonsenheim, im Wald gegen Budenheim stand ehemals ein großer Fichtenbaum, der als Heiligenbaum verehrt wurde, indem man ihn mit Bildern und Statuen behängte, während andere ihn mit Kränzen schmückten oder Andachten bei ihm verrichteten. Als im Jahr 1729 ein großes Sterben den größten Teil des Gonsenheimer Viehs hinwegraffte, gelobten die Gonsenheimer eine Kapelle zu Ehren der vierzehn Nothelfer zu errichten. Sofort hörte die Seuche auf, und noch im gleichen Jahr wurde die Kapelle an Stelle des Heiligenbaums erbaut. Die Vier-

zehn-Nothelfer-Kapelle erlangte solchen Ruf, daß von weither Wallfahrer nach ihr gezogen kamen. Am Hauptwallfahrtstag, dem dritten Sonntag nach Pfingsten, wurde auch das Vieh herbeigetrieben, um den Segen zu empfangen. Die Pferde kamen ganz nahe an die Kapelle, während die Schafherden weiter entfernt haltmachten. Ein Rest dieser Viehsegnung war es, wenn später die jungen Burschen aus den umliegenden Orten am Pfingstmontag zu der Kapelle ritten. Im Oktober 1795 ist die Kapelle von den Franzosen in einen Trümmerhaufen verwandelt worden. Zwanzig Jahre später wurde ein Neubau errichtet, seine frühere Anziehungskraft hat der Ort aber nicht wieder erlangt.[257]

Wenn die Kapelle ihren früheren Ruhm nicht wieder erlangte, mag dies an den vierzehn Nothelfern liegen, die es nicht einmal schafften, sich selbst zu helfen, als die Kriege des späten 18. Jahrhunderts Mainz überzogen. Die Entstehung des ersten Baus als Folge eines Gelübdes zur Abwehr einer Viehseuche ist sicher glaubwürdig: Aus Eppelsheim wissen wir um gravierende

Abb. 98

Die 14-Nothelferkapelle bei Mainz-Gonsenheim.

Epidemien der sog. »Darmseuche« unter den Rindern im Jahr 1777/1778, 1785 vernichtete eine Tierseuche fast den gesamten Schweinebestand, 1805 starben fast alle Schweine am Schweinerotlauf. Es bleibt noch zu erwähnen, daß die Kapelle 1816 wieder aufgebaut wurde, dann aber 1892 wegen Baufälligkeit wieder niedergelegt wurde. Der Neubau 1894 bis 1896 schuf die noch heute existierende neugotische Wallfahrtskapelle (Abb. 98), die sicher nicht wegen ihrer Schlichtheit gerühmt werden muß. Aus dem 18. Jahrhundert sind neben Teilen der Innenausstattung vor allem fünf erhaltene Kreuzwegreliefs südlich der Kapelle erhalten.[258]

Eine andere Nothelferkapelle wurde im 18. Jahrhundert auf dem Jakobsberg bei Ockenheim errichtet:

BLASIUS CAESAR

Als der Ockenheimer Pfarrer Blasius Caesar am 30. Juli 1763 verstarb, wurde er in der Vierzehn-Nothelfer-Kapelle auf dem Jakobsberg beigesetzt, die er 1722 hatte errichten lassen. Nach des Pfarrers Vorbild sollen bei seinem Beerdigungszug die Pferde des Ockenheimer Schultheißens, die den Wagen mit dem Sarg zogen, an jeder der sieben zur Kapelle führenden Stationen Halt gemacht haben.[259] (Abb. 99)

Blasius Caesar hieß eigentlich Blasius Kaiser und wurde 1691 geboren. Müller überliefert gleich einige Anekdoten aus dem Leben des katholischen Pfarrers, der 47 Jahre seine Gemeinde leitete. So soll eines Tages seine Haushälterin ihm gesagt haben, im Keller laufe ein Weinfaß aus. Er setzte seine Studien fort und tröstete sie und sich mit den Worten: »Die vierzehn Nothelfer werden es schon wieder gutmachen!« Als er später sah, wie das Faß leergelaufen war, soll er gesagt haben: »Diesmal habt ihr eure Sache nicht gutgemacht!«. Auch habe er die Trauben des Pfarrwingerts immer am Tag des Nothelfers Dionysius (9. Oktober) lesen lassen – ungeachtet ihrer Reife.

LAURENZIBERG (Abb. 100)

Recht bekannt ist auch die Laurentiuskapelle des zu Gau-Algesheim gehörenden Weilers Laurenziberg. Das heute als Wallfahrtskapelle genutzte Gotteshaus wurde zu Anfang des 18. Jahrhunderts errichtet, der Vorgängerbau bestand jedoch schon wenigstens seit dem 14. Jahrhundert. Im Mittelalter war St. Laurentius (das Patrozinium ist erstmals 1488 belegt) Pfarrkirche, unter anderem für Ober-Hilbersheim. Es ist unklar, woher die auffallende Bedeu-

Abb. 99 (oben)

Stationsweg der »Sieben Schmerzen Mariens« von 1914 unterhalb des Klosters Jakobsberg.

Abb. 100 (unten)

Kapelle St. Laurentius auf dem Laurenziberg.

tung der Kirche rührt. Spätantike Funde (u. a. ein militärisch gestempelter Ziegel des fortgeschrittenen 4. Jhs.) aus dem Tälchen unterhalb des Weilers müssen hinsichtlich ihrer Relevanz für das Frühmittelalter in der Kleinregion noch untersucht werden. Grabungen anläßlich der Renovierung 1989/1890 ergaben Befunde zum mittelalterlichen Kirchebau und Gräber des ihn einst umgebenden Kirchhofes.[260]

In den Kriegen Ende des 18. Jahrhunderts wurde die Kapelle (wie auch die umgebenden Dörfer) von französischen Soldaten geplündert. Vielleicht stammt aus dieser Zeit die Sage, in der 1 km nördlich liegenden Gewann »Platte« würde ein kopfloser Franzose umgehen.[261]

EINE KAPELLE BEI GAU-BISCHOFSHEIM

Die Kapelle am Ortsausgang von Gau-Bischofsheim hat eine ganz individuelle Entstehungsgeschichte:

JOHANN DEUERKAUFF (Abb. 101, Abb. 102)

Einst ritt der Mainzer Bürger und Steinmetz Johann Deuerkauff über die Gaustraße seiner Vaterstadt zu. Er freute sich auf die Heimkehr, zumal er lange weggewesen war und sich mit seiner kunstvollen Arbeit einen hübschen Beutel Dukaten verdient hatte. Als ob sie davon wüßte, sprengte plötzlich aus dem Gebüsch eine Räuberbande hervor und versperrte dem braven Steinmetz den Weg. Schnell wendete er sein Pferd zur Seite und wollte fliehen. Aber zu seinem Schrecken erblickte er vor sich einen gähnenden Abgrund. Und von hinten näherten sich die Räuber. Er schien verloren. In seiner höchsten Not bat der Reiter die Jungfrau, ihm Hilfe bei ihrem Sohne zu erflehen. Voll Vertrauen gab er dann dem Pferd die Sporen, und es sprang den steilen Abhang hinab. Ohne Sturz und wohlbehalten kam der Steinmetz unten an. Er war gerettet! Zum Danke gelobte er, an der Stelle seiner wunderbaren Rettung einen Bildstock mit dem Bildnis der Gottes Mutter zu errichten. Er hat sein Versprechen gehalten. Heute noch steht der Bildstock des Johann Deuerkauff auf der Höhe vor Gau-Bischofsheim.[262]

Den Bildstock gibt es wirklich, er befindet sich am oberen, westlichen Ortsausgang von Gau-Bischofsheim. Nach der Inschrift wurde er am 14. Oktober 1705 aufgestellt, Ende des 19. Jahrhunderts überbaute man ihn mit einer Kapelle.

Die Deuerkauffs waren im Mainz des 16. und 17. Jahrhunderts eine angesehene Familie, die überwiegend mit dem Metzgerhandwerk ihr Auskommen hatte.

DIE BELLERKIRCHE BEI ECKELSHEIM (Abb. 103)

Ein vor allem durch seine ortsferne Lage auffälliger Bau ist die Bellerkirche bei Eckelsheim. Nach einer Inschrift im Portalbogen der heute ruinierten Kirche wurde sie im Jahr 1517 er- oder umgebaut, allerdings ist eine »Belen Kirche« am gleichen Ort bereits früher belegt. Ihre einsame Lage an der Straße von Eckelsheim nach Wendelsheim eröffnet die Frage, ob dort einst ein Dorf bestanden hat. Ein solches könnte Belenheim o. ä. geheißen haben und wäre unterhalb der Beller Kirche zu suchen. Ein indirekter Hinweis auf die Existenz eines Dorfes zur Kirche könnte der noch bis 1902 abgehaltene Beller Jahrmarkt sein, der vom einstigen Recht eines Dorfes herrühren könnte. Der Name Bellenkirche, der uns schon im Jahr 1218 genannt wird, dürfte aber wahrscheinlicher von den Bellen, den Pappeln herrühren, die damals bei einer

Abb. 101 (links)

Muttergottes mit Jesuskind (der Kopf des Kindes ähnelt stark dem des Kaisers Napoleon).

Abb. 102 (rechts)

Stifterinschrift von 1705.

schon ursprünglich als Wallfahrtskirche errichteten Kirche gestanden haben mögen. Im 16./17. Jahrhundert dürfte die Kirche zerstört und mangels Bedarf nicht wieder aufgebaut worden sein.[263] Eine bekanntere Sage nennt einen sehr privaten Grund für den Verfall der Bellerkirche:

MORD IN DER BELLERKIRCHE

Der Hasselmüller prozeßte mit einem Bauern um einen Acker und verlor den Prozeß. Als nun beim Abendmahlsgange in der Beller Kirche beide zufällig miteinander gingen, flüsterte der Bauer dem Hasselmüller zu: Jetzt ist der Acker doch mein! Da schlug der Hasselmüller, von Wut gepackt, seinen Prozeßgegner vor dem Altare tot nieder. Er wurde hingerichtet und geht seitdem in der Kirche zur mitternächtlichen Stunde um – das abgeschlagene Haupt unter dem Arme tragend. Am Jahrestag des Mordes sucht er nachts in der Beller Kirche die Blutspuren wegzuwischen. Dabei macht er sich Licht, das dann unheimlich durch die zerbrochenen Fenster der Kirche leuchtet, die seit jener Untat entweiht und verfallen ist.[264]

Fast schon selbstverständlich gibt es auch von dieser Kirche die Sage einer verborgenen Glocke. Kinder sollen auf der Suche nach ihr tagelang gegraben, jedoch nichts gefunden haben.[265]

DER MARTINSBERG BEI SIEFERSHEIM (Abb. 104)

Nur etwa 1,5 km westlich der Bellerkirche liegt in der Siefersheimer Gemarkung der Martinsberg, der seinen Namen von einer dort einst befindlichen Kapelle hat, die dem heiligen Martin geweiht war. Obwohl spätestens seit dem 13. Jahrhundert in Siefersheim selbst eine Kirche bestand, sind Kapläne der Martinskapelle noch im 14. und 15. Jahrhundert bezeugt; erst nach Einführung der Reformation 1556 verfiel die Kapelle. 1818 wurde die Ruine abgebrochen und ihr Baumaterial zum Teil für eine Brunneneinfassung im Ort verwendet.[266]

Heute noch kann man auf dem als Naturschutzgebiet ausgewiesenen Berg allenthalben Fragmente von Dachschiefer und Ziegeln, ebenso mittelalterliche und frühneuzeitliche Keramik finden, die der Kapelle zuzuordnen sind.

Von der Martinskapelle auf dem Martinsberg führten unterirdische Gänge zum Motzehenkloster und zur Beller Kirche.[267]

Abb. 103 (oben)

Die Ruine der Bellerkirche.

Abb. 104 (unten)

Blick von der Bellerkirche zum Siefersheimer Martinsberg.

Sowohl am sogenannten Motzehenkloster, als auch bei der Kapelle St. Martin fanden sich aber auch römische Reste, bei der Kapelle genauer als Grabfunde angesprochen. Wir dürfen davon ausgehen, daß es ein Kloster nicht gab, sondern die Ruinen einer römischen *villa rustica* für ein solches gehalten wurden, die Martinskapelle aber könnte tatsächlich auf eine Kontinuität eines Bestattungsplatzes von der Römerzeit in das Frühmittelalter zeugen. Bei der Kapelle wurden lange Zeit die Siefersheimer Verstorbenen beerdigt,

1805 stand dort noch ein Beinhaus. Römische Funde, aber auch solche aus der Jungsteinzeit (Michelsberger Kultur) und der Spätlatènezeit gelangten in den letzten Jahrzehnten des 19. Jahrhunderts in verschiedene Sammlungen, zum Teil bis nach Köln.[268]

Heiligenbilder

DAS MARIENBILD VON SÖRGENLOCH (Abb. 105)

In der katholischen Kirche von Sörgenloch steht als Mittelpunkt des barocken Hochaltars ein Marienbild. Um 1420 geschaffen, zeigt es Maria mit dem Jesuskind auf dem Schoß in einer ungewöhnlich sich selbst zugewandten Darstellung: Die Mutter sitzt auf einer Bank, das nackte Jesuskind auf ihrem rechten Knie. Im für Säuglinge typischen Greifreflex scheint es die linke Hand, welche Maria ihm zu diesem Zweck hinhält, zu fassen. Beide betrachten die Berührung ihrer Finger. Allein die prächtigen und hohen Kronen auf den Köpfen von Mutter und Kind belehren uns um die Ehrwürdigkeit der Szene.[269]

Die Gruppe ist aus Ton aufgebaut und kann daher, wie auch stilistisch, den mittelrheinischen Tonbildnissen zugerechnet werden. Das Material ist gewiß auch für die gute Erhaltung des Bildes verantwortlich, denn zumindest nach der Sage hat es einiges mitgemacht:

DIE WUNDERSAME AUFFINDUNG DES SÖRGENLOCHER MARIENBILDES

Als die Bewohner von Sörgenloch einst in rauher Kriegszeit schwere Drangsale auszustehen hatten und man nicht nur für sein Leben, sondern auch für Hab und Gut das Schlimmste befürchten mußte, beschlossen die Männer des Dorfs vor allem das Marienbild vom Hochaltar ihres Kirchleins in Sicherheit zu bringen. Da man keine andere Rettung wußte, trugen die Männer das Bild zur Nachtzeit ins Freie, um es durch Vergraben auf einer Wiese gegen böswillige Wegnahme sicher zu stellen. Lange Jahre war das Bild, das aus gebranntem Ton bestand, in der Erde verborgen, bis endlich der Krieg sein Ende nahm. Als man da auch dem Bild wieder seinen Platz auf dem Altar einräumen wollte, zeigte sich's, daß alle Männer, die seiner Zeit bei der Vergrabung teilgenommen hatten, gestorben waren und niemand mehr die Stelle kannte, wo es in der Erde lag. Da kam das Bild den Leuten selbst zu Hilfe. Erst erzählte einer, dann mehrere, sie hätten auf dem Heimweg durchs Wiesental wunderbare Dinge gesehen. Es waren glänzende Lichtstrahlen, die aus der Erde her-

vorströmten, begleitet von lieblichen Tönen, als wären es Engelstimmen. Da kein Zweifel möglich war, daß an jener Stelle das Marienbild vergraben sei, zog man hinaus nach dem Wiesengrund, wo man alsbald nachgrub und in der Tat das Bild wiederfand. In festlichem Zug brachte die ganze Gemeinde das Bild nach der Kirche zurück, der Ort aber, wo es vergraben lag, heißt bis auf den heutigen Tag »die helje oder heilige Wiese«.[270]

Diese Legende ist der um das in einem Brunnen verborgene Gnadenbild der Muttergottes von Marienborn recht ähnlich. Die Gewann »in da heljawis« heißt auch »In der Biehe«, was »in der Biegung« meint und von der Lage im Bogen der Selz herrühren könnte.[271]

Abb. 105

Das Marienbild im Zentrum der katholischen Kirche Sörgenloch.

WILGEFORT

Ein anderes, berühmtes Bildnis ist das der heiligen Wilgefort zu Dietersheim. Der hessische Sagensammler Wilhelm Müller beschreibt einen merkwürdigen Brauch im Zusammenhang mit diesem Bild: Man hätte Wallfahrten zum Bild der Heiligen veranstaltet, aus einem Porzellanschuh Brunnenwasser getrunken und Körnerfrüchte in eine Steinkiste geopfert.

Der Name »Wilgefort« hat indes nichts damit zu tun, daß etwa die Heilige auswandern möchte: Es ist die Verballhornisierung von lat. *virgo fortis*, also der »standhaften Jungfrau« und weist damit ganz in die Richtung ihrer Vita. Nach der im Spätmittelalter aufgekommenen Legende war sie die Tochter eines heidnischen Königs und sollte gegen ihren Willen verheiratet werden – gewisse Ähnlichkeiten zur Ursulalegende sind nicht von der Hand zu weisen, wenngleich die Lösung des Problems eine subtilere war: Sie bat die heilige Maria um Hilfe, worauf ihr ein langer Bart wuchs, der verständlicherweise den Bräutigam verschreckte. Der wütende Vater ließ seine jungfräulich gebliebene Tochter am Ende kreuzigen. Nun gibt es natürlich zahllose Darstellungen eines gekreuzigten Bartträgers; zur Unterscheidung dient hier die züchtige lange Bekleidung der auch Kümmernis oder Liberta genannten Heiligen. Dieses Bild wiederum ist allerdings von italienischen Darstellungen des bekleideten Christus, vor allem dem hochmittelalterlichen Volto Santo in Lucca, abzuleiten (Abb. 106).

Eine mit dem Kultbild aus Lucca verbundene Spielmannslegende findet sich bereits Mitte des 12. Jahrhunderts. Im 14. Jahrhundert wird sie in Flandern und Brabant an das Bild der Heiligen geknüpft und gelangte später nach Mainz:[272]

DER GOLDENE SCHUH DER HEILIGEN KÜMMERNIS

Als einst ein armer Spielmann in einer Mainzer Kirche vor dem Bild der heiligen Kümmernis, die auch Wilgefort genannt wird, seine Not klagte, da habe das Heiligenbild ihm seinen goldenen Schuh hinabfallen lassen, um ihm aus seinen Sorgen herauszuhelfen. Der Besitzer kam aber in den Verdacht, den Schuh gestohlen zu haben und wurde deshalb zum Tod verurteilt. Als der Verurteilte auf dem Weg zur Richtstatt bat, noch einmal vor das Bild der heiligen Kümmernis hintreten zu dürfen, wurde ihm dieses erlaubt. Vor dem Bilde angekommen, ließ der Spielmann seine Geige ertönen, worauf ihm Wilgefort auch noch den andern Goldschuh hinwarf. Da erkannte man, daß der Spielmann kein Dieb sei, worauf er wieder freigelassen wurde.[273]

Abb. 106

Wandfresko in Weißenburg/Bayern: Das Kreuz von Lucca.

Abb. 107

Wegekapelle am Beginn der Wallfahrt zum Laurenziberg (1. Hälfte 18. Jh.). Im Volksmund wird die Kapelle heute »Heljerhaisje« (Heiligenhäuschen) genannt.

DAS MARIENBILD VON GAU-ALGESHEIM (Abb. 107)

Zu Gau-Algesheim, am südwestlichen Ortsausgang, steht am Ockenheimer Weg ein Heiligenhäuschen, dessen Marienbild vor gut 200 Jahren Stumme sprechend und Blinde sehend gemacht haben soll. Im Sommer 1788 hatte eine Frau während der Erntezeit eine Lilie vor das Bild der Jungfrau Maria gelegt, jemand anderes steckte die Blume in die Hand der Statue. Die »Spital-Hoffrau« betete kurz darauf mit ihrer Magd vor dem Bildnis für ihr krankes Vieh; dabei meinte sie beobachtet zu haben, daß die verdorrte Lilie wieder ergrünte. Wie der Pfarrer und der Amtskeller feststellten, hatte die Blume Samenknospen getrieben. Bald darauf begannen entsprechende Gerüchte von Wunderheilungen zu kursieren, die schnell dazu führten, daß große Mengen Pilger aus der näheren und weiteren Umgebung sich hier zum Gebet einfanden. Der aufgeklärte Mainzer Erzbischof sah die ungezügelte religiöse Volksfrömmigkeit mit einiger Sorge und versuchte – erfolglos – das Treiben zu unterbinden. Insbesondere aufklärende Schriften und Predigten, aber auch Verbote, sollten die Menschen über ihre Selbsttäuschung belehren. Das Ende der Marienwunder kam dann vier Jahre später auf ganz andere Weise: Französische Soldaten entfernten das eiserne Gitter vor der Kapelle und schmiedeten Hufeisen daraus, die Statue aber nahmen und warfen sie in ihr Lagerfeuer. Dort verbrannte sie jedoch nicht, wurde ge- und verborgen. Im 19. Jahrhundert erinnerte man sich ihrer wieder und stellte sie 1875 auf dem Hochaltar der katholischen Kirche auf. Auch die Kapelle ist heute noch zu sehen.[274]

Wunderheilungen von Blindheit oder ähnlichen Gebrechen mögen aus medizinischer Sicht vielleicht noch der Hoffnung wert sein, gefährlich wird es aber, wenn man bei ansteckenden Krankheiten auf solche Genesung baut:

HUBERTUSSCHLÜSSEL IM KLOSTER JAKOBSBERG

Das Mainzer Kloster Jakobsberg wurde 1050 vom Erzbischof Bardo als Benediktinerabtei gestiftet und fünf Jahre später eingeweiht. Angesichts der Nähe zur Stadt – es lag im Bereich der späteren Zitadelle direkt vor der Südmauer von Mainz – geriet es mehrfach zwischen die Fronten bzw. wurde auch als Partei in Auseinandersetzungen aktiv: 1160 wurde das Kloster bei Kämpfen zwischen Städtern und dem Erzbischof zerstört, 1329 unter ähnlichen Rahmenbedingungen von den Bürgern niedergebrannt. Die Integration in die Schweickhardtsburg 1629 und einige Jahrzehnte später in die Zitadelle sollte der Abtei langfristig ebenfalls schaden; im Jahr 1793 wurde sie unter dem Beschuß der deutschen Belagerung fast vollständig in Trümmer gelegt.

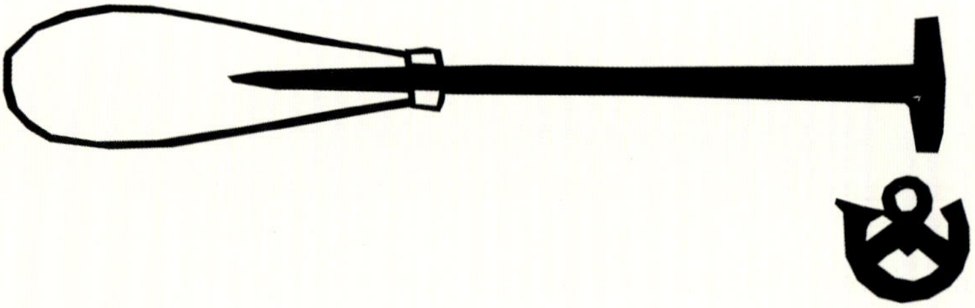

Abb. 108

Hubertusschlüssel: Eigentlich ein Kauterisiereisen (zum Brennen einer Wunde), hier in Nagelform mit Bild eines Jagdhornes.

Seit dem frühen 18. Jahrhundert ist eine Wallfahrt zu den 14 Nothelfern belegt, und ganz konkret sollte auch die Tollwut hier Heilung finden.

HUBERTUSSCHLÜSSEL (Abb. 108)
Im Kloster Jakobsberg bei Mainz haben die Mönche drei heilkräftige St. Hubertusschlüssel besessen, mit denen Wunderheilungen der Tollwut vollführt worden sein sollen. Die Schlüssel sind von einem Engel dem heiligen Hubertus gegeben worden; wie sie ins Kloster Jakobsberg gelangten ist unbekannt.[275]

Nach Müller ist ein St. Hubertusschlüssel zu gleichen Zwecken bei Lüttich in Verwendung gewesen: Sie wurden heiß auf die Stirn der armen Erkrankten gelegt und eingebrannt. Der Mainzer Pfarrer von St. Ignaz, Ernst Xaver Turin, hat diese Legende aufklärend als falsch gebrandmarkt. Turin, Enkel eines aus Como eingewanderten Italieners, lebte von 1738 bis 1810. Er war von 1772 an Pfarrer von St. Ignaz, aber auch Träger verschiedener anderer kirchlicher Funktionen und Verfasser eines katholischen, deutschsprachigen Gesangsbuches. Dessen Einführung führte 1788 zum sogenannten »Mainzer Gesangsbuchstreit«: Die katholische Bevölkerung wollte nicht von den lateinischen Kirchenliedern lassen, unter anderem, weil sie die deutschen Texte als lutherisch auffaßte. Nach einer Unterbrechung seiner Pfarrtätigkeit unter der französischen Regierung wurde Turin 1806 erneut Pfarrer von St. Ignaz und starb schließlich am 2. August 1810 an Typhus.[276]

6

Die hochmittelalterlichen Dome

Ein Dom war für eine mittelalterliche Stadt mehr als nur eine besonders große Kirche. Durch seine Funktion als Bischofskirche war er Zentrum des Bistums, damit einhergehend Sitz kirchlicher Verwaltung. Die Größe von Dom und zugehörigen Bauten stellte und stellt zudem eine nicht enden wollende Baustelle dar, die einfachen Bauleuten, aber auch herausragenden Künstlern Arbeit und Verdienst bedeutete. Nicht zuletzt kann ein Dom aber auch als repräsentativer Mittelpunkt der Stadt bezeichnet werden; freilich unter der Einschränkung, daß dies im häufigen Streit zwischen Stadtbürgern und Bischof auch als politisches Zeichen weltlicher Macht in kirchlichen Händen verstanden werden konnte.

Spätantike und frühmittelalterliche Bischofssitze waren nördlich der Alpen hinsichtlich ihrer Architektur und Ausstattung den Zeitgenossen durchaus prachtvoll erschienen. Sie konnten aber den ästhetischen und liturgischen Anforderungen des Hochmittelalters meist nicht mehr standhalten. Um die Jahrtausendwende kam es deshalb zu einer ganzen Reihe von umfassenden baulichen Veränderungen, nicht selten zu regelrechten Neubauten. Die beiden rheinhessischen Dome, Mainz und Worms, bildeten hier keine Ausnahme (Abb. 109, Abb. 110). Nicht zuletzt wegen der außerordentlichen Kosten stellten diese Projekte ein Wagnis dar, welches ihren Bauherren einen festen Platz in den Annalen der Geschichtsschreibung sicherte.

Der Wormser Bischof Burchard

In Worms war es der Bischof Burchard, der dem Dom im wesentlichen zu seinem heutigen Erscheinungsbild verhalf. Burchard stammte aus einer nicht unbedeutenden Adelsfamilie Nordhessens, wo er um 965 n. Chr. geboren wurde. An uns unbekannten Orten erhielt er seine geistliche Ausbildung; man vermutet, auch im Stift St. Florin zu Koblenz. 993 von Willigis nach Mainz geholt, wurde er zwei Jahre später Propst des Mainzer Kollegiatstiftes St. Viktor (nördlich Weisenau gelegen; es existiert heute nicht mehr) und 997 zum Priester geweiht. In Mainz hatte er Positionen mit politischer Bedeutung

Abb. 109

Der Mainzer Dom mit der sogenannten Altstadt im Vordergrund. Eigentlich stand der Dom bis 1945 inmitten der Altstadt, doch nach den Zerstörungen des Weltkriegs verzichtete man weitgehend auf alte Elemente und Strukturen; nur die wenig zerstörten Bereiche wurden als »Altstadt« konserviert.

inne, die ihn auch in Kontakt zu König Otto III. brachten. Im Frühjahr 1000 wurde er von letzterem zum Bischof von Worms ernannt. Während seiner Amtszeit (1000–1025) war er von vergleichbarer Bedeutung für die Geschichte der Stadt Worms, wie Willigis zur selben Zeit für Mainz. Burchard legte den alten, merowingisch-karolingischen Dom nieder und errichtete an gleicher Stelle einen monumentalen Neubau (Baubeginn um 1005, Weihung 1018). Es ist überliefert, daß der Westchor 1020 einstürzte und bis 1022 erneuert wurde.[277]

BURCHARD UND DER TEUFEL

Nachdem Bischof Burchard den mächtigen Dom von Worms erbaut und im Jahr 1018 in Gegenwart des Kaisers und vieler Bischöfe eingeweiht hatte, dauerte es keine zwei Jahre, daß die Westseite des Gotteshauses über Nacht wieder in Trümmer sank. Das war ein Werk des Teufels. Burchard hat selbst darüber folgendes erzählt: »Als ich eines Tages mit zwei Knaben in den Garten ging, sah ich am Eingang den Teufel in menschlicher Kleidung. Er stand gegen Mitternacht, riß das Kraut und die Obstbäume aus, warf sie auf einen Haufen und versperrte mit lautem Getöse den Weg. Als ich ihn, der wie ein Gärtner einherging, zornig frug, warum er den Weg versperre, antwortete er: »Könnte ich dir nur den Weg zum ewigen Leben versperren, der ich dir in kurzer Zeit noch einen größeren Schaden anrichten werde.« Verwundert über solche Frechheit – weil ich ihn für den Gärtner hielt –, sagte ich: »Mit dem, womit du mir drohst, sollst du mir im Namen Gottes nicht schaden. Wenn du nicht von deiner Bosheit abstehst, lädst du dir die ewige Verdammnis auf!« Unter solchen Worten ging ich zur Gartenbank. Als ich mich aber umsah, war er verschwunden. Sehr verwundert über das plötzliche Verschwinden, frug ich die Knaben, ob sie jenen gesehen hätten. Sie antworteten »Nein«, versicherten aber, jemand gehört zu haben, der mit mir stritt.« In der folgenden Nacht gegen Morgen erfolgte der unglückliche Einsturz.[278]

Der Bau eines Domes war nicht nur symbolisch, sondern ganz real ein ordnender, gottgewollter Akt, der dem Chaos des Bösen entgegenstand. Sagen, der Teufel hätte den Dombau zu verhindern gesucht oder das fertige Bauwerk beschädigt, sind vor diesem Hintergrund zu sehen und wohl von jedem europäischen Dom bekannt. Insbesondere Bausünden, die meist der Experimentierfreudigkeit der Baumeister verschuldet waren und nicht selten zu Einstürzen führten, wurden gerne dem Teufel zur Last gelegt. Solches ist neben dem Wormser Ereignis auch vom Mainzer Dom überliefert:

STURMSCHADEN AM MAINZER DOM

Als gegen Ende des 12. Jahrhunderts der Dom wieder aufgebaut werden sollte, warf ein Westwind die Holzbedachung ab, daß einige Balken in den Rhein fielen, einige sogar bis Hochheim geschleudert wurden. Das aber hat kein anderer als der Teufel getan.[279]

Abb. 110
Der Dom zu Worms von Süden.

Nur ein Wirbelsturm vermag Holzbalken aufzunehmen und nach einiger Strecke wieder fallen zu lassen, auch wenn es fraglich scheint, ob dies über eine so weite Distanz geschehen kann: Vom Dom bis Hochheim sind es immerhin 5,5 km. Der Generalarzt Otto Kappesser (1830–1918) beschreibt solch einen Wirbelsturm, den er im Sommer 1843 in Jugenheim erlebt hatte:

> *Wir sassen gerade in der Schulstube im sogen. Amtshäuschen des Lucius'schen Schulgebäudes, was auf der hinteren Seite wegen des neuen Anbaus ganz aufgebrochen war, und sollten Latein übersetzen, als plötzlich draussen ein grausiges Brausen sich erhob und aufschauend schrie ich: »es schneit ja!« die ganze Luft war mit wirbelnden kleinen hellen Blättchen gefüllt, dazwischen aber sausten grosse Gegenstände, Ziegel- und Schornsteinstücke und ganze Baumäste umher und das ganze Gebäude ächzte und bebte, als ob es jeden Augenblick zusammenstürzen wollte, was auch wohl hätte geschehen können, da es hinten ganz offen*

war. In kaum einer halben Minute war alles vorbei und beim Hinaustreten sahen wir, was eine grausige Naturgewalt angerichtet hatte Auf einer von Ost nach West sich erstreckenden ovalen Fläche von vielleicht 600 m Länge und 300 m Breite, die von der Mitte des Dorfes bis aufwärts etwa zur sogen. Langwiese sich erstreckte, hatte ein furchtbarer Wirbelsturm alles, was über die Erdoberfläche hervorragte, in seinen grausigen Tanz hineingerissen, die kleinen Häuschen abgedeckt und eine Menge alter grosser Obstbäume wie Sträucher herum- und abgedreht, sodass die grossen Äste im wilden Gewirr, teilweise weit weggeführt, herum lagen, während die zersplitterten Stämme kahl in die Höhe ragten. Das Phänomen erstreckte sich nur bis kurz unterhalb des Pfarrhauses und hat mir einen meiner schönen Cactus, die ich damals eifrig pflegte, heruntergeworfen; verwundert kamen dann die Leute aus dem unteren, freigebliebenen Dorf gelaufen, um sich nach der Ursache des Brausens, das sie gehört hatten, zu erkundigen. Wahrhaft entsetzt aber kamen etwas später Arbeiter vom Ackerfeld und vom Berg herbeigeeilt, welche Zeugen des furchtbaren Vorgangs waren, während sich bei ihnen kein Lüftchen bewegt hatte.[280]

Sturm konnte als Inbegriff des Chaos ohne Verbindung mit dem Teufel kaum erklärt werden – gerade die Beschädigung von Gotteshäusern ist dabei ein Motiv, welches sich verschiedentlich findet:

HEXENSTURM

Im Jahr 1491 brach in Worms am Tag vor Maria Magdalena, d.i. am 21. Juli, bei beginnender Nachtzeit ein schrecklicher Sturm von so unerhörter Gewalt aus, daß unter anderm das Kreuz und der Hahn auf dem Turm des Predigerklosters zerstört wurde. Auch in andern Orten außerhalb der Stadt, in Wäldern und Dörfern ist durch jenen Sturm ein solches Unheil hervorgerufen worden, wie man sich dessen seit hundert Jahren nicht mehr erinnert hatte. Das alles hatte ein kleines Mädchen auf Weisung seiner Mutter angerichtet, die schon als Hexe abgeurteilt worden war und ihr Kind noch zu Lebzeiten in jener Kunst unterrichtet hatte.[281]

Verständlicherweise muß betont werden, wie viel stärker die Auswirkungen von Unwettern das Leben früherer Generationen beeinflussen konnten. Unwetter sind etwas Relatives und gehören seit jeher zum Leben der Menschen. Während heute der Schönheitsschaden an Haus und Automobil über Versicherungen aufgefangen werden kann, und unseren festen Bauten ohnehin kaum ein Wetter etwas anhaben kann, waren unsere Vorfahren von Wetterkatastrophen oft existentiell betroffen. Ein Hagelschlag konnte die ganze Ernte eines Bauern vernichten, wenn nicht Schlimmeres bewirken: 1535 kostete ein Unwetter in der Nacht des dritten Pfingstfeiertags durch außergewöhnlich große Hagelkörner in Udenheim 40 Menschen und über 200 Stück Vieh das Leben.[282]

Doch zurück zu den mühsamen Versuchen der mittelalterlichen Baumeister, über das Chaos zu triumphieren. Vom Bau eines Domes bzw. den ständigen Baumaßnahmen zeugen verschiedene Details.

DER ESELSTURM AM WORMSER DOM

Der südwestliche Turm des Wormser Doms neben dem Laurenzichor wird vom Volksmund der Eselsturm genannt. Das kommt daher, weil er keine Treppenstiegen wie die anderen Türme, sondern nur gewölbte Aufgänge besitzt. Beim Bau des Doms sollen dort die Steine und das Baumaterial von Eseln hinaufgetragen worden sein.[283]

Die beiden den Westchor flankierenden Türme stammen noch aus dem 11. Jahrhundert, und in der Tat könnte man den stufenlosen Aufstieg zu Transportzwecken genutzt haben. Während der größeren Baumaßnahmen standen zweifelsohne auch Kräne und Winden zur Verfügung, doch besonders für Reparaturen oder Feinarbeiten am vollendeten Dom bestand damit eine Möglichkeit, Lasten ohne größeren Aufwand empor zu schaffen.[284]

Spuren der Bauleute sollen sich am Dom befinden, die aber ebensogut auch von den Personen stammen können, die dort anderweitig ihre Arbeit zu tun hatten.

SPIELBRETTER

Hoch oben am Ostchor des Wormser Domes befindet sich eine säulengetragene Zwerggalerie, von der aus man einen weiten Blick über den Rhein und den ehemaligen »Rosengarten« genießt. Auf der Sohlbank zwischen den Säulen sind Zeichnungen von zwei Mühlespielen in den Stein eingehauen, die noch von den Steinmetzgesellen herrühren, die den Dom bauen halfen. Anstatt den beschwerlichen Ab- und Aufstieg von dem

hohen Chor mehr als gerade nötig zurückzulegen, haben die Werkleute in ihren Freistunden droben auf den Galerien gerastet und sich die Zeit mit Mühlespielen vertrieben.[285]

Bereits in der Antike finden wir in den Stein geritzte Spielbretter bei öffentlichen Gebäuden und Plätzen in großer Zahl. Auf dem Forum Romanum vertrieb man sich mit ihnen die Zeit, wie auch in antiken Theatern: In Bostra, einer römischen Stadt in Syrien, sind noch heute auf den steinernen Sitzen des Bühnentheaters zahlreiche Spielbretter eingemeißelt, darunter auch einige Mühlespiele.[286]

BAUPLASTIK DES WORMSER DOMES (Abb. 111)

Mögen Spielbretter in dem gewaltigen Felsenberg, den ein Dom darstellt, noch der einfachen Erklärung genügen, so ist dies in Bezug auf die mitunter symbolbeladene Bauplastik nicht der Fall.

Abb. 111

Affe und Frau an einem Säulenfuß der Westchorgalerie des Wormser Domes.

Vor langen Jahren hat in Worms einmal eine vornehme Dame gelebt, die solche Reichtümer besaß, daß sie sich mit dem größten Luxus umgeben und alles, was sie benötigte, von einer großen Dienerschaft besorgen lassen konnte. Dabei wurde sie selbst so bequem und träge, daß sie fast keinen Finger mehr rühren mochte und sich sogar von einem geschickten Affen frisieren und, wenn sie las, das Buch vorhalten ließ. Das trieb sie so weit, daß der Affe sie schließlich auch noch in die Messe begleiten mußte, um ihr den Rosenkranz nachzutragen und alle möglichen Dienste leisten zu können. Als nun die Dame eines Tages wieder einmal in den Dom gegangen und von ihrem Affen begleitet war, daß faßte der aber seine Aufgaben plötzlich ganz falsch auf. Statt seiner Herrin das Gebetbüchlein vor die Nase zu halten, turnte er auf ihren Rücken und begann, wie er das daheim ja alltäglich zu tun hatte, vor den Augen aller Gläubigen ihr Haar zu ordnen. Da sich die Geschichte wie ein Lauffeuer durch die Stadt verbreitete, hörten auch die Steinmetzen, die damals den Dom mit allerlei Bildwerken schmückten, von dem komischen Vorfall. Einer von ihnen hat die Szene in Stein ausgehauen, so daß man heute noch am Ostchor des Bild der Frau mit dem Affen auf dem Rücken sehen und sich von der Wahrheit der Geschichte überzeugen kann.[287]

Die von Wind und Wetter angegriffene Skulptur befindet sich, im Gegensatz zu Müller, an einem Säulenfuß der Westchorgalerie. Die Steinmetze des fortgeschrittenen 12. Jahrhunderts hatten hier an jedem Säulenfuß eine ganz individuelle Figur angebracht, darunter ein König, ein Bischof, Löwen, Fabelwesen und eben auch jene Frau mit Affen. Sicher handelt es sich um eine allegorische Darstellung (Hoffart?), und wahrscheinlich entstand die Sage nach dem Vorbild der Figur. In jedem Fall ist die Plastik des Domäußeren ein ganz herausragendes Kleinod, welches lohnt, beim nächsten Besuch des Wormser Domes ein Fernglas mitzuführen.[288]

Die Domschätze

Kirchen und insbesondere Dome sind von jeher bekannt für ihre reiche Ausstattung; dem Wort »reich« kommt dabei eine zweifache Bedeutung zu. Früher war der Kirchenschatz nicht zuletzt Geldanlage, die in Form sakrosankter Gegenstände Dieben eine hohe ethische Hemmschwelle setzte – und dennoch bei kirchlichem Geldmangel veräußert werden konnte. Heute sind es meist die hohen ideellen Werte, die den Materialwert kirchlicher Schätze oft um ein Vielfaches übersteigen – und damit deren Verkauf praktisch ausschließen.

DAS KREUZ IM MAINZER DOM

Bischof Willegis von Mainz hat dem Dom ein großes Kreuz mit einer lebensgroßen Christusfigur in Gold mit beweglichen Gliedmaßen geschenkt. Das Metall dazu haben die Juden zur Sühne für ihren Wucher zusammenbringen müssen.[289]

Das Kreuz wurde in Wirklichkeit aus dem Tribut der Lombardei finanziert, welcher dem Mainzer Erzbischof zukam. Es bestand aus mit Gold belegtem Zypressenholz; die überlebensgroße Christusfigur war aus 600 Pfund Gold gegossen, teilweise hohl und demontierbar. Sie diente als Reliquienbehälter, aber auch zur Aufnahme von Edelsteinen. Letzteres wundert ein wenig, da solche im Inneren des Korpus mangels Sichtbarkeit auch keine Wirkung hinsichtlich zur Schau gestellten Reichtums, Schmucks oder Symbolik hatten. Das Schicksal des auch Benna oder Benno genannten Kreuzes erklärt diesen Umstand aber sehr gut: Erzbischof Marcolf (1141–1142) schickte einen Fuß des Gekreuzigten zur Bezahlung des Palliums nach Rom, Erzbischof Arnold von Selenhofen (1153–1160) verwandte den anderen Fuß und zwei Unterschenkel zur Bezahlung seiner Kriegskosten im Kampf gegen Pfalzgraf Hermann. Im 13. Jahrhundert wurde das Kreuz ganz aufgezehrt, was nicht als Sakrileg betrachtet werden darf, sondern schlicht als die Ver(sch)wendung des kunstvoll angelegten Bistumsschatzes.[290]

Dabei wurde der Marktwert eines mittelalterlichen Domschatzes durchaus an materiellen und ideellen Maßstäben gemessen, insbesondere Reliquien und reliquienähnliche Objekte konnten mehr als ihr Gewicht in Gold kosten.

EIN STRAUSSENEI

Im Wormser Domschatz hat sich einst ein Straußenei befunden, welches angeblich von einem Strauß im Schnabel ins Heilige Land getragen wurde, wo es Bischof Georg von Schöneberg (gest. 1595) selbst erwarb. Das Ei war mit lateinischen Versen beschriftet und kostbar in Gold und Edelsteinen gefaßt. Heute ist es verschwunden.[291]

Reliquien aus dem Heiligen Land hatten seit den Kreuzzügen eine stetige Nachfrage in Mitteleuropa gefunden. Daher darf ein Straußenei orientalischer Herkunft im Wormser Domschatz nicht ernsthaft verwundern. Die religiöse Komponente ist in unserem Fall nur schwach ausgeprägt darin zu sehen, daß der Vogel das Ei sicherlich in frommem Sinn ins Heilige Land getragen hat; wesentlich bedeutender ist hier sicher der Wert der Kuriosität in ihrer kostbaren Fassung.

Strauße verbinden wir heute mit Schwarzafrika, doch gab es sie noch bis in die Neuzeit auch weiter nördlich: 1966 starb in Jordanien das letzte Exemplar des von Jägern ausgerotteten Arabischen Straußes (*Struthio camelus syriacus*). Die heutigen Strauße in der Wüste Negev sind ausgewilderte Nordafrikanische Strauße (*Struthio camelus camelus*). Letztere waren noch in der Spätantike nördlich der Sahara verbreitet, wie uns die Mosaiken des um 300 n. Chr. genutzten kaiserlichen Palastes von Piazza Amerina auf Sizilien berichten: Sie zeigen, wie diese Tiere verschifft werden, um dem hohen Jagdvergnügen zu dienen.

Abb. 112

Der heilige Petrus.

Malerei an einem Pfeiler des Wormser Domes.

Übrigens vermag ein Strauß nicht, sein rund 15 cm großes Ei im Schnabel zu tragen. Mit dem Inhalt von zwei Dutzend Hühnereiern ist es das größte Ei im heutigen Tierreich![292]

DIE NIKOLAUSKAPELLE AM WORMSER DOM

Der schönste Nebenbau des Wormser Doms, die an der Südseite angelehnte Kapelle des heiligen Nikolaus, barg ehemals einen Finger dieses Heiligen, von dem als Wunder erzählt wird, daß ihm ein heilsames Öl entquollen sei. Die Folge davon war, daß alsbald eine sehr lebhafte Verehrung der Reliquie ihren Anfang nahm. Ebenso wie über dem plötzlichen Auftauchen des Wunders ein dunkles Geheimnis liegt, ist auch das Verschwinden der Reliquie bis heute ein ungelöstes Rätsel geblieben. Nur die Kapelle steht noch und bewahrt in ihrem Namen die Erinnerung an den ehedem in ihr verwahrten ölschweißenden Finger des heiligen Nikolaus.[293]

Die Reliquie entzieht sich bereits seit geraumer Zeit der Verehrung durch ihr ungeklärtes Verschwinden. Ein Finger als Reliquie vereint neben dem christlichen, heilsbringenden Charakter auch weniger christliche Vorstellungen zum Nutzen abgeschnittener Finger in sich: Solche von Verstorbenen bzw. Hingerichteten sollten Unheil abwehren und gegen Hexerei schützen. Nach Evans soll der Finger eines Gehenkten Gäste in die Wirtschaft locken, wenn der Wirt ihn in das Bierfaß hängt – dies, wie Evans treffend bemerkt, natürlich nur so lange, wie die Gäste davon nichts wissen ...

Die Nikolauskapelle war 1058 dem Dom hinzugefügt worden, die Reliquie kam etwas später an diesen Ort, 1163 ist sie jedenfalls Gegenstand der Verehrung durch Kaiser Friedrich Barbarossa.[294]

Und nahezu selbstverständlich waren Domschätze wie alle Schätze Gegenstand der allgemeinen Phantasie, die sich ihre eigenen Gedanken über Versteck und Aufbewahrung machte.

DAS VERSTECK DES WORMSER DOMSCHATZES (Abb. 112)

Worms, die alte Nibelungenstadt, die eine Jahrtausende alte Vergangenheit voller Glanz, aber auch voller Leid und schwerem Unglück hinter sich hat, war einst der Hort großer Schätze, von denen heute niemand mehr genauere Kenntnis besitzt. Vor allem war es der gewaltige Schatz

der Nibelungen, der nun in den Rhein gestürzt und so vor Dieben und Räubern geborgen ist. Zum andern hatte aber auch der Dom einen reichen Schatz. Der Domschatz ist heute noch da. Er steckt in dem Pfeiler, an welchem St. Peter und St. Paul gegenüber dem Nordportal abgebildet sind. St. Peter mit dem Schlüssel in den Händen hütet ihn.[295]

Für die Entstehung dieser Sage spielt vielleicht eine Rolle, daß die französischen Soldaten für ihre Versuche, den Dom 1689 zu sprengen, Vertiefungen in die Säulen geschlagen haben – welches wiederum womöglich als Schatzsuche fehlgedeutet wurde.

Der Mainzer Dom in Kriegszeiten

Die neuzeitlichen Kriege trafen den Dom zu Mainz besonders hart. Dies lag nicht zuletzt an dem Umstand, daß der Erzbischof kein einfacher Oberhirte der Gläubigen und Hausherr des Domes war, sondern als Kurfürst ebenfalls eine bedeutende weltliche Macht besaß. Wollte man ihn als Territorialherrn oder Reichspolitiker schädigen, so bedeutete dies fast zwangsläufig auch die Beschädigung kirchlicher Interessen. Ein gutes Beispiel finden wir in der Zeit des Schmalkaldischen Krieges:

Der Franziskaner Johannes Wild war von 1539 bis 1554 Domprediger zu Mainz. Am 4. August 1546 hatte er am Vorabend des Krieges eine Votivmesse im Dom gelesen, in der er für den Frieden predigte und Krieg als Strafe Gottes brandmarkte. 1552 war er nicht wie die übrigen Vertreter des Klerus vor den Truppen des Markgrafs Albrecht aus der Stadt geflohen, sondern tapfer bei den Bürgern der Stadt geblieben und hatte durch sein Auftreten sicher Schlimmeres bei den Brandstiftungen der Besatzer zu verhindern gewußt. Mitte des 16. Jahrhunderts, als die Reformation blühte und auch die katholische Lehre massiv beeinflußte, trat Wild als moderater Kleriker auf, der durchaus auch sinnvolle Positionen der Gegenseiten vertreten konnte; dies zeigt sich nicht zuletzt darin, daß einige seiner Schriften später von der katholischen Kirche verboten wurden.[296]

JOHANNES WILD

Vor vielen Jahren sah man in Mainz ein Bild, das einen Pater darstellte, der den Dom in der Hand trug. Damit hatte es folgende Bewandtnis: Als der Markgraf Albrecht von Brandenburg-Kulmbach Mainz brandschatzte, wäre beinahe auch der Dom zerstört worden. Da aber ein Pater zu jener Zeit im Dom gewaltige Predigten hielt, riet man dem Markgrafen, den frommen Mann auch einmal anzuhören. Auch dem Markgraf gefiel der Prediger so gut, daß er versprach ihm eine Gnade zu gewähren. Da bat der Pater: »O Herr, schont diese heiligen Hallen, eure Geißel hat uns schon hart genug gezüchtigt!« Da malte der Markgraf mit einem Stück Kreide einen Galgen an die Tür des Doms, zum Zeichen, daß das Gotteshaus geschont werden müsse und jeder zum Tod verurteilt werde, der gegen das Gebot handele. So blieb der Dom vor der Zerstörung bewahrt. Das Gemälde des Paters mit dem Dom in der Hand brachte die Kunde von seiner Rettung auch auf die späteren Geschlechter. Der Pater aber, dem die Rettung des Doms zugeschrieben wird, hieß Johannes Wild oder auch mit lateinischem Namen Johannes Ferus. Er gehörte dem Franziskanerorden an, war Domprediger und ist 1554 gestorben.[297]

Aus Sicht des Kurfürsten und Erzbischofs besonders schlimm war die Zeit der Schwedenherrschaft (1631–1635) während des Dreißigjährigen Krieges. Zu den machtpolitischen Handlungsmaximen waren nun ganz massiv religiöse Beweggründe hinzugetreten, die ihre Spuren bis in unsere heutige Zeit erkennen lassen: In Gau-Algesheim und andernorts lassen Gustav-Adolf-Kirchen die Erinnerung an den schwedischen König wohlwollend weiterleben, der auf dem Höhepunkt des Dreißigjährigen Krieges einer der wichtigsten Akteure war – und Protestant. Ein ganz konträres Bild liefern uns die Domsagen, die Gustav Adolf und seine Soldaten von katholischer Warte aus überliefern:

GUSTAV ADOLF UND DER MAINZER DOM 1 (Abb. 113)

Als Gustav Adolf, der König der Schweden, in Mainz weilte, wollte er unter anderm auch die vornehmste Kirche der Stadt, den alten Dom niederreißen lassen. Auf inständiges Bitten der Einwohner hat er das Bauwerk von der Zerstörung ausgenommen. Um den Mainzern aber zu zeigen, daß es in seiner Macht gestanden hätte, solches dennoch zu tun, hat er nicht nur die Ecken von den Pfeilern des Gotteshauses abschlagen lassen, sondern bei seinem Abzug auch noch ein Kruzifix von seinem Postament heruntergerissen und auf die Erde geworfen. Das Kreuzbild begab sich aber ganz von selbst wieder an seinen Ort. Daß dies wirklich geschehen ist, kann man noch bis auf den heutigen Tag daran erkennen,

daß das Kruzifix etwas auf die linke Seite neigt. Kein Mensch würde es wagen, das Kreuz zurecht zu rücken, weil man glaubt, daß es absichtlich in dieser Lage verbleiben will.[298]

Für die genannte Freveltat, das sei bemerkt, hat der schwedische König ein Alibi: er ist bereits am 16. November 1632 gefallen, also knapp ein Jahr nach Einnahme von Mainz und mehrere Jahre vor dem Abzug der Schweden aus der Stadt. Auch die folgenden Untaten sollten nicht ungeprüft für wahr befunden werden.

GUSTAV ADOLF UND DER MAINZER DOM 2

Als König Gustav Adolf von Schweden Mainz in Besitz genommen hatte, ritt er in den Dom und hieb am Eingang vom Leichhofe her in den Pfeiler, zum Zeichen, daß er die Macht habe, den Dom stehen oder niederreißen zu lassen. Ein schwedischer Ingenieur hatte schon den Vorschlag gemacht, den Dom in die Luft zu sprengen und an seiner Stelle eine Sternschanze anzulegen.[299]

Nach Müller waren die Spuren des Hiebs noch bis ins Jahr 1830 zu sehen, als die Steine ausgetauscht wurden. Müller vermutet, daß es sich wahrscheinlich um die häufig an Kirchen vorkommenden Wetzmarken handelt, läßt aber auch die Möglichkeit offen, es könne sich hinter dem Hieb des Königs ein alter Rechtsbrauch verbergen, der die Inbesitznahme eines Gebäudes durch Herausschneiden eines Holzspanes aus der Tür verdeutlichte.

Gustav Adolf (geboren am 19. Dezember 1594 in Stockholm, gefallen am 16. November 1632 bei Lützen, Sachsen-Anhalt), von 1611 bis zum seinem Tod König von Schweden, war hochgebildet und bezüglich politischer Klugheit den meisten zeitgenössischen Herrschern weit überlegen. Er reformierte das schwedische Bildungswesen, die Staatsfinanzen und auch das Heer. Letzteres ermöglichte den Schweden ab 1630 erfolgreich in den Dreißigjährigen Krieg einzugreifen: Nachdem die katholischen Truppen bis an die Ostsee vorgedrungen waren, sah der König von Schweden seine Einflußsphäre bedroht und landete mit 13 000 Soldaten in Pommern. Die Größe seines Heeres verdreifachte sich durch sich ihm anschließende Truppen rasch, Bündnisse mit Sachsen und Hessen-Kassel versetzten ihn zudem in die Lage, nun das Kriegsgeschehen zu lenken. Binnen eines halben Jahres waren die kaiserlich-katholischen Truppen bis Bayern zurückgedrängt.

GUSTAV ADOLF UND DER MAINZER DOM 3

Am Eingang des Mainzer Domes vom Leichhof her steht ein kleines Weihwasserbecken, in dem nie Wasser ist. Denn daraus hat das Pferd des Schwedenkönigs Gustav Adolf getrunken, und deshalb wird es nicht mehr gebraucht.[300]

Andere Verbrechen sind den Schweden sehr wohl zur Last zu legen, wenn diese auch vor dem Hintergrund der damals ohnehin rohen Sitten gesehen werden müssen.

DIE SCHWEDEN UND DIE DOMBIBLIOTHEK

Als die Schweden Mainz eingenommen hatten, erregte die Pracht der Dombibliothek ihr ganz besonderes Interesse. Die Bibliothek des Mainzer Doms war nämlich so hervorragend, daß sie zu den sieben Weltwundern gezählt wurde, Gustav Adolf, so heißt es, habe seinem Kanzler einen sehr reichen Bücherschatz daraus zum Geschenk gemacht, dieser hätte sie dann dem Gymnasium zu Arhusen überwiesen. Als die Bücher jedoch nach Schweden geschafft werden sollten, erreichte sie unterwegs das Verhängnis. Bei der Überfahrt übers Meer erlitt das Fahrzeug jämmerlich Schiffbruch, so daß sämtliche Bücher verloren gingen. Nach anderen Berichten dagegen sollen die Mainzer Bücher in Kisten wohlverpackt in Schweden angekommen sein und heute noch dort irgendwo als kostbarer Schatz gehütet und verborgen gehalten werden.[301]

Bücher waren früher von hohem Wert, was mit den enormen Herstellungskosten zu begründen ist. Bibliotheken waren daher mehr als nur ein Informationsspeicher, nämlich vor allem auch ein Statussymbol. Heute ist das nicht mehr ganz so: Blickt man auf die öffentlichen Bibliotheken, zum Beispiel die Stadtbibliothek von Mainz, so sieht man bei genauerer Betrachtung große finanzielle Mängel, die sich insbesondere in der Konservierung wichtiger und unersetzlicher alter Bücher ausdrücken. Würde man 10 Prozent der jährlich gezahlten Fernsehgebühren in öffentliche Bibliotheken umleiten, so ... – doch blicken wir wieder ins 17. Jahrhundert. Bibliotheken und Bücher waren prestigeträchtig; bei Plünderungen daher begehrte Beute der Kriegsherren. Nach der Einnahme der Stadt Mainz durch die Schweden im Jahr 1631 konfiszierten diese viele Bibliotheken, die zuvor der katholischen Geistlichkeit gehört hatten (so die des Erzbischofs, der Domkapitelmitglieder und höherer kurfürstlicher

Abb. 113

Portrait des Schwedenkönigs Gustav Adolf (1594–1632) ca. aus dem Jahr 1630.

Beamter). Daneben aber auch Bibliotheken der Klöster, der Universität und von Privatpersonen. 1632–1636 wurden fünf Kisten mit Büchern nach Schweden geschickt; eine davon versank bei einem Schiffsunglück in der Ostsee.

Die Bücher des Mainzer Domherrn Friedrich von Sickingen wurden 1632 – neben anderen – von dem Obristen der königlichen Leibgarde Nils Brahe d. Ä. (1604–1632) als sein Anteil an der Kriegsbeute nach Schweden exportiert. Bis auf zwei Exemplare finden sich noch heute alle der 243 Bücher Friedrich von Sickingens in der Bibliothek Nils Brahe d. J. auf Schloß Skokloster, wohin übrigens auch einige Bücher aus Oppenheim gelangten. Das prächtige Schloß ist heute in staatlichem Besitz und kann besichtigt werden.

Dieser Raub erinnert aktuell an die Beutekunst des 2. Weltkriegs, worunter nicht zuletzt viele archäologische Objekte unserer Vergangenheit zu zählen sind – die jetzt in russischen Magazinen liegen. Solche Wegnahme kulturellen Erbes mag uns heute verabscheuenswert erscheinen; aus der Sicht kriegführender Parteien galt dagegen »Wehe den Besiegten« – und dabei werden selten Ruhmestaten begangen. Andererseits kann eine gut inszenierte Rückgabe einstigen Gegnern helfen, zu friedenführenden Partnern zu werden. Allerdings muß man dabei behutsam vorgehen; stammen doch wesentliche

Teile der Gemäldesammlung des Mainzer Landesmuseums ebenfalls aus Beutekunst, nämlich der des Kaisers Napoleon![302, 303]

Verständlich ist die Vorstellung, daß der Mainzer Erzbischof nicht alle Wertgegenstände der Plünderung überlassen wollte. Ob jedoch tatsächlich noch solcherlei im Boden verborgen liegen könnte, darf bezweifelt werden:

DIE SILBERNEN APOSTEL

Ehemals waren im Mainzer Dom zwölf lebensgroße silberne Apostel, aber seit 200 Jahren sind sie nicht mehr da, vielleicht seit der Zeit, da die Schweden Stadt und Dom so arg zurichteten. Sie wurden vergraben und sinken immer tiefer. Auf die Frage, wohin sie gekommen seien, heißt die Antwort: sie sind im Kreuzganggarten verscharrt, just da, wohin in jener Nacht der Schweif des Hahns vom Domturme im Mondscheine seinen Schatten warf.[304]

Jedenfalls gab sich die katholisch-kurfürstliche Propaganda große Mühe, die schwedische Herrschaft zu diskreditieren. Dabei bediente man sich des besten Mittels, welches zu solchen Zwecken bis heute zur Verfügung steht: Des Gerüchtes.

GUSTAV ADOLF – OHNE GOTTES GNADE

Als Gustav Adolf Mainz in den Händen hatte und die evangelische Lehre zur Herrschaft gelangt war, ereigneten sich eine Reihe merkwürdiger Erscheinungen. Gnadenbilder verdrehten die Augen, Kruzifixe schwitzten und aus dem Munde heiliger Bilder vernahm man deutlich, wie sie »Ach« und »Wehe« riefen. Zur gleichen Zeit berichteten zwei Mainzer Bürger, daß sie im Juni 1635 vom Leichhof aus ganz plötzlich über der höchsten Spitze des Doms eine erstaunlich große Zahl glänzender Engel gesehen hätten, die mit wunderschönen weißen Kleidern angezogen gewesen und Wachskerzen in den Händen gehabt hätten. Dabei hätten sie die Spitze des Doms mit rückwärts gebeugtem Haupt umkreist, sich wiederholt in der Richtung nach Köln geneigt und mit den Händen gewinkt, um den dorthin geflüchteten Erzbischof zurückzurufen.

Der dieses berichtet, war der ehemalige reformierte Prediger Gottfried Adolf Volusius (1617–1679), der später den katholischen Glauben angenommen hat und danach Rektor der Universität und Weihbischof von Mainz geworden ist.[305]

Diese Sage ist ohne Zweifel gut katholisch. Volusius (sein deutscher Name lautet eigentlich Vogler) wurde 1617 in Hanau als Kind eines calvinistischen Predigers geboren und übernahm nach theologischen Studien in Kassel die 1637 die Pfarrstelle in Hanau. Schon im Folgejahr mußte er aus Hanau nach Mainz fliehen, da er sich zusehends dem Katholizismus zuwandte und sogar offen für die Marienverehrung eintrat. Er konvertierte schließlich zum Katholizismus, studierte in Rom und wurde nach der Priesterweihe 1642 Pfarrer in Heppenheim, 1645 Dompfarrer in Mainz. Ab dieser Zeit begann seine Karriere im Mainzer Bistum. Da gerade Menschen, die ihre angestammte geistige Heimat verlassen haben, umsomehr darauf zu achten pflegen, in der neuen alles richtig zu machen, war Volusius ein idealer Vertreter der Gegenreformation geworden. Die Strenge seiner Visitationen in den Pfarreien war gefürchtet, man bezeichnete ihn gar als »Pfaffenschinder«.[306] Seine letzte Ruhe fand er im Mainzer Dom, wo seine Grabinschrift kündet: *Hier ruht und schweigt, der stand und rief auf der Mainzer Kanzel während 30 Jahren und darüber, nach seiner Herkunft Deutscher, nach seiner Heimat Hanauer, dem Amt nach Pfarrer, des Namens Godefrid Adolph Volusius, mit dem Grad eines Doktors der Theologie, der Würde eines Bischofs von Diocletianopolis, verdientermaßen der größte Sünder (Dies setzte er sich selbst). Lieber Wanderer, liebe Deinen Nächsten, geh nicht von hier fort, ohne daß Du ihm die ewige Ruhe wünschst. Amen.*[307]

Einzelheiten aus den Domen

Durch Grabdenkmäler, Altäre, Fenster, Glocken und Gestühl ist ein Dom nicht nur ein einzelnes Baudenkmal, sondern ein regelrechtes Denkmalensemble. Als eine kleine Welt für sich zeigt er Licht und Schatten, ist Heimat zahlreicher kleiner Geschichten:

GESPENSTER IM MAINZER DOM (Abb. 114)

Von dem Kreuzgang im Dom gehen seltsame Reden. Aus einem vergitterten, gewölbten Platz führt er mit großen Bögen aus der Kirch nach Süden, dreht sich westwärts an der verschrieenen Kapitelstub und geht dann wieder gegen Nord durch eine große Halle und ein schönes Thor in die Kirch. In der immer dämmerigen Hall sieht man sonderbare Heiligengeschichten an der Wand in Stein ausgehauen. Wenn man an der Kapitelstub steht, ist die Aussicht ganz abgeschlossen, man sieht nichts

als den Himmel, die verwüsten Thürm, den Kirchhof mit Gras bewachsen. Ein alter Wächter namens Kneip war angestellt zu Nachtzeit die Rund zu machen wegen dem Domschatz; er hatt' in einer Seitenkapell ein Häuschen. Die Glöckner, die abwechselnd bei ihm bleiben sollten, schickte er fort, sie könnten in ihren Bettern bleiben, er fürchte sich nicht. Wenn er mit seinem Hund die Rond machte und der sich zwischen seine Beine retirierte, war es allemal nicht sicher. Das geschah meist an der Laurenzen Kapell. Einigemal, erzählt er, hab er die Pfort, die in den Kreuzgang führt und gewöhnlich verschlossen ist, weit offen stehen sehen und innen seie es ganz hell gewesen. Da seie es in einem langen Zug von der Kapitelstub hergekommen; ein Bischof, 13 bis 15 Geistliche, zuletzt ein junger Mensch in weltlicher, alterthümlicher Tracht, alle mit Lichtern, seien schweigend an den hohen Altar gegangen und hätten Hochamt gesungen, das er alles mit zugesehen und gehört. Dazu seie die Orgel gegangen. Als das Amt aus war, seien die Geister wieder die Stufen herabgekommen und in der Halle des Kreuzgangs verschwunden. Das seie ihm mehr wunderbar, als schauerlich vorgekommen. Mehr Furcht habe ihm ein anderes Gesicht gemacht. Wie er einstmals bei Nacht aus seinem kleinen Fenster gesehen, habe er zwei Schatten erblickt, die mit Lichtern bei seinem Kapellchen vorbeigeschwebt und die Wendeltrepp zur Orgel hinaufgefahren wären, bald darauf sei die Orgel gegangen. Ein alter Säufer Namens Bolentz, der Glöckner im Dom ist und einst mit Kneip auf diese Red kam, wollte auch die nächtliche Erscheinung des Bischofs und der Geistlichen gesehen haben. Er behauptete auch, wenn er morgens (im Winter, wo es lang dunkel) ave Maria zu läuten gehe, und an dem hohen schwarzen, mit marmornen Wappen verzierten Monument des Domherrn von Breitenbach, worauf er selbst mit einer reichen Lockenperücke liegt, vorbeigehe, wehe es ihn allemal eiskalt an, da seie es auch gar nicht just. Darauf kam auch die Red auf die Kapitelstub, und beide versicherten, daß es dort nicht richtig seie. Denn als daselbst einstmals ein Ofen gesetzt ward, und einige Werkleut bis gegen Abend da zu thun hatten, stand Bolentz (der den Zuname »der Bauherr« hat, weil er immer wichtig thut, wenn was gebaut wird und sich stellt, als wär er der Bauherr) in der Thür zwischen dem Kreuzgang und der Stub, und es kam ihm vor, als stehe der Maurerjung außen im Zwielicht. Als er hierauf hineingegangen war, fand er den Jungen drin; er ging wieder heraus, um sich zu überzeugen, da war es eine Spukgestalt, die sich in die Bögen verlor. – Auch wollen die

Nachbarn, besonders in Herrn Lennigs Haus, oftmals zu gewisser Zeit im Jahr zwei Lichter in den Fenstern der Kapitelstub, die nach außen gehen, gewahren, allemal an Abenden, wo sich, nach Erkundigung, Niemand dort befand.[308]

Eine Forschergruppe um den britischen Psychologen Richard Wiseman hat vor einigen Jahren Experimente in Hampton Court Palace durchgeführt, um den dort vielfach und bis in die heutige Zeit vorkommenden Berichten um Geistererscheinungen nachzugehen. Hampton Court Palace, Schloß des englischen Königs Heinrich VIII. im Süden Londons, steht im Ruf, dort ginge der Geist Heinrichs fünfter Frau Catherine Howard um, die ihr Gatte 15 Monate nach der Hochzeit (1540) zum Tode verurteilen und hinrichten ließ. In einem

Abb. 114

Der Kreuzgang des Mainzer Doms.

anderen Experiment wurden die South Bridge Vaults von Edinburgh näher betrachtet: Unter den Brückenbögen waren in der Mitte des 19. Jahrhunderts unter entsetzlichen hygienischen Bedingungen Armenunterkünfte eingezogen, die heute im Ruf umgehender Geister stehen.

Testpersonen mit und ohne Vorwissen wurden durch die verrufenen Räume und solche ohne überlieferte Vorkommnisse geschickt, dabei ihre Reaktion dokumentiert. Tatsächlich wurden signifikante Häufungen von Reaktionen (also grob gesagt: Empfinden von Merkwürdigkeit) an anderweitig überlieferten Spukplätzen festgestellt. In der Auswertung konnte herausgearbeitet werden, daß diese Reaktionen auf Umweltfaktoren zurückzuführen sind: Ein Luftzug, veränderte Lichtverhältnisse, Bestätigung vorgefaßter Meinung, wie ein Spukort wohl gestaltet sein soll, sind die überwiegenden Auslöser entsprechender Empfindungen. Der Geist selbst bedürfte nun wohl nur noch ein wenig Konfabulation.

In dieser bestechend einfachen Theorie sind die bekannten Naturgesetze völlig ausreichend zur Erklärung von Geistererscheinungen; und man sollte ja als aufgeklärter Mensch nicht Faktoren in Theorien einbringen, die diese unnötig verkomplizieren![309]

Weitere Einzelheiten des Domes sind mit sogenannten Domsagen belegt:

DIE SAKRISTEI DES MAINZER DOMES (Abb. 115)

Über dem Eingang des Mainzer Domes zur Sakristei im nördlichen Querschiff gegen Westen tritt aus der Wand ein Vorbau mit zwei Fensterlein heraus. Von hier aus soll früher dem harrenden Volk der Name des neugewählten Erzbischofs verkündet worden sein. Andere erzählen, hier hätten die Wächter gestanden und auf Langfinger aufgepaßt, wenn die vielen Kostbarkeiten an hohen Festtagen ausgestellt waren.[310]

Vom nördlichen Querhaus gelangt man nicht direkt in die Sakristei, die in den 1240er Jahren an den Westchor angebaut und im 16. Jahrhundert erweitert wurde.[311]

EIN GLOCKENKREIS

Vor dem Pfarraltar unten im Schiff des Mainzer Domes vor den Treppen ist auf dem Boden ein großer Kreis von Steinplatten gebildet. Man sagt, die große Glocke von Erfurt sei unten am Rande gerade so groß wie dieser Kreis.[312]

Abb. 115

Der Eingang zur Sakristei des Mainzer Domes (rechte Tür).

Solche Glockenkreise gibt es im deutschsprachigen Raum einige; so zum Beispiel vor dem Prunerhaus am Hauptplatz der österreichischen Stadt Linz: Dort wurde 1693 ein eiserner Ring in den Boden eingelassen, der den Durchmesser der neugegossenen Glocke für die Stadtpfarrkirche wiedergibt. 1956 wurde ein neuer Glockenring zur Erinnerung an den Neuguß der Glocke »Pummerin« für den Wiener Stephansdom vor dem Linzer Landhaus geschaffen. Eine Ober-Ingelheimer Sage berichtet ähnliches.[313]

DIE KANZEL DES BONIFATIUS

Hinten im Martinschor des Mainzer Domes steht nach rechts hin ein steinernes Känzelchen, da soll der hl. Bonifazius gepredigt haben.[314]

GESPRUNGENE STEINPLATTEN

Im Mainzer Dom ist der Boden mit Steinplatten belegt, die beschädigt sind. Ein Kapuziner war sehr eifrig im Beten und hat im Dom oft einen Rosenkranz gebetet, dessen Kugeln dick und schwer waren. So oft er nun eine Kugel von der Schnur herabfallen ließ, traf diese den Boden und zerschlug die Platten.[315]

Gesprungene Steinplatten im Dom mögen wahrscheinlich eher auf schlechte oder schwindende Unterfütterung zurückzuführen sein. Dazu gab es in der Geschichte des Doms mehrere Ereignisse, die ihn in seinen Grundfesten erschüttern und damit den Boden schädigen konnten. Sieben Dombrände (einschließlich dem von 1942), besonders schlimm der sechste von 1793, der durch die Bombardierung der von französischen Truppen besetzten Stadt durch alliierte deutsche Belagerer verursacht wurde. Um 1800 erwog man sogar dessen Abbruch!

EIN TEURES GESCHENK

Der Perlenhimmel, den Albrecht von Brandenburg dem Mainzer Dom schenkte, war so kostbar, daß man die Stadt dreimal damit aufbauen könnte.[316]

Der annähernd quadratische Traghimmel, den Kurfürst Albrecht von Brandenburg (regierte von 1514–1545) mit zwei weiteren 1540 gestiftet hatte, war Teil des Domschatzes. Mit Edelsteinen war der Schriftzug IHS ausgelegt,

Abb. 116

Detail der Figurengruppe am Grabmal des Franz Anselm von Ingelheim.

von den vier Seiten hingen die vier Wappen des Herrschaftsgebietes Albrechts herunter, an den Ecken die Symbole der Evangelisten.[317]

FRANZ ANSELM VON INGELHEIM (Abb. 116)

Das Denkmal im Mainzer Dom in dem südlichen Seitenschiff stellt den Erzbischof Franz Anselm von Ingelheim dar, dem ein Englein ein Buch vorhält. Es heißt, der geistliche Herr habe zu Lebzeiten sein Brevier nicht richtig gebetet, deshalb müsse er nun fort und fort ins Buch schauen.[318]

Anselm Franz von Ingelheim lebte von 1622 bis 1695. Seine Regierung als Mainzer Erzbischof, die 1679 begann, war geprägt von den Spannungen im Vorfeld des Pfälzischen Erbfolgekrieges und den kriegerischen Ereignissen selbst. Letztere führten dazu, daß er die abschließenden vier Jahre seines Lebens in der sicheren Residenz Aschaffenburg verbrachte, wo er schließlich auch starb. Sein Grabdenkmal ist das erste im Mainzer Dom, welches einen verstorbenen Kurfürsten in seitlich gelagerter Position zeigt. Der Bildhauer Johann Wolfgang Frölicher gab ihm dadurch einen recht vertraulichen Ausdruck.

Das »Blicken ins Brevier« ist indes eine auf frühneuzeitlichen Grabmälern geistlicher Herren häufige Darstellung. Im Mainzer Dom findet sie sich mehrfach, so zum Beispiel auf den Denkmälern für Reinhard von Dienheim (gest. 1555) und für Daniel Brendel von Homburg (gest. 1582).[319]

Abschließend sei der Blick zum Ausgangspunkt dieses Kapitels gelenkt, zum Wormser Dom.

WETTERHÄHNE (Abb. 117)

Wie von zahlreichen Kirchtürmen unserer Heimat werden auch die Türme des Wormser Doms von Wetterhähnen bekrönt, die ihren wachsamen Blick von früh bis spät weit ins Land hinausrichten. Als treue Wächter sind sie ununterbrochen auf ihrem Posten, versäumen weder Mette noch Vesper und lauschen auf ihren wolkennahen Sitzen dem Gesang der Engel in den himmlischen Regionen. Eines nur wäre an ihnen zu rügen, nämlich daß jeder von ihnen nach einer anderen Richtung schaut. Wenn es aber drunten auf der Erde unter dem Zwerggeschlecht der Menschen zu Aufstand und Empörung kommt, wenn der Stadt und dem Land Gefahr droht und das Sturmgetöß bis an die Mauern des

tausendjährigen Doms heranwächst, dann schauen auch die vier Domturmhähne zu Worms auf das gleiche Ziel, nämlich dorthin, wo der Sturm herkommt, bereit, den Kampf als treue Wächter ihres Domes mit dem Feinde aufzunehmen.[320]

Wetterhähne auf den Spitzen von herausragenden Gebäuden sind uns wohl bekannt, noch heute werden sie angebracht; manchen Neubau schmückt auch eine von jenen herzuleitende Eule, eine auf dem Besen reitende Hexe oder ähnliches. Früher war es meist eine Fahne und darüber ein Hahn, beides aus Metall gefertigt. Auf dem Wormser Dom sitzen die Hähne selbstredend auf einem Kreuz. Dem Hahn kommt dabei wohl wegen seines Verhaltens, auf erhöhter Position bei Tagesanbruch zu krähen, die Rolle des Wächters zu. Es sei jedoch angemerkt, daß bereits Pausanias in der zweiten Hälfte des 2. Jahrhunderts n. Chr. das Teilen und Vergraben eines weißen Hahnes gegen einen den Weinbau schädigenden Wind im griechischen Methana beschreibt.[321, 322]

Abb. 117

Wetterhahn auf einem der Westtürme des Wormser Domes.

DER DREIJUNGFRAUENSTEIN IM BERGKLOSTER ZU WORMS, JETZT IM DOM (Abb. 118)

Auf einem Hügel außerhalb der Stadt Worms, vor dem inneren Andreastor, zur rechten Seite der von hier ausgehenden, schon zur Römerzeit vorhandenen Straße, befand sich ehedem das Bergkloster oder das Kloster der Reuerinnen. Neben verschiedenen interessanten Grabsteinen besaß das Kloster eine in spätgotischen Stilformen gehaltene Skulptur, drei gekrönte Jungfrauen mit Nimben darstellend, die mit Büchern und Palmen in den Händen, in einem aus Strebepfeilern, Wimpergen, Konsolen und Fialen gebildeten architektonischen Rahmen stehen. Es ist der Stein der Embede, Warbede und Wilbede, oder der Dreiköniginnenstein, auch Dreijungfrauenstein genannt, der später in den Dom verbracht worden ist.

Als die Franzosen am dritten Pfingsttag 1689 Worms in Asche legten, blieb das Bergkloster von der allgemeinen Vernichtung verschont. Die Abwendung der Zerstörung hatte das Kloster dem Denkstein der genannten drei Jungfrauen zu verdanken, in denen die Franzosen fränkische Prinzessinnen erblickten. Noch heute wird der Stein im Dom aufbewahrt.[323]

Schätzler überliefert, die drei heiligen Jungfrauen sollen einst zum Zug der Elftausend Jungfrauen um die heilige Ursula gehört haben. Nach Illert seien sie dagegen die drei Töchter des (allerdings fiktiven) *»fränkischen Königspaares Vitalis und Placidia«*.

Der Dreijungfrauenstein wurde um 1430 hergestellt. Wen er eigentlich zeigt, ist trotz der gleich zweifachen inschriftlichen Angabe der Namen unklar. Es wurde die Theorie aufgestellt, man habe hier den Nachklang römisch-keltischer Göttinnen vor sich: Im Rheinland wurden verbreitet die *Deae Matronae* bzw. die *Matres* verehrt, die vor allem im Fruchtbarkeitskult Bedeutung erlangten. Diese treten selten alleine, häufig als Dreiheit auf, zudem gibt sie mit zahlreichen, dem keltisch-germanischen Sprachraum entstammenden Namen. Wenn nun der Name Warbede eine verblüffende Ähnlichkeit mit dem antiken Namen der Stadt Worms, *Borbetomagus*, aufweist, so hat dies schon den Anschein einer heidnischen Göttin in christlichem Gewand. In Trier gab es die *Matres Treverae*; in Worms vielleicht *Matres Borbetae*? Leider stehen dieser Interpretation einige Aspekte entgegen. So wurden die drei auch am südlichen Oberrhein, in Oberbayern und in Südtirol verehrt, in letzteren Gebieten bis auf den heutigen Tag. Die Südgrenze der Verehrung scheint

Abb. 118
Der Dreijungfrauenstein im Wormser Dom (Nikolauskapelle).

die Grenze des deutschen Sprachraumes zu sein! Auch nennen die ältesten Quellen (wohl 14. Jahrhundert) allein Einbeth, erst später kommen die beiden anderen hinzu. Der germanische Name Einbeth könnte von einem Grabstein des Gräberfeldes von Alt-St. Peter in Straßburg stammen und wäre damit einer konkreten Person zuzuordnen.

Dies und die fehlende Überlieferung für gut 1000 Jahre scheinen eher für eine spätmittelalterliche Neubildung des Kultes zu sprechen, bei der möglicherweise antike Quellen, weniger aber Traditionen eine Rolle gespielt haben.

Das Bergkloster lag im Westen der Stadt Worms, im Bereich des heutigen Festhauses und des EWR-Gebäudes. Es wurde im 9. Jahrhundert gegründet, 1224 ging es in den Besitz der Reuerinnen über, einem um 1200 gegründeten Frauenorden. Anfang des 19. Jahrhunderts wurde es abgerissen.[324]

7
Die Burgenlandschaft Rheinhessen

Häufig ist zu lesen, Rheinhessen sei eine sagenarme Landschaft. Auch wenn diese Auffassung einer genaueren Prüfung nicht standhält, kommt sie doch nicht von ungefähr. In Rheinhessen fehlt die spektakuläre Landschaftskulisse des benachbarten Mittelrheintales und der Gebirgszüge von Taunus, Hunsrück und Pfälzer Wald. Auch scheinen die Burgen zu fehlen, die in den genannten Landschaften eindrucksvoll auf den Höhen thronen. Dieser Eindruck ist jedoch – historisch gesehen – falsch. In Rheinhessen gab es sehr wohl Burgen, und derer gar nicht mal wenige. Allerdings handelte es sich zumeist um sogenannte Niederungsburgen, das heißt Wehranlagen, die sich zum Schutz vor Angreifern statt steiler Bergflanken eines oft mit Wasser gefüllten Grabens bedienten. Solche Niederungsburgen lagen oft siedlungsgünstig in der Nähe der Dörfer und nicht auf einem unwirtlichen Berg, so daß sie nach einer Zerstörung (hier besonders die Pfalzverwüstung 1689) nur selten als Ruinen bestehen blieben, sondern mit dem Wachsen der Dörfer überbaut wurden und auch immer noch werden. So kommt es, daß eine der eindrucksvollsten Burganlagen, die Burg Windeck in Heidesheim, heute von Wohn- und Wirtschaftsgebäuden umgeben ist; ja andere Burgen im Laufe der Jahrhunderte praktisch von den Dörfern absorbiert worden sind (z. B. Stadecken und Nieder-Olm). Daher scheint es sehr bedauerlich, aber auch nachvollziehbar, wenn die letzten Reste solcher Burganlagen noch heute dem Denkmalschutz zuwider bei Baumaßnahmen verschwinden: Ihre Existenz erschließt sich oft nur noch dem kundigen Fachmann und Historiker, vielfach sind Sagen und Legenden um solche Schlösser und Burgen ein letzter Nachklang ihrer ortsgeschichtlichen Bedeutung. (Abb. 119)

Besonders häufig ist die Überlieferung unterirdischer Gänge zu finden; zu häufig, um als Erfindung der Anwohner abgetan zu werden. Eine Burg unbemerkt verlassen zu können, dürfte nicht selten Antrieb gewesen sein, dies mittels eines unterirdischen Ganges zu bewerkstelligen. Mitunter konnte aber auch schon einem Bauern das Erreichen eines Kellerraumes von einem anderen aus wichtig genug gewesen sein, um einen Verbindungsstollen zu graben. So gibt es in den Orten Rheinhessens etliche, meist vergessene unterirdische

Abb. 119

Kartierung mittelalterlicher Burgen in Rheinhessen.

Gänge, die, wenn sie bei Bauarbeiten wieder angetroffen werden, mangels griffiger Erklärung zu Unrecht mit einem Schloß oder auch einem Kloster in Verbindung gebracht werden. Als Regel läßt sich daraus ableiten, daß es unterirdische Gänge durchaus gibt, ihre ursprüngliche Zweckbestimmung aber nur durch sorgfältige archäologische und bauhistorische Untersuchungen zu ermitteln ist. Ein gutes Beispiel sind hierfür die Arbeiten um die »Unterirdische Welt« in Oppenheim:

OPPENHEIMS UNTERIRDISCHE WELT (Abb. 120)

Dort gibt es viele Keller, die zum Teil mehrere Tiefgeschosse haben und miteinander verbunden sind. Einige davon sollen so groß sein, daß man sie mit einer vierspännigen Kutsche befahren hätte.[325]

Es mag bei näherer Überlegung nicht unbedingt praktisch erscheinen, einen Keller mit einer Kutsche zu befahren. Abgesehen von diesem rationalen Argument fand man bei den umfassenden Kartierungen des Oppenheimer Untergrundes bislang keine Anlagen von besagter Größe. Vielmehr finden sich im Löß unter der Stadt zahlreiche Keller und Gänge, die der einst reichen Handelsstadt in der frühen Neuzeit als Lagerraum nützlich gewesen waren. Heute sind sie wegen ihrer Baufälligkeit Anlaß zur Sorge, zum wachsenden

Abb. 120

Unterirdische Gang- und Kelleranlagen im Bereich der Merianstraße.

Teil aber auch geschätztes Kuriosum. Ob die ältesten Anlagen tatsächlich ins Hochmittelalter datierbar sind, mag einer archäologischen Prüfung bedürfen: Ein Holzbalken konnte nach seinen Jahrringen dendrochronologisch in die Mitte des 13. Jahrhunderts (Fälldatum 1255) datiert werden; ob er allerdings sogleich in einem Keller verbaut wurde, oder nicht vielleicht erst noch Jahrhunderte zum Beispiel in einem Fachwerkhaus Verwendung fand, ist nicht so ohne weiteres zu beurteilen. Ein datiertes Fundobjekt gibt meist nur einen sogenannten *»Terminus post quem«*, also den »Zeitpunkt nach dem« es benutzt wurde. Der Holzbalken kann daher nicht vor 1255 in den Oppenheimer Keller gelangt sein, wann danach, ist jedoch nicht ohne weiteres zu entscheiden.

Die Gänge Oppenheims werden auch mit der heute als imposante Ruine über der Stadt lauernden Burg Landskron in Verbindung gebracht (Abb. 121). Trotz der vielen unterirdischen Anlagen Oppenheims haben sich allerdings Spuren eines Ganges zur Burg bis heute nicht finden lassen. Gegenteilige Berichte scheinen auf Täuschungen über Verlauf und Ausmaß der tatsächlichen Gänge unter der Stadt zu beruhen; allerdings ist es nicht auszuschließen, daß eines Tages vielleicht doch ein Gang zur Burg gefunden wird, denn der Sage nach haben: *Die Raubritter auf der Burg Landskron Rheinschiffe beraubt, die Beute transportierten sie in unterirdischen Gängen unter der Stadt bis zu ihrer Burg.*[326]

Abb. 121

Die Ruine der 1689 zerstörten Burg Landskrone oberhalb der Stadt Oppenheim.

Abb. 122

Torturm, mutmaßlich vom Schloß zu Dexheim.

Das Schloß zu Dexheim (Abb. 122)

Am 1. Oktober 1688 erschienen französische Truppen vor Dexheim, zogen aber weiter nach Oppenheim, welches weitgehend kampflos übergeben wurde – allein die Landskrone leistete einen eher symbolischen Widerstand. In den folgenden Monaten starben einige Dexheimer an den Folgen von Mißhandlungen durch die Besatzer oder wurden erschossen. Zeitgleich mit der Zerstörung der Stadt Oppenheim am dritten Pfingsttag des Jahres 1689 ging auch Dexheim in Flammen auf. Im Gegensatz zu Oppenheim vertrieb man jedoch nicht die Bevölkerung aus dem Ort, sondern zündete den Bauern ihre Häuser über dem Kopf an. Das Schloß des Freiherrn von Dienheim wurde zerstört, die Kirche gesprengt. Das Feuer erfaßte das ganze Dorf, wobei die Soldaten angeblich jeden Versuch, Hab und Gut zu retten, mit dem Tode bestraften. Selbst die Trümmer wurden noch wochenlang bewacht – die Dexheimer hatten sich indes an französischen Patrouillen vorbei, die auch dies zu verhindern suchten, auf eine Rheininsel bei Nierstein zurückgezogen. Mehrere Versuche der Rückkehr ins alte Dorf scheiterten, die Dexheimer hausten zwischenzeitlich unter erbärmlichen Bedingungen in Erdhöhlen auf der Insel, wo der Pfarrer sogar Taufen vornahm. Erst im Mai 1696 konnten die Verbliebenen endgültig ins alte Dexheim zurückkehren. Sofort begann man mit dem Wiederaufbau. Dabei wurde die Schloßruine als Steinbruch genutzt.

Ursachen dieses Krieges waren aggressive Expansionsbestrebungen des französischen Königs Ludwig XIV. In den 1680er Jahren beanspruchte dieser alle Gebiete, die in den Kriegen seit 1664 unterlegen waren, bzw. den zugehörigen Herrschaften unmittelbar oder mittelbar gehört hatten. In Rheinhessen waren dies unter anderem Mommenheim, Undenheim und Gabsheim. Im September 1688 begann er den sogenannten Pfälzischen Erbfolgekrieg, der vorgeblich mit Eigentumsansprüchen am Gebiet des kinderlos verstorbenen Pfälzer Kurfürsten Karl begründet wurde – sicher ist er aber im Rahmen der Expansion nach Osten zu sehen. Im Verlauf des Krieges faßte man den Entschluß, zwischen Frankreich und dem Rhein eine entfestigte Zone zu schaffen, woraus die gravierenden Zerstörungen dieser Jahre herrühren.[327]

Um das Dexheimer Schloß und dessen Zerstörung weiß man folgende Sage:

Einst vor vielen, vielen Jahren stand zu Dexheim ein altes Schloß. Hinter festen Mauern, trotzigen Toren und tiefen Gräben ragten seine Zinnen und Türme stolz und kühn zum Himmel empor. Schwere Stürme und kriegerische Zeiten rüttelten an seinen Mauern. Doch die trotzigkühnen Bauten hielten stand. Aber es kam eine Zeit, da auch sie in Trümmer sanken. An Pfingsten des Jahres 1689 wurden sie auf Befehl des französischen Königs Ludwig gesprengt und angezündet. Ein trauriger Turmstumpf ist alles, was von dem stolzen Schlosse übrig blieb. An seinen grauverwitterten Steinen aber ist die Sage langsam emporgerankt. Gar mancherlei seltsame Stimmen und Gestalten will man um Mitternacht bei dem alten Turm schon gehört und gesehen haben. Besonders aber weiß man von der ehemaligen silbernen Schloßglocke zu erzählen. Sie ist von dem Schloßherrn und seinem vertrauten Diener vor der Zerstörung in einem geheimen Mauerwinkel vergraben worden. Die beutelüsternen Feinde fanden sie nicht. Der Schloßherr ist weit, weit über Land gezogen,

jener treue Diener beim Schloßbrande umgekommen. Die silberne Glocke, so geht die Mär, ruht noch heute im kühlen Schoß der Erde und harrt der Zeit, da das Schloß in alter Pracht erstehen wird. Sie wartet und hofft schon viele Jahre. Ohne Ruh kommt sie nachts aus ihrem Grabe und schwebt leise klagend durch die Gärten, wo einst das Schloß stand. Aber Nacht für Nacht schaut sie dasselbe Bild: öde Trümmer, die düster und grau in das Dunkel starren. Aber nie läßt sie die Hoffnung sinken. Immer wieder kommt sie aus ihrem dunklen Grab und sucht ruhelos die verschwundene Pracht.[328]

Ein Verbindungstunnel zwischen Wöllstein und Neu-Bamberg
(Abb. 123)

Wenden wir uns noch einmal den unterirdischen Gängen zu. Wie mag es kommen, daß sie eine so große Faszination auf die Menschen ausüben? Über die Kanäle, die unsere Abwässer dem Rhein zuführen, machen wir uns doch auch kaum Gedanken. Vielleicht spielt hier das Unerhörte eine Rolle, welches in dem Umstand liegt, daß ein geheimer Gang unter fremdem Eigentum herführt. Auch mag das Moment des Uralten und Unterirdischen eine Rolle spielen; in der Antike dachte man Höhlen als Aufenthaltsort der Totengeister, und auch im mittelalterlichen und neuzeitlichen Bergbau ist immer wieder von Geistern in den Tiefen der Berge gesprochen worden. Vom Unerhörten in der menschlichen Vorstellungswelt ist der Schritt zum Unmöglichen nicht weit, so schildern Sagen unterirdische Gänge, deren Existenz in Wirklichkeit unwahrscheinlich bis unmöglich ist:

Von der Veste, Huse Wellstein, Osten- oder Osterburg genannten Burg von Wöllstein aus soll ein unterirdischer Gang zur Burg von Neu-Bamberg geführt haben.[329]

Die Wöllsteiner Burg wurde wohl im 13. Jahrhundert erbaut, sie brannte 1690 ab und wurde 1827 und 1828 abgebrochen – die Steine verwendete man zum Straßenbau. Beim Bau des Schwimmbades am Wöllsteiner Ortseingang entdeckte man um die Mitte des 20. Jahrhunderts Fundamentreste der Burg. Die Höhenburg von Neu-Bamberg war Mitte des 13. Jahrhunderts errichtet worden. Auch sie ist seit dem 17. Jahrhundert eine Ruine.

Abb. 123

Blick von der Ruine Neuenbaumburg (13. Jh.) über Neu-Bamberg. Wöllstein liegt ca. 3 km entfernt, hinter dem rechten Bildrand.

Da ein solcher unterirdischer Gang mehr als 2 km lang gewesen wäre, erscheinen Kosten und Nutzen in keinem vernünftigen Verhältnis; vielleicht sind Reste alten Bergbaus zwischen den beiden Orten der Ausgangspunkt für diese Sage. Möglich ist aber auch die falsche Deutung eines tatsächlichen Befundes: 1966 wurden im Hof des alten Amtsgerichts von Neu-Bamberg ein alter Keller und ein unterirdischer Gang, der vermutlich zur Burg führte, gefunden.[330]

Burg Stadecken (Abb. 124)

Die Wasserburg Stadecken war Ende des 12. oder im Verlauf des 13. Jahrhunderts errichtet worden. Die Grafen von Sponheim und von Leiningen hatten zu Beginn je ein Viertel der Burg als pfälzisches Lehen. Die andere Hälfte betrachteten die Grafen der beiden Linien von Katzenelnbogen als ihr

Abb. 124
Die Reste der Burg Stadecken inmitten des Ortskernes.

Eigen. In der Folge kam es zu diversen Änderungen der Besitzverhältnisse, die wichtigsten sind: 1469 erhielt nach dem Aussterben der Katzenelnbogener deren Hälfte Markgraf Christoph von Baden, der im Jahr zuvor schon das Sponheimer Viertel erworben hatte. Das verbleibende Viertel gehörte mittlerweile den Herzögen von Zweibrücken. 1563 hatte Pfalzgraf Wolfgang die Burg in alleinigem Besitz, bis 1733 Stadecken an Kurpfalz abgetreten wurde. 1632 brannte die Burg mit Teilen Stadeckens ab, wurde dann als Schloß wiederhergerichtet. Mit dem 19. Jahrhundert verfiel die Anlage, das Areal wurde umgebaut, so daß heute die Reste der Burg nur schwer zu erkennen sind.[331]

Eine Sage möchte einen knappen Blick auf das kulturelle Rahmenprogramm des ländlich-aristokratischen Lebens geben:

> ***Wie die meisten rheinhessischen Dörfer früher von adligen Familien bewohnt oder beherrscht waren, war auch Stadecken in alten Zeiten der Sitz eines Adelsgeschlechts. Die gesellschaftlichen Unterhaltungen an***

solchen ländlichen Edelsitzen müssen freilich höchst kümmerlicher Art gewesen sein. So kam es denn auch, daß ein gräfliches Fräulein, das in der Burg zu Stadecken beinahe vor Langeweile gestorben wäre, gerade noch zur rechten Zeit davon erfuhr, wie sich das untertänige Volk in Essenheim bei Spiel und Tanz sehr fröhlich und angenehm unterhielt. Rasch ließ die Gräfin ihr Pferd satteln, ritt nach Essenheim und begann flugs am Tanz teilzunehmen. Die vornehme Dame soll sich dabei ausgezeichnet unterhalten haben. Nicht wenig hat dazu der Umstand beigetragen, daß sie einen ganz hervorragenden Tänzer hatte. Dieser war überhaupt der beste Tänzer des Ortes, es war – der Schneider. Weil aber die Gräfin mit ihrem Tänzer bei dem Essenheimer Tanz über die Maßen zufrieden war, hat sie ihm nachher aus dem hundert Morgen großen gräflichen Ackerland in der Gewann Millesand acht Morgen Feld zu eigen geschenkt.[332]

Keine Burg scheint ohne einen sagenhaften unterirdischen Geheimgang auszukommen. So auch die Burg Stadecken nicht: Zwischen Stadecken und Schwabenheim soll es einen Verbindungsgang gegeben haben.[333] Eine solche,

Abb. 125
Die Niersteiner Warte.

allein Luftlinie 3,6 km messende Distanz ist allerdings nur schwer mit einem unterirdischen Gang zu bewältigen – schon die mehreren tausend Kubikmeter Erdaushub müßten heute noch gut sichtbar sein. Deshalb ist diese Verbindung getrost in das Reich der Phantasie zu rücken. Während in Stadecken die gleichnamige Burg aus dem späten 12. Jahrhundert Ausgangspunkt des Ganges sein soll, ist das Ziel die Schwabenheimer Benediktinerpropstei. Letztere ging vermutlich im 9./10. Jahrhundert aus einem Königshof hervor und war Zehnthof der Trierer Abtei St. Maximin. Das heute erhaltene Propsteigebäude stammt aus dem frühen 18. Jahrhundert; die zugehörigen Wirtschaftsgebäude sind weitgehend verschwunden bzw. seit 1988 durch unschöne Industrieanlagen ersetzt; freilich war hier schon in napoleonischer Zeit, nach der Säkularisierung, eine Zuckerfabrik tätig gewesen.[334] Ein weiterer Gang soll unter der Erde den Elsheimer Zehnthof mit der Burg Stadecken verbunden haben.[335]

Auch letztgenannter Tunnel scheitert wohl an technischen Problemen: Er hätte die Selz unterqueren müssen, weshalb es ihn wohl kaum gegeben haben wird. Immerhin waren die Burg Stadecken und der Zehnthof von Elsheim sehr alte Gebäude, so daß die Annahme einer entsprechenden Verbindung wohl in dieser Gemeinsamkeit zu suchen sein dürfte. An den Zehnhof erinnert heute die Zehnthofstraße südwestlich der Elsheimer Ortsmitte.

Die Niersteiner Warte (Abb. 125)

Vergleichbar anspruchsvolle Trassierungen sind auch anderorts überliefert:

Von der Niersteiner Warte soll ein unterirdischer Gang zur Burg Landskrone führen.[336]

Ein unterirdischer Gang von der Niersteiner Warte nach Oppenheim zur Landkrone hätte, neben der nicht unbeträchtlichen Distanz von mehreren Kilometern, auch eine erhebliche Höhendifferenz zu bewältigen: Vor allem müßte er bei Nierstein das in den Rhein mündende Tälchen unterqueren. Diese Aufgabe dürfte noch heute ein kaum lösbares Problem darstellen, weshalb eine solche Verbindung den Sprung von der Phantasie in die Realität nicht geschafft haben dürfte. Die Warte selbst ist ein runder, zinnenbekränzter Turm, der seine Wehrhaftigkeit durch schmale Lichtschlitze bzw. Schießscharten und eine Pechnase über dem Eingang zum Ausdruck bringt. Seit 1911 ist er Eigentum der Gemeinde Nierstein und dient heute als Aussichtsturm. In seinen Mauern sollen im 15. Jahrhundert Steine vom Königsstuhl bei Lörzweiler vermauert worden sein (der Königsstuhl war ein alter Gerichtsplatz, an dem 1024 Konrad II. zum König gewählt worden sein soll). Vor hundert Jahren hatte übrigens eine in Nierstein erscheinende Zeitung den Namen »Niersteiner Warte«.[337]

Nieder-Saulheim

Ein weiteres Beispiel für Burg mit Geheimgang ist aus Nieder-Saulheim überliefert:

Die reformierte Kirche war über einem Keller erbaut worden, der wohl einst zur Burg von Nieder-Saulheim gehört hatte. In seinen Wänden waren die zugemauerten Türen von unterirdischen Gängen zu sehen, die von der Burg zum Schulhaus an der Neuen Pforte und zum sogenannten »Alten Haus« geführt haben sollen. Die Kirche war 1764 erbaut worden, 1900 legte man sie nieder. Eine Burg ist zu Nieder-Saulheim in der Tat überliefert, so in Urkunden des 12. bis 15. Jahrhunderts.[338]

Burg Winneberg bei Alzey-Weinheim (Abb. 126)

Geheimgänge über längere Strecken waren trotz Schwierigkeiten bei Projektierung und Durchführung des Bauvorhabens sicher der Wunsch vieler Burgherren – und Burgfräuleins. Ein solcher Weg hätte die Tragödie der folgenden Sage vermeiden geholfen:

HEDDA UND IDOMIR

Westlich von Weinheim liegt der Windberg, auch Winneberg genannt, auf welchem man die spärlichen Reste der Stammburg des längst erloschenen Geschlechts der Herren von Wunnenberg erblickt. Als jene Burg noch wohlerhalten war, lebte dort oben die Witwe eines Ritters Henko mit ihrem Sohne Idomir, der in die Tochter eines Alzeyer Ritters namens Hedda verliebt war. Die schöne Hedda war zwar ihrerseits auch dem Idomir zugetan, aber ihr Vater hatte sie dem Ritter Eckhard zu Neu-Bamberg versprochen. Als Hedda und Idomir einmal ein Stelldichein am

Erlenbusch verabredet hatten, widerriet die Mutter ihrem Sohne, dorthin zu gehen, weil das Käuzlein geklagt und der Uhu geschrien hatte, was nichts Gutes zu bedeuten hat. Und so geschah es auch: Als die Liebenden trotzdem in dem Gehölz vor den Toren Alzeys zusammenkamen, fielen sie unter den wütenden Streichen Eckhards und nahmen so ein bejammernswertes Ende. Das Paar wurde, wie es Idomir sterbend gewünscht hatte, an der Mordstätte begraben. Auch ließen die Angehörigen ein mächtiges Sandsteinkreuz an dem Ort errichten, wo die Tat geschehen war, das aber im Bauernkrieg verschwunden sein soll. In sturmbewegter Nacht will man heute noch vom Windberg das Klagen der nach ihrem Sohne ausschauenden Mutter vernehmen.[339]

Der Name des Berges, Winnenberg, soll auf eine dort bereits vor dem Burgbau bestehende Laubfutterweide zurückzuführen sein. Die Burg »Wunnenberg« wird erstmals 1250 erwähnt, als ein Markward von Wunnenberg mit ihr belehnt wurde. Im späten 14. Jahrhundert enden die Überlieferungen zu dieser Burg.

Abb. 126

Der Winneberg bei Alzey-Weinheim. Auf seinem von intensivem Weinbau geprägten Gipfel sind keine Reste einer Burg zu finden.

Mitte des 20. Jahrhunderts waren noch Steinhaufen und Mauerreste der Burg vorhanden, in der Nähe sollen 1931 bei Rodungsarbeiten Lanzenspitzen und Schnallen gefunden worden sein. Zeitstellung und Verbleib dieser Funde sind allerdings unbekannt.[340]

Der Borzelberg von Weinolsheim (Abb. 127)

Im 12. bis 14. Jahrhundert ist in schriftlichen Quellen eine Burg der Herren von Bolanden für Weinolsheim belegt. Sie wurde wiederholt mit dem Borzelberg in Verbindung gebracht, der sich unmittelbar südlich der katholischen Kirche erhebt.[341] Der 5–6 m hohe und etwa 20 m breite Hügel besteht offenbar vollständig aus Löß, also einem in den Kaltzeiten angewehten Sediment, welches seinen Ursprung in den weiten Schotterflächen der damaligen Flußtäler hatte. Löß kann in Rheinhessen durchaus eine Mächtigkeit von über 10 m erreichen, so daß die Größe des Borzelberges einer natürlichen Entstehung nicht widersprechen würde. Allerdings stellt sich die Frage, warum dann das umliegende Geländeniveau abgesenkt wurde – was ja nur in Folge menschli-

Abb. 127

Der Borzelberg – Lößerhebung unklarer Entstehung.

chen Handelns geschehen sein könnte. Das Herausarbeiten eines Turmhügels, der einem darauf und darin stehenden hochmittelalterlichen Wohnturm zusätzlichen Schutz bieten sollte, wäre als Grund denkbar. Wahrscheinlich war es eben dieser Zweck, weshalb man den Borzelberg allerdings künstlich aufschüttete! Er ist mit einiger Gewißheit als Motte zu deuten, also eben als ein künstlicher Turmhügel. Solche Motten (von frz. »motte« für »Hügel«) waren in Mittel- und Westeuropa weit verbreitet. Allein die gute Modellierbarkeit des Lösses dürfte die Ursache dafür sein, daß der Hügel heute senkrechte Wände hat; ursprünglich dürfte er kegelförmig gewesen sein. Ein unterirdischer Gang und möglicherweise ein Brunnen oder eine Zisterne sind ebenfalls von hier bekannt. In Urkunden des 17. Jahrhunderts heißt der Platz »Borgberg« oder »Burgbergh«. Die Bezeichnung »Borzelberg« entstand wohl erst im 18. Jahrhundert.[342]

DER BORZELBERG

In der Gemarkung Weinolsheim liegt nahe der katholischen Kirche, an der Straße nach Uelversheim, der sogenannte Borzelberg. Dieser ist ein auffälliger Lößhügel, von dem es heißt, er sei die Füllung eines Turmes gewesen, der früher als Wartturm gedient hätte. Nachdem der Turm seinen Zweck verlor, habe man die steinernen Mauern abgebrochen und nur die Lößfüllung sei stehengeblieben.

Im Ort sagte man den Kindern zwecks Antwort auf die Frage nach ihrer Geburt, daß man sie vom Borzelberg geholt hätte. Außerdem soll es unterirdische Gänge vom Borzelberg bis zum Rhein gegeben haben.[343]

Mit den vielen Meinungen um den kleinen Borzelberg ist dieser wirklich sagenumwoben. Seine Name indes verweist heute mit einem amüsanten Vergleich auf die geringe Größe und die Steilheit des »Berges«: Borzel bedeutet so viel wie Bürzel, der Steiß des Geflügels!

Ibersheim

Ibersheim gehört zu den Rheinanliegergemeinden, die nicht recht in das Bild des rebenbewachsenen Rheinhessens hineinpassen möchten. Der Ort hat nicht Teil an den Hängen des Hügellandes, dafür war und ist er der Bedrohung durch Rheinhochwasser ausgesetzt. Die Lage am Strom brachte aber in

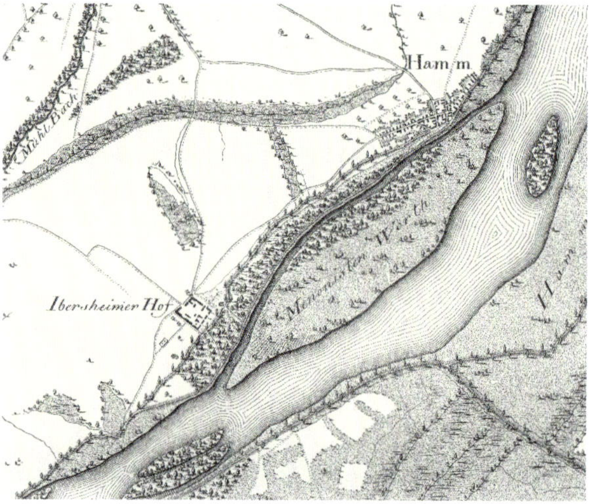

Abb. 128

Die Mennoniten-siedlung Ibersheim auf einer Karte von 1799.

früheren Zeiten auch ein paar Vorteile: Mit dem Fluß verbundene Tätigkeiten, wie Fischerei oder Fährdienste, besserten das karge Leben derer auf, die nicht am großen Profit des Handels partizipierten. Schließlich ist die Lage Ibersheims nicht zufällig gewählt worden: Hier ist das Passieren des Stroms leichter als an anderen Stellen der näheren Umgebung. Dies wußte man schon zur Römerzeit, weshalb man auf der gegenüberliegenden Seite um 370 n. Chr. einen sogenannten Ländeburgus errichtete. Der feste Turm war in zwei Wehrmauern integriert, die zum Rheinufer führten und damit einen Anlegeplatz für Versorgungsschiffe sicherten. Der Burgus war Teil eines großangelegten Festungsbauprogramms, welches die Grenze des Römischen Imperiums vom Schwarzen Meer bis an die Nordsee mit einem System von Türmen und Kastellen versah; neben vielen anderen wurden in dieser Zeit auch die Kastelle von Alzey, Worms und Bad Kreuznach erbaut. Ländeburgi, wie der später auch »Zullestein« genannte gegenüber Ibersheim, dürften vielfach Rheinübergänge, in der Regel günstige Fährstellen, gesichert haben. Ein fester Turm als Pendant auf der linken Rheinseite ist anzunehmen, bislang aber noch nicht entdeckt.

Auch im Dreißigjährigen Krieg überschritten Truppen genau an dieser Stelle den Rhein. Mittlerweile war der rechtsrheinische römische Bau längst außer Funktion, in dessen Ruinen hatte man aber früh eine neue Burg eingebaut. Der Zullestein wurde 1621 von den Spaniern erobert, bei deren Rückzug

Ende 1631 niedergebrannt. Eine weitere Nutzung als militärischer Stützpunkt endete mit der Schleifung der »Burg Stein« im Jahr 1657 (Abb. 128).

Wenn wir am rheinhessischen Ufer im Bereich von Ibersheim nach einem spätantiken Wehrbau suchen wollten, würde zu den potentiellen Standorten auch das Ibersheimer Schloß gehören. Es wurde im 15. Jahrhundert erbaut, im wesentlichen gegen Ende des Jahrhunderts. Heute ist es äußerlich durch moderne Umbauten und Renovierungen ziemlich entstellt, auch vom Turm sind nur noch Reste erhalten (Menno-Simons-Straße 12).

Nach dem Dreißigjährigen Krieg gehörte Ibersheim – besser: die Ibersheimer Höfe – zu den stark vom Bevölkerungsrückgang betroffenen Gemeinden, so daß der Landesherr im Jahr 1661 mennonitischen Bauern den Zuzug gestattete. Die Mennoniten, bisweilen Wiedertäufer genannt, zeichneten sich außer durch Fleiß und Erfindungsreichtum, auch durch die Ablehnung der sonst in Rheinhessen üblichen Realerbteilung aus. Diese Eigenschaften, die sie bereits aus ihrer Schweizer Heimat mitgebracht hatten, ermöglichten es ihnen, eine sehr effiziente Landwirtschaft zu betreiben. Die Ibersheimer Mennoniten stammten übrigens aus dem Kanton Bern. Wegen ihres andersartigen Glaubens wurden sie allerdings besonders im 16. und 17. Jahrhundert bisweilen brutal verfolgt und eingeschränkt; das von der Obrigkeit verlangte Schutzgeld ist unter den Drangsalierungen noch eine der milden. Heute gibt es weltweit nur etwas über eine Million Mennoniten; eine bekannte Abspaltung dieser sind die Amish-People in den USA.[344]

Eine Sage schließlich beleuchtet alle genannten Faktoren der Ibersheimer Geschichte; sie kann im Grunde auch als Gründungsmythos der dortigen Mennonitengemeinde gelten:

DIE IBERSHEIMER MENNONITEN

Das Dörfchen Ibersheim war zur Zeit des Dreißigjährigen Krieges nichts als ein kleiner, weltabgeschiedener Hof. Einsam hinter einem alten Eichwald, dem Busche, verborgen, war das stille Gehöft zum Schlupfwinkel eines Raubritters geworden, der, von lichtscheuem Gesindel umgeben, vom hohen Turm des »Schlosses«, den auf dem Rhein dahinfahrenden Handelsschiffen auflauerte. Mit ihm im Bunde stand der Besitzer des Steiner Schlosses, das am anderen Rheinufer totenstill, einsam und mitten aus dem Walde hervorragte. Wollte ein Schiff rheinabwärts fahren, so ward es plötzlich am Strande lebendig, auf ein gegenseitig gegebenes Zeichen stießen kleine Nachen, bemannt von finster dreinblickenden

Gesellen, von beiden Ufern in die Fluten und umringten das Schiff, um es nicht eher ziehen zu lassen, bis die Nachen, mit Beute gefüllt, den heimlichen Landungsplätzen wieder zusteuern konnten.
Als später, nach Beendigung des Dreißigjährigen Krieges, ein Häuflein fleißiger Bauern aus der Gegend von Bern den Rhein heruntergezogen kam und sich auf dem verlassenen Ibersheimer Hof niederlassen wollte, wurden sie von dem im »Schloß« hausenden Raubritter und dessen Knechten verjagt. Sie mußten im Busch am Rhein die Nacht verbringen, bis die Truppen des Kurfürsten von der Pfalz die Gegend von dem Raub- und Diebesgesindel gesäubert hatten. Seitdem regt sich wieder die ehrliche Arbeit in Ibersheim, und aus dem ehemals gefürchteten und gemiedenen Hof ist ein reiches, blühendes Dorf geworden.[345]

Der Binger Mäuseturm (Abb. 129)

Der Mäuseturm wurde im späten Mittelalter, vermutlich in der ersten Hälfte des 14. Jahrhunderts von den Mainzer Erzbischöfen erbaut. Im Zusammenspiel mit den beiden ebenfalls zu Mainz gehörenden Burgen Klopp in Bingen und Ehrenfels auf der rechten Rheinseite läßt sich klar erkennen, daß der Turm im Rhein den Wasserweg effizient zu kontrollieren vermochte – vergleichbar dem Sperrsystem weiter rheinabwärts bei Kaub, wo ebenfalls im 14. Jahrhundert zunächst ein alleinstehender, fünfeckiger Turm auf einer Rheininsel errichtet wurde, der zusammen mit der Burg Gutenfels die Schiffahrt kontrollieren konnte. Wenige Jahre nach Erbauung des Turmes bei Kaub wurde dieser mit einer Ringmauer umgeben; eine zweckmäßige Erweiterung, die der Binger Turm wohl mangels Baufläche nicht erfuhr.

Seit dem frühen 16. Jahrhundert ist der Name Mausturm bzw. Mäuseturm verbürgt, den die Sage mit dem Schicksal des Mainzer Bischofs Hatto II. verknüpft. Trotz der hohen moralischen Plausibilität der Sage ist es allerdings sehr wahrscheinlich, daß die Maus im Namen des Turmes von der Maut, eben der zu entrichtenden Gebühr für das Passieren des Turmes, abzuleiten ist. Im späten 17. Jahrhundert verfiel der Turm, wurde um 1739 renoviert; um 1800 war er jedoch wieder ruinös. Ob er von den Schweden im Dreißigjährigen Krieg zerstört wurde, ist mir nicht bekannt; eine Ballade von Adolf Bube (1802–1873) schildert uns einen entsprechenden, pathetischen Kampf um den Mäuseturm, abschließend mit den Zeilen:

Abb. 129
Der Binger Mäuseturm heute.

Während die erstaunten Feinde
Starren in den Strom hinein,
Wirft der Turm als Totenfackel
Weit darüber Flammenschein.
So von Schwedenhand verödet
Werden stürzen seine Mauern;
Doch die Kunde solcher Treue
Wird ihn ewig überdauern.

Mitte des 19. Jahrhunderts wurde sein Fuß gegen den Strom mit dem basaltenen, jetzt rot-gestrichenen Eisbrecher versehen und der Turm als Signalstation für die Schiffahrt genutzt. Wenig später erfolgte die Ausstaffierung mit zinnenbewehrten Ecktürmchen und dem Treppenturm – ganz im Stil des romantischen Bildes vom Mittelalter, welches damals dem Mittelrheintal einen deutlichen Stempel aufdrückte. Übrigens war der Bauherr, der preußische König Friedrich Wilhelm IV. persönlich an den Planungen beteiligt. Der Turm ist heute weit filigraner, als sein mittelalterlicher Vorgänger, und man darf sich zu Recht fragen, ob der blitzblanke Turm des 19. Jahrhunderts gegenüber einer düsteren Ruine wirklich eindrucksvoller ist. Seit 1974 jedenfalls ist der Turm nicht mehr für die Schiffahrt in Benutzung, nun signalisiert er den rheinabwärts fahrenden Touristen den Eintritt ins Mittelrheintal.

Die Sage um den Mäuseturm lesen wir in der Grimmschen Fassung vom Beginn des 19. Jahrhunderts wie folgt:

DER MÄUSETURM (Abb. 130)

Zu Bingen ragt mitten aus dem Rhein ein hoher Turm, von dem nachstehende Sage umgeht. Im Jahr 974. ward große Teuerung in Deutschland, daß die Menschen aus Not Katzen und Hunde aßen und doch viel Leute Hungers sturben. Da war ein Bischof zu Mainz, der hieß Hatto der andere, ein Geizhals, dachte nur daran, seinen Schatz zu mehren und sah zu, wie die armen Leute auf der Gasse niederfielen und bei Haufen zu den Brotbänken liefen und das Brot nahmen mit Gewalt. Aber kein Erbarmen kam in den Bischof, sondern er sprach: »Lasset alle Arme und Dürftige sammeln in einer Scheune vor der Stadt, ich will sie speisen.« Und wie sie in die Scheune gegangen waren, schloß er die Türe zu, steckte mit Feuer an und verbrannte die Scheune samt den armen Leuten. Als nun die Menschen unter den Flammen wimmerten und jammerten, rief Bischof Hatto: »Hört, hört, wie die Mäuse pfeifen!« Allein Gott der Herr plagte ihn bald, daß die Mäuse Tag und Nacht über ihn liefen und an ihm fraßen, und vermochte sich mit aller seiner Gewalt nicht wider sie behalten und bewahren. Da wußte er endlich keinen andern Rat, als er ließ einen Turm bei Bingen mitten in den Rhein bauen, der noch heutigen Tags zu sehen ist, und meinte sich darin zu fristen, aber die Mäuse schwummen durch den Strom heran, erklommen den Turn und fraßen den Bischof lebendig auf.[346]

Hatto II. war nach dem Tode seines Vorgängers Wilhelm (Bischof von 954–968) im März 968 von Kaiser Otto I. aus der Position des Abts von Fulda, die er seit dem Jahr 956 innehatte, auf den Mainzer Bischofsstuhl befördert worden.

Abb. 130

Bildliche Darstellung der Mäuseturmsage durch Merian (17. Jh.).

Das Amt bekleidete er knapp zwei Jahre, nach seinem Tod am 18. Januar 970 wurde er im St. Albanskloster beigesetzt. Seine kurze Zeit als Bischof hinterließ bezüglich der Kirchenorganisation östlich Saale und Elbe historische Spuren, indem er der Einrichtung des Erzbistums Magdeburg zustimmte. Diesem politischen Pragmatismus gesellte sich ein geiziger Charakter hinzu, der ihn wohl zum Protagonisten der Mäuseturmsage prädestinierte.

Das bei Grimm angegebene Jahr seines Todes »974« dürfte auf einem entsprechenden Fehler im *catalogus Moguntinus* zurückgehen, einer spätmittelalterlichen Liste aller Mainzer Bischöfe. Diese inhaltliche Auffälligkeit der Grimmschen Version darf um eine stilistische ergänzt werden: Etwas eigenartig muten uns heute die Formen »sturben« für »starben« und »schwummen« für »schwammen« an. Jakob Grimm hat starke Beugungen der Verben als sprachlich besser passend empfunden, was bisweilen zu solch sonderbaren Schöpfungen führte, die allerdings schon seinerzeit als antiquiert bzw. gekünstelt betrachtet wurden.

Gottfrieds Fassung der Sage aus dem Jahr 1630 sei hier im Zitat wiedergegeben, da sie einerseits dem interessierten Leser schwer erreichbar, andererseits besonders detailreich ist:

HATTO ZU MAYNTZ, WEGEN UNBARMHERTZIGKEIT, VON DEN MAEUSEN VERZEHRET

Als im Jahr 967. Wilhelmus Erz-Bischoff zu Mayntz gestorben, ist Hatto, Abt zu Fuld, an seine Statt gekommen, von dem geschrieben wird, daß er, in grosser Theurung und Hungers-Noth, von den armen Leuten dermassen gepeinigt und angelauffen worden, daß er endlich beschlossen, sich ihrer zum Theil zu entladen. Er habe also eine grosse Anzahl derselben in eine Scheure zusammen kommen lassen, und als sie verhofft, es wuerde ihnen ein reiches Allmosen wiederfahren, habe Hatto die Scheure anstecken lassen, und sie alle darinnen verbrennet, ihrer auch noch dazu gespottet; dann, als sie jaemmerlich darinnen schrien und heuleten, soll er gesagt haben: Höret / wie pfiefen die Maeuse! Wie er dann auch sonsten zu sagen pflegte, die Bettler waeren anders nichts, als Maeuse, die das Korn unnuetzlich verzehrten. Diese grausame That von einem Bischoff habe GOtt also gerochen, daß eine unglaubliche Menge Maeuse Hattonem ueberfallen, alle Waende durchnaget, ihn aus einem Ort in den andern getrieben, bis er letztlich, da er nirgends vor ihnen sicher gewesen, sich in den Thurm, der bay Bingen im Rhein stehet, und noch der Maeuse-Thurm genennet wird, zu retten gesuchet. Es habe ihm aber nicht helffen moegen, dann die Maeuse seyen durchs Wasser geschwommen, die Mauer hinauf geklimmet, und haetten nicht nachgelassen, bis sie ihn todt gebissen, und bis auf die Knochen verzehret, welche seine Gebeine zu St. Alban begraben worden. Wir haben oben fast eine gleiche Geschichte von einem Hertzog in Polen, Popielus oder Poppel genannt, erzehlet. Daß dieses in der Wahrheit also vorgegangen, ist nicht allein eine gemeine, und durch gantz Teutschland bekannte Sage, und sehr alte Erzehlung, sondern es bezeugens auch sehr viele alte Geschichtschreiber, Trithemius, der Abt zu Spanheim, Siegfried, ein Priester zu Meissen, der 170. Jahr vor Trithemius gelebt, Muensterus, Genebrardus, Simon Majolus, Bischoff zu Vulturaria, und eine sehr alte Chronick, so auch lang vor Trithemio geschrieben worden; wie sich dann auch bisher niemand gefunden, der solches gelaeugnet, oder widersprochen, ausser zu unsern Zeiten, da man auch wohl andere Dinge zu laeugnen anfaehet. Ein jeder mag davon halten, was er will, so viel ueber einstimmende und alte vortreffliche Geschichtschreiber aber zu verwerffen, ist ein Ding, das sich so leicht nicht thun laesset.[347]

Eine Variante der Mäuseturmsage erweitert das Schicksal des bösen Bischofs um den Aspekt der Ruhelosigkeit nach dem Tode. Es soll nicht unterschlagen werden, daß von Historikern auch die Überlegung aufgebracht wurde, rachsüchtige Mönche hätten dem friedfertigen und milden Hatto die Geschichte um Untat und Strafe angehängt.[348]

DER GEIST HATTOS

Allnächtlich um die Mitternachtsstunde, wenn die Glocken von Bingen den letzten Schlag getan haben, erwacht Bischof Hattos Geist am Mäuseturm, um in gespenstiger Eile um die Zinnen des Turms zu flüchten, gejagt und verfolgt von unzähligen Mäusen. Das ist die Strafe für sein hartes Benehmen gegenüber den Hungernden, denen er die Scheuer zur Hölle gemacht und die er dazu noch verspottet hatte. Soviel Körner seine Speicher bargen, soviel Mäuse verfolgen ihn seit jenem Tage. Nichts half ihm gegen die Verfolgungen der Langschwänze, sie schwammen ihm nach auf den Inselturm, sie zernagten die Tür, die er vor ihnen schloß, sie fraßen seinen Tisch und sein Lager, sie fraßen ihn endlich selbst und lassen ihm auch nach dem Tod noch keine Ruhe. Wenn ein Schiff um Mitternacht am Mäuseturm vorüberfährt, schwebt sein irrender Geist um die Zinnen des Turms und die glühenden Mäuse hinter ihm drein.[349]

Neben dem Geist des Bischofs sollen freilich auch die Geister der beim Passieren der Lochsteine verunglückten Schiffsleute an diesem Ort verblieben sein:

DIE ERTRUNKENEN IM BINGER LOCH

Beim Bingerloch hat man es oft in der Flut wimmern hören. Das kommt daher, daß dort so viele Menschen im Wasser liegen, böse und gute. Diese Leute stammen von den Schiffen, die dort untergegangen sind. Und da ist mancher darunter, der für seine Sünden, die er auf dem Land oder auf dem Wasser tat, nun unter dem Wasser auch keine Ruhe mehr finden kann.[350]

8
Stadtmauern

Mainz

Mainz erhielt seine erste Stadtmauer bereits in römischer Zeit. Angesichts der Bedrohung durch rechtsrheinische Germanen wurde in einem weiten Bogen die antike Stadt mitsamt dem Legionslager auf dem Kästrich ummauert. Vom Rhein (etwa im Bereich des Museums für antike Schiffahrt) verlief die Mauer über die Höhe der Zitadelle bis zur Kante des Zahlbachtals, dann diese entlang, die Hintere Bleiche begleitend zum Rhein, um dort bis etwa zur Dagobertstraße noch landseitig der heutigen Rheinstraße zu folgen und dann den Ring zu schließen. Im 4. Jahrhundert wurde der Ring wesentlich verkürzt, so wurde das alte Legionslager aufgegeben und von der spätantiken Stadtmauer durchschnitten (heute sind die Grundmauern des spätantiken Stadttores auf dem Kästrich freigelegt). Auch verlief nun die Mauer zwischen Gautor und Rhein entlang des heutigen Eisgrubweges.

Diese Ummauerung wurde wohl bis ins Frühmittelalter weitgehend unverändert genutzt, erst um 900 ließ Erzbischof Hatto I. die Mauer an der Rheinfront vorverlegen. Nachdem eine Revolte Mainzer Bürger gegen Erzbischof Arnold zu dessen Ermordung im Jahr 1160 geführt hatte, verhängte Kaiser Friedrich I. Barbarossa 1163 die Reichsacht gegen die Stadt. Als wesentliche Folge wurde die gesamte Stadtmauer niedergelegt. Einige Jahrzehnte später war sie wieder aufgebaut, nun aber in einigen Strecken auf neuer Trasse und zum Rhein hin erneut etwas vorgeschoben. Aus dieser Bauphase stammen auch die heute noch erhaltenen Tortürme Holzturm und Eisenturm (ihre heutige Höhe von bis zu 30 m erhielten sie erst im 15. Jahrhundert). Neben diesen im wahrsten Sinne des Wortes herausragenden Toren gab es auch zahlreiche kleinere Zutrittsmöglichkeiten zur Stadt. Beim Haus Rheinstraße 7 wurde anläßlich von Abriß- und Ausschachtungsarbeiten im Jahr 1902 die obere Wengelspforte (oder auch Heimenschmiedspforte genannt) wiederentdeckt, die einst ein Nebentor der rheinseitigen Stadtmauer war und wohl Anfang des 16. Jahrhunderts vermauert wurde.[351]

Welches Stadttor allerdings Anlaß der folgenden Sage war, läßt sich wohl nicht entscheiden.

DAS VERMAUERTE STADTTOR

Albrecht von Brandenburg, 1514–1545 Erzbischof von Mainz, war einer der größten Reliquiensammler aller Zeiten. Die größte Vermehrung erfuhr seine Sammlung durch den sog. Magdeburger Schatz, der zu Schiff nach Mainz gebracht wurde. Albrechts Pläne gingen dahin, daß der Schatz auf ewige Zeiten in Mainz bleiben sollte. Um also zu verhindern, daß er jemals wieder nach Magdeburg oder sonstwie aus der Stadt Mainz herauskäme, wurde das Stadttor, durch das er vom Rhein aus nach Mainz hereingebracht worden war, für ewige Zeiten zugemauert.[352]

AUSBAU VON MAINZ ZUR FESTUNG UND ENDE DERSELBEN (Abb. 131)

Im 16. und vor allem 17. Jahrhundert wurde mehr und mehr deutlich, daß Mauer und Graben den immer besseren Feuerwaffen keinen ausreichenden Widerstand mehr leisten konnten. Nicht zuletzt war gerade das Aufstellen und

Abb. 131

Reste der Festung Mainz sind noch vielfach um die Innenstadt und auch in den Vororten erhalten. Hier die Zitadelle.

Manövrieren eigener Kanonen ohne entsprechende Umbauten kaum möglich. Hier schufen Schanzen Abhilfe, also aufgeworfene Erdwerke, deren Ränder mit Mauern verstärkt und die zudem auch noch von schußsicheren Gängen und Kasematten durchzogen wurden. Damit wurde die Stadt in ein – wie sich im 19. Jahrhundert herausstellen sollte – enges Korsett gezwängt, aus dem sie sich in wilhelminischer Zeit durch Schleifen von Toren und Wällen befreite.[353] Das Abreißen der Wallanlagen im 19. Jahrhundert war auch dadurch möglich geworden, daß neue Sprengstoffe neue Befestigungen nötig machten: Eisenarmierter Beton in beträchtlicher Dicke war nun erforderlich, außerdem hätte die enorm gewachsene Reichweite der Geschütze in der dadurch klein erscheinenden Festung Mainz keinen Ort in der Stadt mehr unversehrt gelassen. Ab 1907 legte man schließlich ein Ring von sogenannten Armierungsstellungen in einem weiten Bogen von Heidenfahrt nach Bodenheim, der mit Ausbruch des Krieges 1914 zwar vorschriftsmäßig mit zahlreichen betonierten Unterständen ausgebaut, glücklicherweise jedoch nie genutzt wurde.[354]

Die barocken Festungsanlagen sind weitgehend verschwunden und durch Grünanlagen oder andere zivile Bebauung ersetzt. Stellenweise erkennen wir noch Reste, besonders eindrucksvoll im Bereich des Kästrich (»Bastion Martin«, »Römerwall«). Dort ist in den Parkanlagen noch der abweisende Charakter der Bastionen zu empfinden, der immer auch die Phantasie der Zeitgenossen anregte.[355]

HAUPTMANN FUCHS (Abb. 132)

Am Gauthor hinter der Stadtmauer steht ein alter Thurm und das Stockhaus. Die Gegend ist unter dem Namen Fuchsloch bekannt. Von alten Zeiten her ließe sich dort ein Geist auf den Wällen sehen, den man den Hauptmann Fuchs nannte. Er beleidigte Niemand, ging immer vor der Rond des Nachts, leistete manchem Kerl einen guten Dienst. Es haben mich mehrere brave, von Lügen und Furcht entfernte Soldaten versichert, ihn manchmal gesehen zu haben. Wann sie auf Posten kamen, sich sicher glaubten, stellten sie das Gewehr bei Seit, setzten sich in's Schilderhaus und schliefen, was bei schwerer Straf verboten war. Da seie der Fuchs kommen, deutlich konnten sie ihn nie erkennen, aber empfinden. Es war ein Kitzel am Gesicht und an den Händen, als wenn man mit einem Staubbesen oder einer Bürst gerieben wird, daran sie erwachten, und sahen, wie so ein kleines, weißes Wölkchen vor ihnen vorbeizog. Gleich darauf hörten sie auch die Rond trappeln.

Abb. 132

Das Stockhaus (Militärarrest). Es war im ursprünglich mittelalterlichen Martinsturm der Stadtmauer untergebracht; später befand sich hier ein Pulvermagazin, welches am 18. November 1857 (angeblich durch Brandstiftung) explodierte und große Schäden verursachte.

Heut zu Tag siehet, höret man nichts mehr, man lacht die noch lebenden alten Soldaten aus, wenn sie das, was ihnen selbst begegnet ist verzählen.[356]

SPUK HINTER DEN FESTUNGSWÄLLEN (Abb. 133)

In der Gegend vom Münster- bis Raimundithor hatte die Festung vor dem Krieg ein düsteres Aussehen, mit alten Kastanien, Nußbäumen und Stauden bewachsen, sah sie dunkel und schauerlich. Hohe Wälle, tiefe, sumpfige, mit Rohr und Schilf bedeckte Gräben, davor alte in hohen Bäumen versteckte Aebtehäuser. Oefters hörten Nachts die Wachten in den Häusern einen Lärmen, als von Arbeitern, die Kugeln herum würfen. Besonders im alten Laboratorium vernahm man, ehe der Krieg anging, ein Arbeiten und Getös in den Mitternachtsstunden. 1792, wo der Krieg

anging, war der Lärm so arg, daß die Weilburger, die diesen Platz besetzt hatten, davon und aus der Stadt liefen. Dann war im Spätjahr 1793 der Lärm wieder so groß, daß er Aufsehen machte, man besetzte diese Posten mit alten, versuchten Preußen.
1798 ging es wieder so arg zu, daß die Franzosen, die damalen nichts glaubten von dieser Art, sich aus Furcht vor anrückenden Truppen, oder Ausfällen aus den Mienen eilend zurückzogen. – Dermalen ist alles ruhig.[357]

Das Münstertor lag westlich des heutigen Münsterplatzes, das Raimunditor am Rheinufer unterhalb des Schlosses. Gemeint ist also der Bereich vor den fünf Bastionen der Stadtbefestigung zum Gartenfeld (Pauli, Leopoldi, Felicitas, Damian und Raimundi), von denen heute nichts mehr existiert. An ihrer Stelle befinden sich nun die Kaiserstraße mit ihren hellen und angesichts des Straßenverkehrs erstaunlich einladenden Grünanlagen und das Gebiet der Neustadt bis zur Adam-Karillon-Straße.

Abb. 133

Festungswälle und Häuser am Münstertor (im Hintergrund die Altmünsterkirche, Photo vor 1895). An der »gruseligen Stelle« befindet sich heute das Finanzamt.

Ende des 18. Jahrhunderts war vor den genannten Bastionen das Gartenfeld, dahinter das überwiegend kleingewerblich genutzte Bleichenviertel. Da die Festungsmauern ihr Vorgelände gut beschatteten, mag es zum Gartenfeld hin wirklich etwas dunkler und unangenehmer gewesen sein – und das Bleichenviertel gehört ja auch heute noch zu den problematischeren Mainzer Altstadtvierteln.

FESTUNGSBESATZUNG

Die Enge der Festung kann man aus heutiger Sicht als Symbol der übergroßen Bedeutung von Militär und Krieg in der neuzeitlichen Stadt Mainz sehen. Die Freiheit des Einzelnen war damals ohnehin eingeschränkt, besonders hart aber, wenn eine neue bzw. fremde Besatzung in die Festung kam. Dann mußten die sonst dicht verwobenen Bande zwischen Zivilbevölkerung und Garnison erst langsam neu geknüpft werden, was – wie die nächste Sage zeigt – nicht immer reibungslos verlief.

Georg, der Sohn eines reichen Ebersheimer Bauern, hatte während der französischen Zeit um 1800 eine Geliebte in Mainz. Diese besuchte er gerne und oft, doch als es wieder einmal spät geworden war, und er an den schon geschlossenen Toren vorbei aus der Stadt wollte, griff ihn eine französische Streife beim Gautor auf und führte ihn ab. Da er bereits zuvor Reibereien mit der französischen Obrigkeit gehabt hatte, mußte er nun davon ausgehen, eine längere Haftstrafe zu erhalten. Im Gefängnis sitzend betete er zu seinem Namenspatron und erbat sich Hilfe. Etwas später erschien diese denn auch: Ein französischer Offizier holte ihn zum Verhör ab, führte ihn jedoch nicht ins Gouvernement, sondern zu einer kleinen Pforte in der Stadtmauer. Ehe es sich der Bauerssohn versah, war der Franzose verschwunden und er gelangte glücklich aus der Stadt hinaus. Zeit seines Lebens war Georg überzeugt davon, daß es der heilige Georg selbst, in Gestalt des Offiziers war, der ihm zur Flucht verholfen hatte.[358]

Der heilige Georg ist auch Schutzheiliger der Gefangenen, was wohl von den vielen Folterungen herrührt, die er nach seiner Vita zu erdulden hatte. Demnach starb er im Orient den Märtyrertod unter Diokletian (um 300 n. Chr.). Seit dem Hochmittelalter ist seine Legende unter anderem um eine Drachentötung ergänzt worden: Georg befreite eine Prinzessin, die einem Drachen geopfert werden sollte, und bewegte dadurch die Menschen, sich taufen zu lassen.[359]

Worms

Das römische Worms war vielleicht gar nicht ummauert, wenngleich die entsprechende derzeitige Forschungsmeinung nicht als endgültig gesehen werden sollte – direkt an der Grenze des Römischen Reiches ist Worms angesichts der vielen ummauerten Städte des 3. Jahrhunderts im Inneren Galliens eigentlich kaum ohne Mauer vorstellbar. Eine Befestigung gab es jedenfalls mit dem Bau des spätantiken Kastells im 4. Jahrhundert. Die spätere Stadtmauer von Worms nutzte die spätantiken Reste sicherlich, sei es nun als Steinbruch oder als Bauglieder. Die eigentliche Stadtmauer, deren Reste wir heute sehen, stammt in ihren Anfängen wohl aus frühmittelalterlicher Zeit, ein wichtiger Umbau geschah unter Bischof Burchard kurz nach 1000, um 1200 wurde die Stadtmauer vor allem zum Rhein hin vorgeschoben. Zur Zerstörung der Stadtbefestigung kam es dann insbesondere 1689, beim Niederbrennen der Stadt durch die Franzosen. Dabei verschwand mit den anderen Türmen auch der Luginsland, an ihn erinnert heute das Türmchen der Villa Werger (erbaut um 1890, nach Kriegszerstörung 1945 wiederaufgebaut: Luginsland Nr. 22). Der Luginsland war der südwestliche Eckturm der Wormser Stadtmauer. Bedingt durch die fortifikatorisch wichtige Lage mit Front nach zwei Seiten besaß er größere Maße als die meisten anderen Türme.[360]

DER LUGINSLAND (Abb. 134)

In Worms am Rhein hat früher ein Turm gestanden, der hieß Luginsland. Das aber kam so: hier saß König Heinrich, Friedrichs des Zweiten Sohn, gefangen. Als ihn der Pfalzgraf fragte, was er mache, erwiderte er: »Ich sitze da und luge für die lange Weil ins Land«. Davon hatte der Turm seinen Namen.[361]

DER KRÄMER- ODER NEIDTURM

Auf Höhe des bischöflichen Schlosses lag der Krämerturm, für den auch der Name Neidturm überliefert ist. Er stammt aus dem Jahr 1424, nach den Ereignissen von 1689 steht von ihm heute nur mehr ein Stumpf. Dicht dabei befindet sich ein Stück Mauer, das nach einer Hinweistafel als römische Stadt-

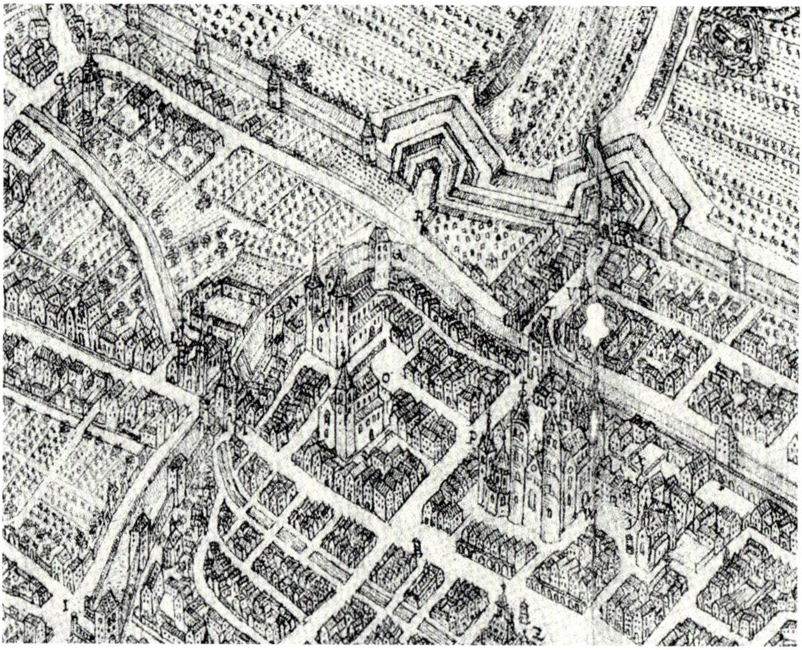

Abb. 134 (oben)

Der Luginsland als Eckturm der Wormser Stadtmauer. Ausschnitt aus der Stadtansicht Peter Hammans von 1690.

Abb. 135 (unten)

Die rheinseitige Wormser Stadtmauer mit dem »Lutherpförtchen«.

mauer angesprochen wird. Nach neueren Überlegungen handelt es sich bei dem Mauerstück aber eher um die Wand eines bedeutenden Gebäudes aus der Römerzeit, womöglich des Forums.[362]

DER NEIDTURM

Der Turm stand gerade an einer solchen Stelle, daß er die ganze Aussicht aus der bischöflichen Residenz, dem Bischofshof neben dem Dom, verhinderte. Bischof Johann von Fleckenstein, der von 1410 bis 1426 in Worms regierte, nannte den Turm aus diesem Grunde den »Neidturm«.[363]

DAS LUTHERPFÖRTCHEN (Abb. 135)

Worms, einst mit starken Mauern, Türmen und Wällen umgeben, hat von seinem alten Mauerring nicht mehr besonders viel auf die Neuzeit gebracht. Ein hübsches Bild der mittelalterlichen Stadtbefestigung bietet aber noch heute das Lutherpförtchen: Es ist ein alter in gotischen Formen gebauter Nebenausgang aus der Stadt, durch den Luther nach seinem denkwürdigen Auftritt vor dem Reichstag entwichen sein soll, um sich in ähnlicher Weise, wie in Augsburg vor Cajetan, vor seinen Widersachern in Sicherheit zu bringen.[364]

Offenbar sind hier einige Dinge verdreht worden: Luther hatte zu Worms seine Meinung sicher zu kühn vertreten, um vom Reichstag als Freund des Kaisers zu scheiden. Dennoch gestaltete sich seine Abreise keineswegs als Flucht, war er doch unter der Zusicherung freien Geleits erschienen, wie ein kaiserlicher Herold als Reisebegleiter deutlich machte. Das Lutherpförtchen, früher Fischerpförtchen genannt, wurde erst im 19. Jahrhundert wegen angeblicher Ähnlichkeiten zum gleichnamigen Augsburger Tor umgetauft.[365]

Weitere Mauern

Die genannten Ummauerungen der Städte Mainz und Worms waren mehr als nur ein Haufen vermörtelter Steine. Neben der Schutzfunktion zeigten sie ebenso die wirtschaftliche Potenz und das Prestige ihrer Erbauer. Deshalb war es nicht jedem möglich und auch nicht jedem gestattet, eine Stadtmauer oder dergleichen zu errichten. Gleichzeitig war es für den Status einer mittelalterlichen Stadt aber enorm wichtig, eine Wehrmauer zu haben (nicht von ungefähr wurde die Stadt Mainz im 12. Jahrhundert mit der Niederlegung ihrer Stadtmauer bestraft). Die Basis von Handlungen, die Prestige und Selbstdarstellung zum Ziel haben, bildet aber immer das Streben einzelner Menschen, wie das Beispiel einer außerordentlich großen Mauer um einen rheinhessischen Hof verdeutlicht:

DER WINDHÄUSER HOF (Abb. 136)

Die erste überlieferte Erwähnung des Windhäuser Hofes datiert ins Jahr 1307. Der Hof gehörte damals zum Kloster Ingelheimerhausen (der heutige Haxthäuser Hof südwestlich von Wackernheim). Wie dieses selbst stellt auch

Abb. 136

Die Kalkbruchsteinmauer um den Windhäuser Hof.

er eine Folge des Landesausbaus im 12. Jahrhundert dar, als man im Waldgebiet zwischen Mainz und Ingelheim Rodungen anlegte. Dabei ist die Lage des Windhäuser Hofes am Rand des Plateaus keineswegs als exponiert zu bezeichnen, denn in vor- und frühgeschichtlichen Zeiten waren solche Randlagen zwischen Hang und Hochebene, im Bereich stetig schüttender Quellen sehr beliebt – so sind eben auch um den Windhäuser Hof viele Fundstellen von der Jungsteinzeit bis in die Römerzeit bekannt. Die schöne Aussicht mag dabei gleichfalls eine Rolle gespielt haben; zuletzt hatte der Hof vor 200 Jahren einige Bedeutung als Privatsitz des Präfekten des Departements Mont-Tonnerre. Die besagte Mauer wurde erst in der Mitte des 19. Jahrhunderts unter Dr. Theodor Langen begonnen, der den Hof zwischen 1830 und 1859 besaß. Der übernächste Besitzer Adam Schott aus Essenheim, dem der Windhäuser Hof von 1863 bis 1876 gehörte, ruinierte ihn durch schlechtes Wirtschaften – vielleicht wurde deshalb die Mauer nicht vollendet …[366]

DER WINDHÄUSER HOF

Um das große Gut des Windhäuser Hofes wollte einst dessen Besitzer eine Mauer ziehen. Da ihm jedoch das Geld dafür nicht reichte, blieb die Ummauerung unvollendet. Eine Inschrift wurde an der Stelle eingelassen, wo er den Bau einstellen mußte, sie lautet: »Wer will diese Mauer bauen, muß zuvor sein Geld beschauen!«[367]

DER ALZEYER SEIDENPFADEN

Auf die symbolische und mitunter sakrale Bedeutung einer Umwehrung deutet die abschließende Sage zu Alzey, die aber nicht kommentiert werden soll.

Nicht nur Kriemhildens Rosengarten gegenüber Worms, sondern auch der pfalzgräfliche Hof zu Alzey war statt mit Mauern von einem Seidenfaden umzogen. Wenn unsere Altvorderen einen Ort auf solche Weise einhegten, wollten sie von der umfriedeten Stelle das Übel, sei es in Gestalt von Pest und Verderben bringenden Dämonen, sei es von menschlichen Feinden abhalten. So merkwürdig das ist, muß man sich doch mit dieser geschichtlichen Tatsache abfinden. Wenn aber statt dessen von manchen Gelehrten berichtet wird, der Seidenfaden um den Alzeyer Hof sei ein Seitenpfad gewesen, darf man dies ins Gebiet des unfreiwilligen Humors verweisen.[368]

Anmerkungen

1 W. MÜLLER, Rheinhessisches Heimatbuch. Erster Teil. Hess. Volksbücher 46 u. 47 (Friedberg 1921) 26f. Zu den Ortsnamen: H. KAUFMANN, Rheinhessische Ortsnamen (München 1976).

2 B. HEIDE (Hrsg.), Leben und Sterben in der Steinzeit (Mainz 2003).

3 P. BARIÉ / W. SCHINDLER (Hrsg. u. Übers.), M. Valerius Martialis, Epigramme (Düsseldorf & Zürich 1999) X, 7.

4 Steinland-Pfalz. Geologie und Erdgeschichte von Rheinland-Pfalz (^{2}Mainz 2005). — R. ENGELHARDT, Das Binger Loch (Bingen 1971).

5 J. S. SCHRÖTER (Hrsg. u. Übers.), C. Collini, Tagebuch einer Reise, welches verschiedene mineralogische Beobachtungen besonders über die Agate und den Basalt enthält (Mannheim 1777).

6 J. COMO, Sagen und Legenden aus Bingen und Umgebung (Bingen 1919) 3. — W. MÜLLER, Rheinhessisches Heimatbuch. Erster Teil. Hess. Volksbücher 46 u. 47 (Friedberg 1921) 116f.

7 J. ALTENKIRCH, Die Namen der Gemarkungen Bingen und Büdesheim. Flurnamenbuch d. Volksstaats Hessen 9 (Gießen 1936).

8 W. MÜLLER, Rheinhessisches Heimatbuch. Zweiter Teil. Hess. Volksbücher 52–54 (Darmstadt 1924) 7f.

9 PAUSANIAS V, 12, 3.

10 PAUSANIAS II, 10, 2.

11 PAUSANIAS VIII, 32, 5.

12 CLEMENS VON ALEXANDRIA, Mahnrede gegen die Heiden 47, 6.

13 SUETON, Augustus, 72.

14 W. MÜLLER, Rheinhessisches Heimatbuch. Erster Teil. Hess. Volksbücher 46 u. 47 (Friedberg 1921) 123.

15 W. MÜLLER, Rheinhessisches Heimatbuch. Erster Teil. Hess. Volksbücher 46 u. 47 (Friedberg 1921) 125f.

16 E. THENIUS / N. VÁVRA, Fossilien im Volksglauben und im Alltag (Frankfurt 1996). — A. MAYOR, The First Fossil Hunters: Paleontology in Greek and Roman Times (Princeton 2000). — K. HORNIG, Wasserverkehr im Altertum. Teil II: Anthropologische Aspekte. Skyllis 3, 2000, 136–147. — M. FELL, Kimon und die Gebeine des Theseus. Klio 86, 2004, 16–54. — J. BURCKHARDT, Griechische Kulturgeschichte 2, 3. Der griechische Heroenkultus. Gesammelte Werke 6 (Darmstadt 1956) 222f. — Zu Fossilienfunden und ihrer Deutung als Riesen eine weitere Quelle des 2. Jahrhunderts n. Chr.: PHLEGON, Mirabilia 11, 12, 14–19. Jüngst zu diesem Thema: B. ENGMANN, Der Stoff aus dem die Mythen sind. Wie Fossilien zu Fabelwesen wurden (Stuttgart 2012).

17 A. SCHREIBER, Sagen aus den Rheingegenden, dem Schwarzwalde und den Vogesen (Heidelberg 1839) 92–95. — R. SCHLUNDT, Sagen aus Rheinland-Pfalz (Köln 1983) 129f.

18 G. DURST, Die Monolithe der Provinz Rheinhessen. Mainzer Zeitschr. 23, 1928, 20f. — O. HÖCKMANN, Der Lange Stein bei Ober-Saulheim. In: Führer zu vor- u. frühgesch.

Denkmälern 12. Nördliches Rheinhessen (Mainz 1969) 203–205. — D. ZYLMANN, Das Rätsel der Menhire (Mainz-Kostheim 2003).

19 E. WÖRNER, Beiträge zur Würdigung der unter dem Namen Hinkelstein, Spindelstein, Gollenstein, Lange Stein u.s.w. vorkommenden monolithischen Denkmale. Korrbl. d. Gesamtvereins d. deutschen Gesch.- u. Altertumsvereine 25, 3, 1877, 5. — K. J. BRILMAYER, Rheinhessen in Vergangenheit und Gegenwart (Mainz 1904) 361. — K. BADER, Hessische Sagen 2. Reihe. Hess. Volksbücher 12 (Darmstadt 1912) 89f., Nr. 250. — W. MÜLLER, Rheinhessisches Heimatbuch. Erster Teil. Hess. Volksbücher 46 u. 47 (Friedberg 1921) 72 u. 112f. — D. ZYLMANN, Das Rätsel der Menhire (Mainz-Kostheim 2003) 66. — O. GÖDEL, Menhire – ein wissenschaftlich-volkskundlicher Beitrag zu unseren Steindenkmälern. Mitt. des histor. Vereins der Pfalz 96, 1998, 27–76, hier: 37.

20 W. HOFFMANN, Rheinhessische Volkskunde (Bonn & Köln 1932) 159.

21 W. MÜLLER, Rheinhessisches Heimatbuch. Erster Teil. Hess. Volksbücher 46 u. 47 (Friedberg 1921) 115. — W. MÜLLER, Rheinhessisches Heimatbuch. Zweiter Teil. Hess. Volksbücher 52–54 (Darmstadt 1924) 135.

22 L. SANDMANN, Schornsheimer Gemarkung und Flurnamen. In: Schornsheim. Geschichte eines Dorfes 782–1982 (Bingen 1982) 147–167, hier: 151. — E. WALLDORF, Die Namen der Gemarkungen von Schornsheim und Udenheim in Rheinhessen (Gießen 1936) 23.

23 G. DURST, Die Monolithe der Provinz Rheinhessen. Mainzer Zeitschr. 23, 1928, 14–26, bes. 24, Abb. 11.

24 W. MÜLLER, Rheinhessisches Heimatbuch. Erster Teil. Hess. Volksbücher 46 u. 47 (Friedberg 1921) 69.

25 W. MÜLLER, Rheinhessisches Heimatbuch. Zweiter Teil. Hess. Volksbücher 52–54 (Darmstadt 1924) 87.

26 W. MÜLLER, Rheinhessisches Heimatbuch. Erster Teil. Hess. Volksbücher 46 u. 47 (Friedberg 1921) 144f.

27 Zu Avebury: A. BURL, Prehistoric Avebury (New Haven & London 1979) bes. 39. — Zum Westhofener Gräberfeld: J. EBERSMANN, Geschichte von Westhofen, Monzernheim und Blödesheim (Worms 1909) 7. — K. KOEHL in: Korrespondenzblatt der Westdeutschen Zeitschrift für Geschichte und Kunst 22, 1903, 36–44. — CHR. J. J. GRÜNEWALD / H. STROH, Chronik des Marktfleckens Westhofen (Westhofen 1974) 199 [mit der Vermutung, Funde des Jahres 1843 wären mit besagter Geschichte in Verbindung zu bringen] u. 155f.

28 B. STÜMPEL, Aus der Ur- und Frühgeschichte des Kreises Alzey. Alzeyer Geschbl. 1, 1964, 24–63, bes. 47f.

29 K. STORCH, Der junge Geschichtsfreund (1955). — V. CARL, Pfälzer Sagen (Landau 1977). — S. BACH/E. W. FRIED, Unheimliche Gestalten in der Nordpfalz (Otterbach 1997) 16.

30 F. M. ILLERT, Die alte Stadt. Bild und Schicksal der ehemals freien Stadt Worms (Worms 1950) 14.

31 W. MÜLLER, Rheinhessisches Heimatbuch. Erster Teil. Hess. Volksbücher 46 u. 47 (Friedberg 1921) 19f.

32 P. Haupt / Chr. Pare, Die jüngere Latènezeit im Alzeyer Raum: zum Schicksal der keltischen Bevölkerung am nördlichen Oberrhein. In: Chr. Pare (Hrsg.), Bevor die Römer kamen. Kelten im Alzeyer Land (Alzey 2003) 33–40. — Zu den Anfängen des römischen Worms: M. Grünewald / E. Hahn, Zwischen Varusschlacht und Völkerwanderung. Die römerzeitlichen Gräberfunde aus Worms und Rheinhessen im Museum der Stadt Worms im Andreasstift (Worms 2006).

33 F. M. Illert, Die alte Stadt. Bild und Schicksal der ehemals freien Stadt Worms (Worms 1950) 18.

34 W. Müller, Rheinhessisches Heimatbuch. Erster Teil. Hess. Volksbücher 46 u. 47 (Friedberg 1921) 22.

35 G. Bönnen, Zwischen Bischof, Reich und Kurpfalz: Worms im späten Mittelalter. In: Ders. (Hrsg.), Geschichte der Stadt Worms (Stuttgart 2005) 193–261, bes. 204 u. 246–251. — Zu Drachen generell: B. Stadie, Von Lindwürmern und Drachen. In: Das Nibelungenlied und seine Welt (Darmstadt 2003) 84–88. — E. Thenius / N. Vávra, Fossilien im Volksglauben und im Alltag (Frankfurt 1996) 23–29.

36 W. Müller, Rheinhessisches Heimatbuch. Erster Teil. Hess. Volksbücher 46 u. 47 (Friedberg 1921) 20f. — F. Reuter / U. Schäfer, Wundergeschichten aus Warmaisa. Juspa Schammes, seine Ma'asseh nissim und das jüdische Worms im 17. Jahrhundert (Worms 2005) 36–40, Nr. 15 u. 15 a.

37 J. Laager (Übers.), Jacobus de Voragine, Legenda aurea. Manesse Bibliothek der Weltliteratur (Zürich 1982) 158–165.

38 W. Müller, Rheinhessisches Heimatbuch. Erster Teil. Hess. Volksbücher 46 u. 47 (Friedberg 1921) 22.

39 M. Grünewald, Worms von der vorgeschichtlichen Epoche bis in die Karolingerzeit. In: G. Bönnen (Hrsg.), Geschichte der Stadt Worms (Stuttgart 2005) 44–101, bes. 86–88. — Auch: S. Ristow, Frühes Christentum im Rheinland (Köln 2007) 108 u. 252–256.

40 W. Müller, Rheinhessisches Heimatbuch. Erster Teil. Hess. Volksbücher 46 u. 47 (Friedberg 1921) 16f.

41 A. Schleidgen, Pontius Pilatus – ein Mainzer? Zur Rolle von Mainz in mittelalterlichen Legenden. Mainzer Zeitschr. 96/97, 2001/2002, 41–47.

42 W. Müller, Rheinhessisches Heimatbuch. Erster Teil. Hess. Volksbücher 46 u. 47 (Friedberg 1921) 17.

43 P. Haupt / P. Jung, Rheinhessische vici. In: Dies. (Hrsg.), Alzey und Umgebung in römischer Zeit. Gesch. d. Stadt Alzey 3 (Alzey 2006) 45–57, bes. 50–55. — G. Ziethen, Mogontiacum. Vom Legionslager zur Provinzhauptstadt. In: F. Dumont et al. (Hrsg.), Mainz. Die Geschichte der Stadt (Mainz 1998) 39–67. — L. Leloup-Le Montreer, Das Bild der Merowinger in Frankreich. In: Die Franken. Wegbereiter Europas (Mainz 1996) 43–52. — Mittelhochdeutscher Text des Annoliedes: M. Roediger (Hrsg.), Das Annolied (Berlin 1895). — A. Schleidgen, Pontius Pilatus – ein Mainzer? Zur Rolle von Mainz in mittelalterlichen Legenden. Mainzer Zeitschr. 96/97, 2001/2002, 41–47, bes. 45.

44 G. S. Olmsted, The Gods of the Celts and the Indo-Europeans (Innsbruck 1994) 362. — P.-Y. Lambert, La langue gauloise (Paris 2003). — Inschrift vom Zugmantel: Ber. Röm.-Germ. Kommission 5, 1909, 59.

45 W. MÜLLER, Rheinhessisches Heimatbuch. Erster Teil. Hess. Volksbücher 46 u. 47 (Friedberg 1921) 17f.

46 G. RUPPRECHT / A. HEISING (Hrsg.), Vom Faustkeil zum Frankenschwert (Mainz 2003).

47 J. COMO, Sagen und Legenden aus Bingen und Umgebung (Bingen 1919) 9. — W. MÜLLER, Rheinhessisches Heimatbuch. Erster Teil. Hess. Volksbücher 46 u. 47 (Friedberg 1921) 13f. — R. SCHLUNDT, Sagen aus Rheinland-Pfalz (Köln 1983) 131f.

48 Zu den Wikingern am Rhein generell: A. WILLEMSEN, Wikinger am Rhein 800–1000 (Darmstadt 2004).

49 Zur Geschichte des Klosters Eibingen: F. R. ENGELHARDT, Hildegard von Bingen (Bingen 1979) 106–115.

50 J. COMO, Sagen und Legenden aus Bingen und Umgebung (Bingen 1919) 4. — W. MÜLLER, Rheinhessisches Heimatbuch. Erster Teil. Hess. Volksbücher 46 u. 47 (Friedberg 1921) 14f.

51 Führer zu vor- und frühgeschichtlichen Denkmälern 12. Nördliches Rheinhessen (Mainz 1969) 143–152. — O. GUTHMANN, Kreuznach und Umgebung in römischer Zeit (Bad Kreuznach 1965). — P. HAUPT / P. JUNG, Rheinhessische vici. In: DIES. (Hrsg.), Alzey und Umgebung in römischer Zeit. Alzey – Gesch. d. Stadt 3 (Alzey 2006) 45–57.

52 K. STIELER / H. WACHENHUSEN / F. W. HACKLÄNDER, Rheinfahrt. Von den Quellen des Rheins bis zum Meere (Stuttgart 1875) 228. — K. HESSEL, Sagen und Geschichten des Nahethales (Kreuznach 1894) 6–8. — J. COMO, Sagen und Legenden aus Bingen und Umgebung (Bingen 1919) 21. — R. SCHLUNDT, Sagen aus Rheinland-Pfalz (Köln 1983) 86f.

53 C. VELTEN (Übers.), Des Abtes Johannes Trithemius Chronik des Klosters Sponheim (Bad Kreuznach 1969) 164.

54 TH. EHRLICH, Sage von der Auffindung der ersten Kreuznacher Solquelle. Zeitschr. f. rheinisch-westfäl. Volkskde. 6, 1909, 44–47. — R. SCHLUNDT, Sagen aus Rheinland-Pfalz (Köln 1983) 87f.

55 Festschrift 175 Jahre Heilbad Bad Kreuznach 1817–1992 (Pfaffen-Schwabenheim 1992). — H. DÜRO-SCHIFFELS (Hrsg.), Sagen und Geschichten aus Rheinland-Pfalz (Frankfurt 1991) 152f. — Zur Herkunft der Sage: V. GALLÉ, Geheimnisvolles Rheinland-Pfalz (Marburg 1996) 128. — Zu Aelius Aristides: H. O. SCHRÖDER (Übers. u. Hrsg.), Publius Aelius Aristides, Heilige Berichte (Heidelberg 1986) bes. 48f.

56 W. MÜLLER, Rheinhessisches Heimatbuch. Zweiter Teil. Hess. Volksbücher 52–54 (Darmstadt 1924) 16.

57 Der Neue Pauly 2 (Stuttgart & Weimar 1997) 487–492 s. v. Bataveraufstand, Batavi. — TACITUS, Historien 4 u. 5. — Zum Ortsnamen: H. KAUFMANN, Rheinhessische Ortsnamen (München 1976) 23f.

58 W. MÜLLER, Rheinhessisches Heimatbuch. Zweiter Teil. Hess. Volksbücher 52–54 (Darmstadt 1924) 16. — PH. A. PAULI, Die römischen und deutschen Altertümer am Rhein (Mainz 1820).

59 G. ZELLER, Die fränkischen Altertümer des nördlichen Rheinhessen (Stuttgart 1992) 148–151. — H. KAUFMANN, Rheinhessische Ortsnamen (München 1976) 144f. — J. GRIMM, Ortsgeschichte von Mommenheim (Nieder-Olm 1913) 16f.

60 A. SAALWÄCHTER, Sagen und sagenhafte Überlieferungen aus dem Ingelheimer Grund (Darmstadt 1921) 43f.

61 P. HAUPT, Vicus – Villae – Vinum. Der Ingelheimer Raum in der Römerzeit (Ingelheim 1996) 43f. u. 56f.

62 J. STRUCK, Was können uns die Nackenheimer Flurnamen erzählen? In: Beiträge zur Ortskunde von Nackenheim. Nackenheimer heimatkundliche Schriftenreihe 1 (Nackenheim 1951) 33.

63 W. MÜLLER, Rheinhessisches Heimatbuch. Zweiter Teil. Hess. Volksbücher 52–54 (Darmstadt 1924) 19.

64 Zur römischen Fundstelle: H. BAYER, Die ländliche Besiedlung Rheinhessens und seiner Randgebiete in römischer Zeit. Mainzer Zeitschr. 62, 1967, 125–175, bes. 172. — G. BEHRENS, Jahresbericht der Bodendenkmalpflege. Mainzer Zeitschr. 44/45, 1949/59, 153–161, hier: 159. — H. BAYER, Die ländliche Besiedlung Rheinhessens und seiner Randgebiete in römischer Zeit. Mainzer Zeitschr. 62, 1967, 125–175, bes. 169. — Zum Flurnamen: W.-D. ZERNECKE, Die Siedlungs- und Flurnamen rheinhessischer Gemeinden zwischen Mainz und Worms. Mainzer Studien zur Sprach- und Volksforschung 16 (Stuttgart 1991) 378f. bzw. 528f. — J. STRUCK, Die Flurnamen der Gemarkung Nackenheim. Nackenheimer Heimatkundl. Schriftenreihe 2 (Nackenheim 1951) 19f.

65 Zu fränkischen Bestattungen in römischen Ruinen siehe (mit Auflistung weiterer Parallelen in Rheinhessen): R. KNÖCHLEIN, Die nachantike Nutzung der Bad Kreuznacher Palastvilla. Mainzer Arch. Zeitschr. 2, 1995, 197–209.

66 H. F. SINGER, Hackenheim. In: H. BECHTOLSHEIMER ET AL., Der Südwesten Rheinhessens in der geschichtlichen Zeit. Rheinhessen in seiner Vergangenheit 2 (Mainz 1923) 45–49, hier: 45. W. MÜLLER, Rheinhessisches Heimatbuch. Zweiter Teil. Hess. Volksbücher 52–54 (Darmstadt 1924) 27f.

67 A. SAALWÄCHTER, Sagen und sagenhafte Überlieferungen aus dem Ingelheimer Grund (Darmstadt 1921) 7. — W. MÜLLER, Rheinhessisches Heimatbuch. Erster Teil. Hess. Volksbücher 46 u. 47 (Friedberg 1921) 82f. — J. KOHL, Das Binger Land (Bingen 1948) 52. — H. KOHTZ, Ingelheim in der Sage, in Geschichten und Anekdoten. In: F. LACHENAL / H. T. WEISE (Hrsg.), Ingelheim am Rhein 774–1974. Geschichte und Gegenwart (Ingelheim 1974) 129–149, hier: 142.

68 A. SAALWÄCHTER, Sagen und sagenhafte Überlieferungen aus dem Ingelheimer Grund (Darmstadt 1921) 40. — W. MÜLLER, Rheinhessisches Heimatbuch. Zweiter Teil. Hess. Volksbücher 52–54 (Darmstadt 1924) 112. — H. KOHTZ, Ingelheim in der Sage, in Geschichten und Anekdoten. In: F. LACHENAL / H. T. WEISE (Hrsg.), Ingelheim am Rhein 774–1974. Geschichte und Gegenwart (Ingelheim 1974) 129–149, hier: 143.

69 Vgl. den Katasterplan von 1812 in: D. KRIENKE, Kreis Mainz-Bingen. Kulturdenkmäler in Rheinland-Pfalz 18.1 (Worms 2007) 360. — P. HAUPT, Vicus – Villae – Vinum. Der Ingelheimer Raum in der Römerzeit (Ingelheim 1996) 56.

70 A. HEISING, Durch Vergangenheit Zukunft sichern – Eine römische *villa rustica* im Binger Wald, Gemeinde Weiler, Kreis Mainz-Bingen. Archäologie in Rheinland-Pfalz 2003, 43–46.

71 J. KOHL, Das Binger Land (Bingen 1948) 48f. — J. COMO, Sagen und Legenden aus Bingen und Umgebung (Bingen 1919) 11f.

72 J. Würth, Aus der Geschichte der Gemeinde und Pfarrei Appenheim (Worms 1908) 6 u. 60f. — H. Bayer, Die ländliche Besiedlung Rheinhessens und seiner Randgebiete in römischer Zeit. Mainzer Zeitschr. 62, 1967, 125–175, bes. 169. — Zum Flurnamen Daubhaus: W.-D. Zernecke, Die Siedlungs- und Flurnamen rheinhessischer Gemeinden zwischen Mainz und Worms. Mainzer Studien zur Sprach- und Volksforschung 16 (Stuttgart 1991) 525f.

73 W. Müller, Rheinhessisches Heimatbuch. Zweiter Teil. Hess. Volksbücher 52–54 (Darmstadt 1924) 65. — A. Trieb, Eppelsheim (Rheinhessen). Geschichte des Ortes seit den frühesten Zeiten bis zur Gegenwart (Eppelsheim 1937) 212.

74 P. Haupt, Die Rolle des Kastells Alzey in der valentinianischen Rheinverteidigung. In: P. Haupt / P. Jung (Hrsg.), Alzey und Umgebung in römischer Zeit. Alzey – Gesch. d. Stadt 3 (Alzey 2006) 74–78, bes. 76f. — A. Wieczorek, Die Wüstungen auf dem Gebiet der Verbandsgemeinde Nieder-Olm aus siedlungsarchäologischer Sicht. In: K.-H. Spiess (Hrsg.), Nieder-Olm. Der Raum der Verbandsgemeinde in Geschichte und Gegenwart (Alzey 1983) 297–306, bes. 302. — E. Koch, Rheinhessische Rechtsaltertümer (Würzburg 1939) 143–145. — A. Saalwächter, Sagen und sagenhafte Überlieferungen aus dem Ingelheimer Grund (Darmstadt 1921) 57.

75 A. Saalwächter, Sagen und sagenhafte Überlieferungen aus dem Ingelheimer Grund (Darmstadt 1921) 57. — W. Müller, Rheinhessisches Heimatbuch. Erster Teil. Hess. Volksbücher 46 u. 47 (Friedberg 1921) 38. — W. Hoffmann, Rheinhessische Volkskunde (Bonn & Köln 1932) 101 u. 105.

76 A. Saalwächter, Sagen und sagenhafte Überlieferungen aus dem Ingelheimer Grund (Darmstadt 1921) 57.

77 A. Saalwächter, Sagen und sagenhafte Überlieferungen aus dem Ingelheimer Grund (Darmstadt 1921) 56. — W. Müller, Rheinhessisches Heimatbuch. Zweiter Teil. Hess. Volksbücher 52–54 (Darmstadt 1924) 57.

78 Zur Antike: C. Thulin (Hrsg.), Corpus Agrimensorum Romanorum (Leipzig 1913). — Zu Grenzbegehungen der Mainzer Gemarkung: C. E. Gaede, Das Mainzer Feldgüterverzeichnis von 1568. Mainzer Zeitschr. 83, 1988, 67–121.

79 W.-D. Zernecke, Die Siedlungs- und Flurnamen rheinhessischer Gemeinden zwischen Mainz und Worms. Mainzer Studien zur Sprach- und Volksforschung 16 (Stuttgart 1991) 136f.

80 Sueton, Leben des Claudius, 1, 3.

81 Eutrop 13,1.

82 Zur historischen Überlieferung und dem Denkmal selbst: A. Panter, Der Drusussstein in Mainz und dessen Einordnung in die römische Grabarchitektur seiner Erbauungszeit. Mainzer Arch. Schr. 6 (Mainz 2007). — Zur Tabula Siarensis: H. Bellen, Das Drususdenkmal apud Mogontiacum und die Galliarum civitates. Jahrb. RGZM 31, 1984, 385–396. — Zur Interpretation als Siegesdenkmal: U.-W. Gans, Der Eichelstein in Mainz. monumentum drusi oder römisches Siegesmal? In: D. Vorlauf / Th. F. Warneke (Hrsg.), Miscellanea Archaeologica (Espelkamp 1997) 21–28.

83 K. Bader, Hessische Sagen. 2. Reihe. Hess. Volksbücher 12 (Darmstadt 1912) 85f., Nr. 242. — W. Müller, Rheinhessisches Heimatbuch. Zweiter Teil. Hess. Volksbücher 52–54 (Darmstadt 1924) 85. — R. Schlundt, Sagen aus Rheinland-Pfalz (Köln 1983) 104f.

84 W. MÜLLER, Rheinhessisches Heimatbuch. Zweiter Teil. Hess. Volksbücher 52–54 (Darmstadt 1924) 84f.

85 F. V. ARENS, Die Inschriften der Stadt Mainz von frühmittelalterlicher Zeit bis 1650. Die deutschen Inschr. 2 (Stuttgart 1958) 702f., Nr. 1598. — W. SELZER, Römische Steindenkmäler. Mainz in römischer Zeit (Mainz 1988) 186, Nr. 143. — J. FUCHS, Alte Geschichte von Mainz 1 (Mainz 1771) 70–73.

86 J. COMO, Sagen und Legenden aus Bingen und Umgebung (Bingen 1919) 3f. — J. KOHL, Das Binger Land (Bingen 1948) 42.

87 J. FUCHS, Alte Geschichte von Mainz (Mainz 1771) 392f. — H. KAUFMANN, Rheinhessische Ortsnamen (München 1976) 17–20. — G. ZIETHEN, Römisches Bingen – Vom Beginn der römischen Herrschaft bis zum 3. Jahrhundert n. Chr. In: G. RUPPRECHT / A. HEISING (Hrsg.), Vom Faustkeil zum Frankenschwert (Mainz 2003) 23–107. — R. LETZNER, Augenspaziergänge durch alte Gassen und Fluren des Binger Raumes (Koblenz 2002) 12f. — D. ELLMERS in: Führer zu vor- u. frühgesch. Denkm. 12. Nördliches Rheinhessen (Mainz 1969) 135–137. — Zu Drusus und Mainz vgl.: K. STIELER / H. WACHENHUSEN / F. W. HACKLÄNDER, Rheinfahrt. Von den Quellen des Rheins bis zum Meere (Stuttgart 1875) 165.

88 R. ENGELHARDT, Die römische Wasserleitung in Bingen (Bingen 1978).

89 D. KRIENKE, Kreis Mainz-Bingen. Kulturdenkmäler in Rheinland-Pfalz 18.1 (Worms 2007) 116f.

90 R. ENGELHARDT, Die römische Wasserleitung in Bingen (Bingen 1978).

91 J. FUCHS, Alte Geschichte von Mainz 1 (Mainz 1771) 314, 355 u. 359.

92 E. SCHRÖDER (Hrsg.), Die ›Kaiserchronik eines Regensburger Geistlichen‹. Monumenta Germaniae Historica 1, 1 (Hannover 1895) 87. — A. SCHLEIDGEN, Pontius Pilatus – ein Mainzer? Zur Rolle von Mainz in mittelalterlichen Legenden. Mainzer Zeitschr. 96/97, 2001/2002, 45, Anm. 3.

93 Lexikon des Mittelalters 5 (München 1991) 856f., s.v. »Kaiserchronik« (E. NELLMANN). — Zur Datierung der Römerbrücke: S. BAUER, Recycling in römischer Zeit: Spundbohlen einer frührömischen Brückenkonstruktion als Uferrandbefestigung in der Mainzer Holzstraße. Arch. in Rheinland-Pfalz 2003 (2004) 35–38. — S. BAUER, Die älteste Steinbrücke am Rhein – stand sie in Mainz? Antike Welt 3/2004, 83f.

94 Historia apocrypha der Legenda aurea (12. Jahrhundert). — A. SCHLEIDGEN, Pontius Pilatus – ein Mainzer? Zur Rolle von Mainz in mittelalterlichen Legenden. Mainzer Zeitschr. 96/97, 2001/2002, 41f.

95 Die Erinnerungen des Jacques Estienne (^{2}Bremen 1976) 81.

96 P. HAUPT / S. HORNUNG, Ein Mitglied der Heiligen Familie? Zur Rezeption eines römischen Soldatengrabsteines aus Bingerbrück. Heimatjahrbuch Landkreis Mainz-Bingen 50, 2006, 67–74. — G. ZIETHEN, Römisches Bingen – Vom Beginn der römischen Herrschaft bis zum 3. Jahrhundert n. Chr. In: G. RUPPRECHT / A. HEISING (Hrsg.), Vom Faustkeil zum Frankenschwert (Mainz 2003) 23–107, bes. 85–89.

97 H.-J. BREUER, Die politische Orientierung von Ministerialität und Niederadel des Wormser Raumes im Spätmittelalter. Quellen u. Forsch. zur hess. Gesch. 111 (Darmstadt & Marburg 1997) 380–386. — Zum Schloß in Herrnsheim: I. SPILLE, Stadt Worms. Kulturdenkmäler in Rheinland-Pfalz 10 (Worms 1992) 204–207. — Ableh-

nend zur spätmittelalterlichen Burg: J. KEDDIGKEIT ET AL., Pfälzisches Burgenlexikon 2 (Kaiserslautern 2002) 345–348.

98 W. MÜLLER, Rheinhessisches Heimatbuch. Erster Teil. Hess. Volksbücher 46 u. 47 (Friedberg 1921) 56f.

99 Das römische Martyrologium (Regensburg 1962) 159 (27. Juni).

100 W. MÜLLER, Rheinhessisches Heimatbuch. Zweiter Teil. Hess. Volksbücher 52–54 (Darmstadt 1924) 143f.

101 F. V. ARENS, Die Inschriften der Stadt Mainz von frühmittelalterlicher Zeit bis 1650. Die deutschen Inschr. 2 (Stuttgart 1958) 333f., Nr. 631. — W. MÜLLER, Rheinhessisches Heimatbuch. Erster Teil. Hess. Volksbücher 46 u. 47 (Friedberg 1921) 33.

102 W. MÜLLER, Rheinhessisches Heimatbuch. Erster Teil. Hess. Volksbücher 46 u. 47 (Friedberg 1921) 73.

103 D. JALMAIN, Le dossier 451 (Louville-la-Chenard 1983).

104 Attila und die Hunnen. Begleitbuch zur Ausstellung. Hrsg. vom HISTORISCHEN MUSEUM DER PFALZ, Speyer (Stuttgart 2007).

105 U. OBHOF (Hrsg.), Die Nibelungen. Sage – Epos – Mythos (Wiesbaden 2003).

106 K. BADER, Hessische Sagen 2. Reihe. Hess. Volksbücher 12 (Darmstadt 1912) 78 Nr. 234. — W. MÜLLER, Rheinhessisches Heimatbuch. Erster Teil. Hess. Volksbücher 46 u. 47 (Friedberg 1921) 12f. — R. SCHLUNDT, Sagen aus Rheinland-Pfalz (Köln 1983) 130.

107 K. H. ARMBRECHT, Volker von Alzey, Ministeriale und Minnesänger. Alzeyer Geschbl. 10, 1974, 93–110. — Das Nibelungenlied und seine Welt (Darmstadt 2003).

108 K. BADER, Hessische Sagen 2. Reihe. Hess. Volksbücher 12 (Darmstadt 1912) 92 Nr. 255. — W. MÜLLER, Rheinhessisches Heimatbuch. Erster Teil. Hess. Volksbücher 46 u. 47 (Friedberg 1921) 126.

109 H. MIKLER, Römischer »Riesling« aus Rheinhessen? – Ein Nachweis frühen Weinbaus im Norden des römischen Reiches. Mainzer Arch. Zeitschr. 5/6, 1998/99 (2005), 149–155. — P. JUNG, Römerzeitlicher Weinanbau in Rheinhessen. Eine lieb gewordene Wahrheit? In: P. HAUPT / P. JUNG (Hrsg.), Alzey und Umgebung in römischer Zeit. Gesch. d. Stadt Alzey 3 (Alzey 2006) 31–44, bes. 36–39. — I. SPILLE, Stadt Worms. Kulturdenkmäler in Rheinland-Pfalz 10 (Worms 1992) 46.

110 I. SPILLE, Stadt Worms. Kulturdenkmäler in Rheinland-Pfalz 10 (Worms 1992) 128f. — Zeichnung von 1690: G. MAHLERWEIN, Die Reichsstadt Worms im 17. und 18. Jahrhundert. In: G. BÖNNEN (Hrsg.), Geschichte der Stadt Worms (Stuttgart 2005) 291–352, hier: 302, Abb. 31.

111 W. MÜLLER, Rheinhessisches Heimatbuch. Erster Teil. Hess. Volksbücher 46 u. 47 (Friedberg 1921) 125.

112 K. J. BRILMAYER, Rheinhessen in Vergangenheit und Gegenwart (Mainz 1904) 23. — K. BADER, Hessische Sagen 2. Reihe. Hess. Volksbücher 12 (Darmstadt 1912) 78 Nr. 233.

113 C. WIMMER, Geschichte der Stadt Alzei (Alzey 1874) 14. — K. BADER, Hessische Sagen 2. Reihe. Hess. Volksbücher 12 (Darmstadt 1912) 78 Nr. 232. — W. MÜLLER, Rheinhessisches Heimatbuch. Erster Teil. Hess. Volksbücher 46 u. 47 (Friedberg 1921) 78. — R. SCHLUNDT, Sagen aus Rheinland-Pfalz (Köln 1983) 130f.

114 L. HAHN, Die Flurnamen der Gemarkung Weinheim bei Alzey. Hess. Flurnamenbuch 25 (Gießen 1942) 22 u. 30.

115 J. GRIMM, Ortsgeschichte von Mommenheim (Nieder-Olm 1913) 19.

116 Das römische Martyrologium (Regensburg 1962) 149 (16. Juni).

117 W. MÜLLER, Rheinhessisches Heimatbuch. Erster Teil. Hess. Volksbücher 46 u. 47 (Friedberg 1921) 87f.

118 S. RISTOW, Frühes Christentum im Rheinland (Köln 2007) 244. — H. WITTKOPF, Der Schafhof der hochwürdigen Frau Äbtissin und die Auräuskapelle im heiligen Tal. In: 1250 Jahre Bretzenheim (Mainz 2002) 37–39.

119 W. MÜLLER, Rheinhessisches Heimatbuch. Erster Teil. Hess. Volksbücher 46 u. 47 (Friedberg 1921) 88f.

120 A. B. GOTTRON, Wo stand die älteste Peterskirche in Mainz? Mainzer Zeitschr. 44/45, 1949/50, 67–69, hier: 67.

121 W. MÜLLER, Rheinhessisches Heimatbuch. Zweiter Teil. Hess. Volksbücher 52–54 (Darmstadt 1924) 120f.

122 R. SCHMID, St. Alban. Der Patron und sein Kloster. In: B. Marschall (Hrsg.), 1250 Jahre Albansgemeinde Bodenheim (Alzey 2003) 97–118.

123 S. RISTOW, Frühes Christentum im Rheinland (Köln 2007) 240–243. — E. NEEB, Zur Baugeschichte der St. Albanskirche bei Mainz. Mainzer Zeitschr. 3, 1908, 69–91. — L. LINDENSCHMIT / E. NEEB, Bericht über die Ausgrabungen der St. Albanskirche bei Mainz im Jahre 1907. Mainzer Zeitschr. 3, 1908, 92–100. — E. NEEB, Bericht über die Ausgrabungen der St. Albanskirche bei Mainz im Jahre 1908. Mainzer Zeitschr. 4, 1909, 34–49. — W. SELZER in: Führer zu vor- u. frühgesch. Denkm. 11. Mainz (Mainz 1969) 147–154 u. 41 Abb. (Bronzetür).

124 W. MÜLLER, Rheinhessisches Heimatbuch. Erster Teil. Hess. Volksbücher 46 u. 47 (Friedberg 1921) 30f.

125 J. EBERSMANN, Geschichte von Westhofen, Monzernheim und Blödesheim (Worms 1909) 135. — CHR. J. J. GRÜNEWALD / H. STROH, Chronik des Marktfleckens Westhofen (Westhofen 1974) 12. — H. KAUFMANN, Rheinhessische Ortsnamen (München 1976) 224f.

126 H. GREWE, Die Königspfalz zu Ingelheim am Rhein. In: 799 Kunst und Kultur der Karolingerzeit 3 (Mainz 1999) 142–151. — Reallexikon der Germanischen Altertumskunde 15 (Berlin und New York 2000) 420–423, s. v. *Ingelheim* (H. GREWE).

127 H. GREWE, Neue Ergebnisse zur Sakraltopographie der Kaiserpfalz Ingelheim, Kreis Mainz-Bingen. Arch. in Rheinland-Pfalz 2004, 86–88. — H. GREWE, Die bauliche Entwicklung der Pfalz Ingelheim im Hochmittelalter am Beispiel der Sakralarchitektur. In: Deutsche Königspfalzen 7 (Göttingen 2007) 101–120.

128 I. SCHWEITZER, Vom Glanz der Ingelheimer Kaiserpfalz. Beitr. zur Ingelheimer Gesch. 19 (Ingelheim 1969).

129 W. MÜLLER, Rheinhessisches Heimatbuch. Erster Teil. Hess. Volksbücher 46 u. 47 (Friedberg 1921) 93f.

130 W. MÜLLER, Rheinhessisches Heimatbuch. Erster Teil. Hess. Volksbücher 46 u. 47 (Friedberg 1921) 94.

131 Beispiele für die Interpretation von Spinnwirteln als Statusanzeiger: U. Koch, Das alamannisch-fränkische Gräberfeld bei Pleidelsheim (Stuttgart 2001) 169, 363 u. 374–379. — Zu merowingerzeitlichen Gräbern in Rheinhessen: G. Zeller, Die fränkischen Altertümer des nördlichen Rheinhessen (Stuttgart 1992). — Zu Skelettanomalien durch das Spinnen: Z. Obertová / J. Wahl, Anthropologische Untersuchungen zur Bevölkerungsstruktur und Lebensweise der frühmerowingerzeitlichen Population von Horb-Altheim (450–510 n. Chr.). Fundberichte aus Baden-Württemberg 29, 2007, 559–601, bes. 592–596.

132 U. Weimann, Die Königspfalz in Nieder-Ingelheim. In: Führer zu vor- u. frühgesch. Denkmälern 12. Nördliches Rheinhessen (Mainz 1969) 113. — H. Kaufmann, Rheinhessische Ortsnamen (München 1976) 113–115. — K. Weidemann, Die Königspfalz in Ingelheim. In: F. Lachenal / H. T. Weise (Hrsg.), Ingelheim am Rhein 774–1974. Geschichte und Gegenwart (Ingelheim 1974) 37–56, hier: 56.

133 A. Saalwächter, Sagen und sagenhafte Überlieferungen aus dem Ingelheimer Grund (Darmstadt 1921) 7f. — W. Müller, Rheinhessisches Heimatbuch. Zweiter Teil. Hess. Volksbücher 52–54 (Darmstadt 1924) 31.

134 H. Fillitz, Die Insignien und Kleinodien des Heiligen Römischen Reiches (Wien 1954).

135 E. Schröder (Hrsg.), Die ›Kaiserchronik eines Regensburger Geistlichen‹. Monumenta Germaniae Historica 1, 1 (Hannover 1895) 342. — J. Grimm / W. Grimm, Deutsche Sagen (Berlin 1816/1818) ed. H. Rölleke, Bibl. deutscher Klassiker 116 (Frankfurt 1994) 504–510 Nr. 454. — H. Kohtz, Ingelheim in der Sage, in Geschichten und Anekdoten. In: F. Lachenal / H. T. Weise (Hrsg.), Ingelheim am Rhein 774–1974. Geschichte und Gegenwart (Ingelheim 1974) 129–149, hier: 134–137. [137: teilweises Faksimile der Kaiserchronik]

136 M. Becher, Karl der Große und Papst Leo III. In: Kunst und Kultur der Karolingerzeit (Mainz 1999) 22–36. — Lexikon des Mittelalters 5 (München 1991) 856f., s. v. »Kaiserchronik« (E. Nellmann).

137 F. J. Kiefer, Die Sagen des Rheinlandes von Basel bis Rotterdam ([2]Mainz 1866) 96. — A. Saalwächter, Sagen und sagenhafte Überlieferungen aus dem Ingelheimer Grund (Darmstadt 1921) 14–40. — P. Zaunert (Hrsg.), Rheinlandsagen (Jena 1924) 118ff. — H. Kohtz, Ingelheim in der Sage, in Geschichten und Anekdoten. In: F. Lachenal / H. T. Weise (Hrsg.), Ingelheim am Rhein 774–1974. Geschichte und Gegenwart (Ingelheim 1974) 129–149, hier: 137–139.

138 A. Saalwächter, Sagen und sagenhafte Überlieferungen aus dem Ingelheimer Grund (Darmstadt 1921) 33–40. — Einhard, Vita Karoli Magni.

139 M. Becher, Ingelheim 788: Der Prozeß gegen Herzog Tassilo III. von Bayern. In: Karl der Große in Ingelheim. Beitr. zur Ingelheimer Gesch. 43, 1998, 60–67.

140 W. Müller, Rheinhessisches Heimatbuch. Zweiter Teil. Hess. Volksbücher 52–54 (Darmstadt 1924) 98. — H. Kohtz, Ingelheim in der Sage, in Geschichten und Anekdoten. In: F. Lachenal / H. T. Weise (Hrsg.), Ingelheim am Rhein 774–1974. Geschichte und Gegenwart (Ingelheim 1974) 129–149, hier: 142.

141 W. Müller, Rheinhessisches Heimatbuch. Zweiter Teil (Darmstadt 1924) 98ff.

142 A. Saalwächter, Sagen und sagenhafte Überlieferungen aus dem Ingelheimer Grund (Darmstadt 1921) 6. — W. Müller, Rheinhessisches Heimatbuch. Erster Teil. Hess. Volksbücher 46 u. 47 (Friedberg 1921) 109. — H. Kohtz, Ingelheim in der Sage,

in Geschichten und Anekdoten. In: F. LACHENAL / H. T. WEISE (Hrsg.), Ingelheim am Rhein 774–1974. Geschichte und Gegenwart (Ingelheim 1974) 129–149, hier: 141.

143 P. HAUPT, Vicus – Villae – Vinum. Der Ingelheimer Raum in der Römerzeit (Ingelheim 1996) 96.

144 TH. G. PFUND (Übers.), Ermoldus Nigellus Lobgedicht auf Kaiser Ludwig, und Elegien an König Pippin (Berlin 1856) 72, Vers 181–186.

145 E. EMMERLING, Aufsätze über Ingelheim und den Ingelheimer Grund. Beitr. zur Ingelheimer Gesch. 17 (Ingelheim 1967) 20. — A. SCHUMACHER / W. WEGNER, Stadt Mainz. Stadterweiterungen des 19. und frühen 20. Jahrhunderts. Kuturdenkm. in Rheinland-Pfalz 2.1 (^{2}Worms 1997) 236f.

146 EINHARD, Vita Karoli Magni 26. — Zu Nieder-Saulheim: J. DECKER, 1200 Jahre Nieder-Saulheim (Wörrstadt 1963) 70. — Zitat zu zerstreuten Ingelheimer Säulen: K. STIELER / H. WACHENHUSEN / F. W. HACKLÄNDER, Rheinfahrt. Von den Quellen des Rheins bis zum Meere (Stuttgart 1875) 213. — Zu Säulen aus der Pfalz: E. EMMERLING, Aufsätze über Ingelheim und den Ingelheimer Grund. Beitr. zur Ingelheimer Gesch. 17 (Ingelheim 1967) 7–20. — H. GEISSLER, Die wandernden Säulen der Ingelheimer Pfalz. Heimatjahrb. Landkr. Mainz-Bingen 2008 (Bad Kreuznach 2007) 131–139.

147 A. SAALWÄCHTER, Sagen und sagenhafte Überlieferungen aus dem Ingelheimer Grund (Darmstadt 1921) 7. — W. MÜLLER, Rheinhessisches Heimatbuch. Zweiter Teil. Hess. Volksbücher 52–54 (Darmstadt 1924) 53. — H. KOHTZ, Ingelheim in der Sage, in Geschichten und Anekdoten. In: F. LACHENAL / H. T. WEISE (Hrsg.), Ingelheim am Rhein 774–1974. Geschichte und Gegenwart (Ingelheim 1974) 129–149, hier: 141.

148 P. HAUPT, Die Mainzer Armierungsstellungen des Ersten Weltkriegs im archäologischen Luftbild. Mainzer Arch. Zeitschr. 5/6, 1998/99 (2005) 337–350.

149 Zu den Sandmühlen: D. KRIENKE, Kreis Mainz-Bingen. Kulturdenkmäler in Rheinland-Pfalz 18.1 (Worms 2007) 326f. — Zur karolingischen Wasserleitung: P. HAUPT, Die karolingische Wasserleitung der Ingelheimer Königspfalz. In: Karl der Große. Ausstellungskat. Ingelheim. Beitr. zur Ingelheimer Gesch. 43 (Ingelheim 1998) 48–55. — P. HAUPT, Die karolingische Wasserleitung bei Ingelheim, Kr. Mainz-Bingen. In: Wasser auf Burgen im Mittelalter. Gesch. d. Wasserversorgung 7 (Mainz 2007) 183–189. — G. BERNHARD, Die beiden Ingelheim und ihre Umgebung. Rhein-Mainische Forsch. 15 (Frankfurt 1936) 73.

150 A. SAALWÄCHTER, Sagen und sagenhafte Überlieferungen aus dem Ingelheimer Grund (Darmstadt 1921) 8. — W. MÜLLER, Rheinhessisches Heimatbuch. Zweiter Teil. Hess. Volksbücher 52–54 (Darmstadt 1924) 29f. — H. KOHTZ, Ingelheim in der Sage, in Geschichten und Anekdoten. In: F. LACHENAL / H. T. WEISE (Hrsg.), Ingelheim am Rhein 774–1974. Geschichte und Gegenwart (Ingelheim 1974) 129–149, hier: 142.

151 A. SAALWÄCHTER, Sagen und sagenhafte Überlieferungen aus dem Ingelheimer Grund (Darmstadt 1921) 8f. — W. MÜLLER, Rheinhessisches Heimatbuch. Erster Teil. Hess. Volksbücher 46 u. 47 (Friedberg 1921) 69f. — H. KOHTZ, Ingelheim in der Sage, in Geschichten und Anekdoten. In: F. LACHENAL / H. T. WEISE (Hrsg.), Ingelheim am Rhein 774–1974. Geschichte und Gegenwart (Ingelheim 1974) 129–149, hier: 142.

152 A. GROOSS, Einführung in die Geologie des Mainzer Beckens. In: C. MORDZIOL (Hrsg.), Die Rheinlande in naturwissenschaftlichen und geographischen Einzeldarstellungen 4 (Braunschweig & Berlin 1913) 31.

153 A. SAALWÄCHTER, Sagen und sagenhafte Überlieferungen aus dem Ingelheimer Grund (Darmstadt 1921) 9–11. — W. MÜLLER, Rheinhessisches Heimatbuch. Erster Teil. Hess. Volksbücher 46 u. 47 (Friedberg 1921) 146f. — H. KOHTZ, Ingelheim in der Sage, in Geschichten und Anekdoten. In: F. LACHENAL / H. T. WEISE (Hrsg.), Ingelheim am Rhein 774–1974. Geschichte und Gegenwart (Ingelheim 1974) 129–149, hier: 142.

154 A. SAALWÄCHTER, Sagen und sagenhafte Überlieferungen aus dem Ingelheimer Grund (Darmstadt 1921) 9–11.

155 W. MÜLLER, Rheinhessisches Heimatbuch. Zweiter Teil (Darmstadt 1924) 24f. — H. KOHTZ, Ingelheim in der Sage, in Geschichten und Anekdoten. In: F. LACHENAL / H. T. WEISE (Hrsg.), Ingelheim am Rhein 774–1974. Geschichte und Gegenwart (Ingelheim 1974) 129–149, hier: 142.

156 B. SIMSON, Jahrbücher des Fränkischen Reichs unter Ludwig dem Frommen 2 (Leipzig 1876) 228. — K. BADER, Hessische Sagen 2. Reihe. Hess. Volksbücher 12 (Darmstadt 1912) 89 Nr. 249.

157 H. KOHTZ, Ingelheim als Schauplatz historischen Geschehens. Aus Annalen, Chroniken, Biographien, Briefen und Geschichtsdarstellungen. In: F. LACHENAL / H. T. WEISE (Hrsg.), Ingelheim am Rhein 774–1974. Geschichte und Gegenwart (Ingelheim 1974) 229–276, bes. 236f. — Zur historischen Überlieferung der Rheinauen bei Ingelheim: A. SAALWÄCHTER, Die Namen von Frei-Weinheim. Beitr. zur Ingelheimer Gesch. 13 (Ingelheim 1962) 19–42. — A. BURGER, Streiflichter aus Ingelheims Vergangenheit. Beitr. zur Ingelheimer Gesch. 18 (Ingelheim 1968) 21–24.

158 I. ADAM / H. REBER (Hrsg.), 1300 Jahre Altmünsterkloster in Mainz (Mainz 1993).

159 W. MÜLLER, Rheinhessisches Heimatbuch. Erster Teil. Hess. Volksbücher 46 u. 47 (Friedberg 1921) 44f.

160 Zur Altmünsterquelle: D. KRIENKE, Stadt Mainz. Vororte. Kulturdenkm. in Rheinland-Pfalz 2.3 (Worms 1997) 166.

161 L. LINDENSCHMIT (Hrsg.), Erzählungen des alten Stephanstürmers Hermann Kaspar Schneider (Mainz 1906) 52. (24ste Erzählung) — W. MÜLLER, Rheinhessisches Heimatbuch. Erster Teil. Hess. Volksbücher 46 u. 47 (Friedberg 1921) 94f.

162 F. JÜRGENSMEIER, Das Bistum Mainz (Frankfurt 1988) 42–49.

163 K. HESSEL, Sagen und Geschichten des Rheintals (Bonn 1904) 22. — K. BADER, Hessische Sagen 2. Reihe. Hess. Volksbücher 12 (Darmstadt 1912) 87 Nr. 244. — W. MÜLLER, Rheinhessisches Heimatbuch. Zweiter Teil. Hess. Volksbücher 52–54 (Darmstadt 1924) 68f.

164 E. PICK, Münzen, Mächte und Mäzene. 2000 Jahre Geld in Stadt und Kurstaat Mainz (Mainz 2006) 30–33.

165 R. SCHMIDT, Die Abtei St. Alban vor Mainz im hohen und späten Mittelalter (Mainz 1996). — W. DOBRAS, Die kurfürstliche Stadt bis zum Ende des Dreißigjährigen Krieges (1462–1648). In: F. DUMONT ET AL. (Hrsg.), Mainz. Die Geschichte der Stadt (Mainz 1998) 227–263.

166 W. MÜLLER, Rheinhessisches Heimatbuch. Zweiter Teil. Hess. Volksbücher 52–54 (Darmstadt 1924) 67f.

167 W. MÜLLER, Rheinhessisches Heimatbuch. Erster Teil. Hess. Volksbücher 46 u. 47 (Friedberg 1921) 44.

168 E. Neeb, Zur Baugeschichte der St. Albanskirche bei Mainz. Mainzer Zeitschr. 3, 1908, 69–91, bes. 87 Abb. 9.

169 W. Müller, Rheinhessisches Heimatbuch. Erster Teil. Hess. Volksbücher 46 u. 47 (Friedberg 1921) 80. — G. Chr. Joannis, Volumen II rerum Moguntiacarum (Frankfurt 1722) 725 u. 784.

170 L. Bechstein, Der Sagenschatz und die Sagenkreise des Thüringerlandes 1 (Hildburghausen 1835) 164–167.

171 W. Müller, Rheinhessisches Heimatbuch. Zweiter Teil. Hess. Volksbücher 52–54 (Darmstadt 1924) 33.

172 Laubenheimer Flurnamen: F. Staab, Geschichte Laubenheims bis zum Ende des 18. Jahrhunderts. In: Laubenheimer Chronik (Mainz-Laubenheim 1988) 38–100, bes. 72–84.

173 J. Como, Sagen und Legenden aus Bingen und Umgebung (Bingen 1919) 9f. — J. Kohl, Das Binger Land (Bingen 1948) 45.

174 Verschiedene Beiträge im Heimatjahrbuch Landkreis Mainz-Bingen 42, 1998.

175 W. Müller, Rheinhessisches Heimatbuch. Zweiter Teil. Hess. Volksbücher 52–54 (Darmstadt 1924) 116.

176 Die Wasserversorgung im Mittelalter. Gesch. d. Wasserversorgung 4 (Mainz 1991).

177 J. Como, Sagen und Legenden aus Bingen und Umgebung (Bingen 1919) 10. — J. Kohl, Das Binger Land (Bingen 1948) 46f.

178 J. Kohl, Das Binger Land (Bingen 1948) 47.

179 J. Trithemius, Chronikon Spanheimense (Frankfurt 1601). — J. Como, Sagen und Legenden aus Bingen und Umgebung (Bingen 1919) 10f. — C. Velten (Übers.), Des Abtes Johannes Trithemius Chronik des Klosters Sponheim (Bad Kreuznach 1969) 75f.

180 W. Müller, Rheinhessisches Heimatbuch. Erster Teil. Hess. Volksbücher 46 u. 47 (Friedberg 1921) 43.

181 F. R. Engelhardt, Hildegard von Bingen (Bingen 1979) 68–105. — D. Krienke, Kreis Mainz-Bingen. Kulturdenkmäler in Rheinland-Pfalz 18.1 (Worms 2007) 158–161.

182 J. Curschmann, Ein römischer Friedhof und römische Villen bei Dautenheim, Kreis Alzey. Mainzer Zeitschr. 37/38, 1942/43 (1944), 69–82. — H. Bernhard, Die römische Besiedlung von Alzey-Dautenheim. Alzeyer Geschbl. 17, 1982, 25–34. — P. Haupt, Die den vicus umgebende ländliche Besiedlung. In: P. Haupt / P. Jung (Hrsg.), Alzey und Umgebung in römischer Zeit. Alzey – Gesch. d. Stadt 3 (Alzey 2006) 14–24.

183 Mündliche Mitteilung aus Dautenheim, 2007.

184 A. Ph. Brück, Christliches Leben in Alzey im Mittelalter. In: F. K. Becker (Hrsg.), 1750 Jahre Alzey (Alzey 1973) 152–167.

185 W. Müller, Rheinhessisches Heimatbuch. Erster Teil. Hess. Volksbücher 46 u. 47 (Friedberg 1921) 135f. — F. Erckmann, Volk und Heimat. Wochenbeilage der rheinhess. Volksblätter Alzey Nr. 28, 1937. — V. Gallé, Geistererscheinungen im Kreis Alzey-Worms (Mainz 1978) 47f.

186 Handwörterbuch des deutschen Aberglaubens 2 (Berlin & Leipzig 1930) 352–357 s. v. *Dorftier*.

187 A. SAALWÄCHTER, Sagen und sagenhafte Überlieferungen aus dem Ingelheimer Grund (Darmstadt 1921) 45. — W. MÜLLER, Rheinhessisches Heimatbuch. Erster Teil. Hess. Volksbücher 46 u. 47 (Friedberg 1921) 67. — H. KOHTZ, Ingelheim in der Sage, in Geschichten und Anekdoten. In: F. LACHENAL / H. T. WEISE (Hrsg.), Ingelheim am Rhein 774–1974. Geschichte und Gegenwart (Ingelheim 1974) 129–149, hier: 144.

188 D. KRIENKE, Kreis Mainz-Bingen. Kulturdenkmäler in Rheinland-Pfalz 18.1 (Worms 2007) 390 u. 416f.

189 B. STÜMPEL, Grabungen auf dem Gelände des ehemaligen Klosters St. Johann in Alzey. Alzeyer Geschbl. 4, 1967, 44–56.

190 H. BECKER, Die Flurnamen der Gemarkung Alzey (Alzey 1929) 71.

191 W. MÜLLER, Rheinhessisches Heimatbuch. Erster Teil. Hess. Volksbücher 46 u. 47 (Friedberg 1921) 112f.

192 W. MÜLLER, Rheinhessisches Heimatbuch. Erster Teil. Hess. Volksbücher 46 u. 47 (Friedberg 1921) 42.

193 W.-D. ZERNECKE, Die Siedlungs- und Flurnamen rheinhessischer Gemeinden zwischen Mainz und Worms. Mainzer Studien zur Sprach- und Volksforschung 16 (Stuttgart 1991) 61. — H. BECKER, Die Flurnamen der Gemarkung Alzey (Alzey 1929) 18f.

194 J. LAAGER (Hrsg.), Palladius. Historia Lausiaca. Manesse Bibl. d. Weltliteratur (Zürich 1987).

195 W. MÜLLER, Rheinhessisches Heimatbuch. Erster Teil. Hess. Volksbücher 46 u. 47 (Friedberg 1921) 46. — W. LANG, Heimatbuch Landkreis Mainz (Oppenheim 1967) 159.

196 J. GRIMM, Ortsgeschichte von Mommenheim (Nieder-Olm 1913) 41.

197 H. BECKER, Alzeyer Lokalsagen. Volk und Scholle 5, 1927, 203f.

198 E. L. ELBERT ET AL., Flonheim und Uffhofen. Geschichte und Gegenwart im Wiesbachtal (Alzey 2001) 64–66.

199 V. GALLÉ, Geistererscheinungen im Kreis Alzey-Worms (Mainz 1978) 36.

200 A. SAALWÄCHTER, Sagen und sagenhafte Überlieferungen aus dem Ingelheimer Grund (Darmstadt 1921) 42f.

201 G. BERNHARD, Die beiden Ingelheim und ihre Umgebung. Rhein-Mainische Forsch. 15 (Frankfurt 1936) 72. — Zum Brunnen: W. LAMBERTH / B. LAMBERTH, Der mittelalterliche Brunnen am Haxthäuser Hof. Heimatjahrb. Landkreis Mainz-Bingen 51, 2007, 124–126. — Zu Hönningen: E. KOCH, Rheinhessische Rechtsaltertümer (Würzburg 1939) 146.

202 A. SAALWÄCHTER, Sagen und sagenhafte Überlieferungen aus dem Ingelheimer Grund (Darmstadt 1921) 45f. — W. MÜLLER, Rheinhessisches Heimatbuch. Zweiter Teil. Hess. Volksbücher 52–54 (Darmstadt 1924) 72f. — H. KOHTZ, Ingelheim in der Sage, in Geschichten und Anekdoten. In: F. LACHENAL / H. T. WEISE (Hrsg.), Ingelheim am Rhein 774–1974. Geschichte und Gegenwart (Ingelheim 1974) 129–149, hier: 145.

203 D. KRIENKE, Kreis Mainz-Bingen. Kulturdenkmäler in Rheinland-Pfalz 18.1 (Worms 2007) 396–403.

204 W. MÜLLER, Rheinhessisches Heimatbuch. Erster Teil. Hess. Volksbücher 46 u. 47 (Friedberg 1921) 43f.

205 I. SPILLE, Stadt Worms. Kulturdenkmäler in Rheinland-Pfalz 10 (Worms 1992) 182f.

206 W. SCHÄTZLER, Sagen unserer Heimat. Volkssagen aus dem Wormsgau (Worms 1984) 35f.

207 E. WEGNER, Stadt Mainz. Altstadt. Kulturdenkm. in Rheinland-Pfalz 2.2 ([3]Worms 1997) 86–89. — Zum Accouchement: F. DUMONT, Helfen und Heilen – Medizin und Fürsorge in Mittelalter und Neuzeit. In: DERS. ET AL. (Hrsg.), Mainz. Die Geschichte der Stadt (Mainz 1998) 771–805, bes. 782f. u. 789. — B. WEBER, Das Accouchement. In: H. REBER ET AL., Goethe: »Die Belagerung von Mainz 1793«. Ursachen und Auswirkungen (Mainz 1993) 198–206.

208 W. MÜLLER, Rheinhessisches Heimatbuch. Erster Teil. Hess. Volksbücher 46 u. 47 (Friedberg 1921) 45f.

209 W. HOFFMANN, Rheinhessische Volkskunde (Bonn & Köln 1932) 105. — K. J. BRILMAYER, Rheinhessen in Vergangenheit und Gegenwart (Mainz 1904) 304f.

210 W. MÜLLER, Rheinhessisches Heimatbuch. Erster Teil. Hess. Volksbücher 46 u. 47 (Friedberg 1921) 51f.

211 Aufschrift bei einem Wandgemälde an der Mainzer Stadtmauer zwischen Holzturm und Bockspforte, datiert vor 1722, vgl. F. V. ARENS, Die Inschriften der Stadt Mainz von frühmittelalterlicher Zeit bis 1650. Die deutschen Inschr. 2 (Stuttgart 1958) 701, Nr. 1596. — W. MÜLLER, Rheinhessisches Heimatbuch. Erster Teil. Hess. Volksbücher 46 u. 47 (Friedberg 1921) 81.

212 L. FALCK, Das Stift St. Maria im Feld bei Hechtsheim (Heilig Kreuz). Arch. Ortsbetrachtungen 7 (Mainz 2005) 34–64. — F. V. ARENS, Die Inschriften der Stadt Mainz von frühmittelalterlicher Zeit bis 1650. Die deutschen Inschr. 2 (Stuttgart 1958) 701, Nr. 1596. — Ebd. 617f., Nr. 1348 findet sich ein Votivbild von 1592 beschrieben, dessen Inschrift ein Bild der zu Heiligkreuz gezeigten Frömmigkeit gibt.

213 W. MÜLLER, Rheinhessisches Heimatbuch. Erster Teil. Hess. Volksbücher 46 u. 47 (Friedberg 1921) 80.

214 W. SELZER, Die Ausgrabungen im Gebiet des ehemaligen Stifts »Heilig Kreuz«, 1959/60. Mainzer Zeitschr. 56/57, 1961/62, 125–136.

215 I. SPILLE, Stadt Worms. Kulturdenkmäler in Rheinland-Pfalz 10 (Worms 1992) 62–64.

216 F. M. ILLERT, Die alte Stadt. Bild und Schicksal der ehemals freien Stadt Worms (Worms 1950) 21.

217 K. BADER, Hessische Sagen 2. Reihe. Hess. Volksbücher 12 (Darmstadt 1912) 92 Nr. 257. — W. MÜLLER, Rheinhessisches Heimatbuch. Erster Teil. Hess. Volksbücher 46 u. 47 (Friedberg 1921) 41.

218 W. JUNG, Die Bergkirche zu Udenheim. Denkmalpflege in Rheinland-Pfalz 16/17, 1962/63, 76–96.; Unveränderter Abdruck in: 1200 Jahre Udenheim (Udenheim 1973) 86–106. — Zum Viergötterstein: E. NEEB, Jahresbericht des Altertums-Museums der Stadt Mainz. Mainzer Zeitschr. 29, 1934, 66–76, hier: 71, Abb. 12.

219 W. MÜLLER, Rheinhessisches Heimatbuch. Zweiter Teil. Hess. Volksbücher 52–54 (Darmstadt 1924) 176.

220 G. ZELLER, Die fränkischen Altertümer des nördlichen Rheinhessen (Stuttgart 1992) 222f.

221 H. MUSSEL, Die Glocken der Heimat. In: 1200 Jahre Udenheim (Udenheim 1973) 109–111.

222 W. MÜLLER, Rheinhessisches Heimatbuch. Erster Teil. Hess. Volksbücher 46 u. 47 (Friedberg 1921) 111f.

223 G. W. J. WAGNER, Die Wüstungen im Großherzogtum Hessen. Provinz Rheinhessen (Darmstadt 1865) 124. — K. BADER, Hessische Sagen 2. Reihe. Hess. Volksbücher 12 (Darmstadt 1912) 90, Nr. 252. — W. MÜLLER, Rheinhessisches Heimatbuch. Erster Teil. Hess. Volksbücher 46 u. 47 (Friedberg 1921) 38f. — W. LANG, Heimatbuch Landkreis Mainz (Oppenheim 1967) 159.

224 W. BICKEL, Liegt im Vorholz Napoleon begraben? Kleindenkmale und ihre Deutungen. Heimatjahrb. Landkreis Alzey-Worms 2007, 155–158.

225 E. STEPHAN, Die Baudenkmäler des Landkreises Alzey. Alzeyer Geschbl. 2, 1965, 101–162, hier: 150f. — W. BICKEL, Die Kirche zum Heiligen Blut in Armsheim als Spiegel ihrer Zeit (Worms 2004).

226 F. BEHN, Der Petersberg bei Gau-Odernheim. Mainzer Zeitschr. 41–43, 1946–1948, 52–59. — E. LANDGRAF, Ornamentierte Bodenfliesen des Mittelalters in Süd- und Westdeutschland 1150–1550. Fundortkatalog (Stuttgart 1993) 89f. — H. GREDY, Die Geschichte der ehemaligen freien Reichsstadt »Odernheim«. Die Geschichte von Gau-Odernheim 1 (Mainz 1954) 325–339.

227 Mündliche Mitteilung aus Gau-Odernheim (um 2003).

228 W. MÜLLER, Rheinhessisches Heimatbuch. Zweiter Teil. Hess. Volksbücher 52–54 (Darmstadt 1924) 66f.

229 Math. 27, 46.

230 Handwörterbuch des deutschen Aberglaubens (Berlin & Leipzig 1937) bes. 58–60 s. v. *»Sonne«*. — Zu Stadecken: A. SAALWÄCHTER, Sagen und sagenhafte Überlieferungen aus dem Ingelheimer Grund (Darmstadt 1921) 57.

231 W. HOFFMANN, Rheinhessische Volkskunde (Bonn & Köln 1932) 162. — H. GREDY, Die Geschichte der ehemaligen freien Reichsstadt »Odernheim«. Die Geschichte von Gau-Odernheim 1 (Mainz 1954) 325.

232 W. MÜLLER, Rheinhessisches Heimatbuch. Zweiter Teil. Hess. Volksbücher 52–54 (Darmstadt 1924) 72.

233 J. EBERSMANN, Geschichte von Westhofen, Monzernheim und Blödesheim (Worms 1909) 154f.

234 Zur Schenkung: L. FALCK, Die erzbischöfliche Metropole 1011–1244. In: F. DUMONT ET AL. (Hrsg.), Mainz. Die Geschichte der Stadt (Mainz 1998) 111–137, hier: 116. — Zur Gründung: F. JÜRGENSMEIER, Das Bistum Mainz (Frankfurt 1988) 15 u. 28. — S. RISTOW, Frühes Christentum im Rheinland (Köln 2007) 244.

235 W. MÜLLER, Rheinhessisches Heimatbuch. Erster Teil. Hess. Volksbücher 46 u. 47 (Friedberg 1921) 32f.

236 L. PETRY (Hrsg.), Rheinland-Pfalz und Saarland. Handbuch d. histor. Stätten Deutschlands 5 ([3]Stuttgart 1976) 280. — V. GALLÉ, Rheinhessen ([3]Hamm 2004) 180f. — B. SCHÜTZ, Die Katharinenkirche in Oppenheim (Berlin & New York 1982). — Zum Aussehen der Kirche im Mittelalter: E. WEGNER, Die Katharinenkirche in Oppenheim und ihre Raumfarbigkeit. Mainzer Zeitschr. 100, 2005, 87–112.

237 W. MÜLLER, Rheinhessisches Heimatbuch. Zweiter Teil. Hess. Volksbücher 52–54 (Darmstadt 1924) 73. — R. SCHLUNDT, Sagen aus Rheinland-Pfalz (Köln 1983) 125f.

238 W. MÜLLER, Rheinhessisches Heimatbuch. Erster Teil. Hess. Volksbücher 46 u. 47 (Friedberg 1921) 39.

239 Zu den Kreuzzügen: G. KETTERMANN, Atlas zur Geschichte des Islam (Darmstadt 2001) 77–80. — A. WIECZOREK / M. FANSA / H. MELLER (Hrsg.), Saladin und die Kreuzfahrer (Mainz 2005). — Zur Paulskirche: I. SPILLE, Stadt Worms. Kulturdenkmäler in Rheinland-Pfalz 10 (Worms 1992) 64–67. — I. SPILLE, Auf den Spuren Bischof Burchards durch das romanische Worms. In: G. BÖNNEN (Hrsg.), Bischof Burchard 1000–1025. Tausend Jahre Romanik in Worms (Worms 2000) 82–106, bes. 89–91.

240 S. KERN, Deutsche Malerei des 15. und 16. Jahrhunderts im Landesmuseum Mainz (Mainz 1999) 110–124. — M. DREIS, Partenheim 2. Geschichtliches und Wissenswertes (Horb 2003) 31 ff.

241 W. MÜLLER, Rheinhessisches Heimatbuch. Zweiter Teil. Hess. Volksbücher 52–54 (Darmstadt 1924) 74.

242 F. ARENS, Mainzer Inschriften von 1651 bis 1800. II. Kirchen- und Profaninschriften. Beitr. zur Gesch. der Stadt Mainz 27 (Mainz 1985) 40 Nr. 1915.

243 H. GREDY, Die Geschichte der ehemaligen freien Reichsstadt »Odernheim«. Die Geschichte von Gau-Odernheim 1 (Mainz 1954) 261–267. — B. STÜMPEL, Archäologische Untersuchungen in der Simultankirche zu Gau-Odernheim. Alzeyer Geschbl. 2, 1965, 165–171.

244 W. MÜLLER, Rheinhessisches Heimatbuch. Erster Teil. Hess. Volksbücher 46 u. 47 (Friedberg 1921) 31.

245 H. GREDY, Die Geschichte der ehemaligen freien Reichsstadt »Odernheim«. Die Geschichte von Gau-Odernheim 1 (Mainz 1954) 77.

246 W. MÜLLER, Rheinhessisches Heimatbuch. Erster Teil. Hess. Volksbücher 46 u. 47 (Friedberg 1921) 31f.

247 E. ECKERT ET AL. (Hrsg.), Die Kirchenruine Maria Magdalena in Hangen-Wahlheim (Alzey 2003).

248 A. LANGENBACH, Ewiger Zauber – Romantik zwischen Kirchenruine und Handkäs' – geheimnisvoller Ort – Erinnerungen für die Zukunft. In: E. ECKERT ET AL. (Hrsg.), Die Kirchenruine Maria Magdalena in Hangen-Wahlheim (Alzey 2003) 155–165, hier: 160.

249 F. V. ARENS, Die Schloßkirche St. Gangolph in Mainz, ein unbekanntes Meisterwerk deutscher Renaissance (Mainz 1949). — K. H. ESSSER / A. DO PAÇO, Feststellungen über die St. Gangolphskirche zu Mainz bei der Ausschachtung auf dem Deutschhausplatz. Mainzer Zeitschr. 67/68, 1972/73, 122–127.

250 W. MÜLLER, Rheinhessisches Heimatbuch. Erster Teil. Hess. Volksbücher 46 u. 47 (Friedberg 1921) 36.

251 K. H. ESSER / A. DO PAÇO QUESADO, Die Ausgrabungen auf dem Liebfrauenplatz in Mainz. Mainzer Zeitschr. 70, 1975, 177–193. — B. DENGEL-WINK, Die ehemalige Liebfrauenkirche in Mainz: ein Beitrag zur Baukunst und Skulptur der Hochgotik am Mittelrhein und in Hessen (Mainz 1990).

252 L. LINDENSCHMIT (Hrsg.), Erzählungen des alten Stephanstürmers Hermann Kaspar Schneider (Mainz 1906) 50. (23ste Erzählung) — W. MÜLLER, Rheinhessisches Heimatbuch. Zweiter Teil. Hess. Volksbücher 52–54 (Darmstadt 1924) 131.

253 F. Staab, Mainz vom 5. Jahrhundert bis zum Tod des Erzbischofs Willigis (407–1011). In: F. Dumont et al. (Hrsg.), Mainz. Die Geschichte der Stadt (Mainz 1998) 86. — L. Falck, Die freie Stadt in ihrer Blütezeit 1244–1328. In: Ebd., 143–170, bes. 153f. — E. Wegner, Stadt Mainz. Altstadt. Kulturdenkm. in Rheinland-Pfalz 2.2 (^{3}Worms 1997) 196.

254 L. Lindenschmit (Hrsg.), Erzählungen des alten Stephanstürmers Hermann Kaspar Schneider (Mainz 1906) 56. (31ste Erzählung) — W. Müller, Rheinhessisches Heimatbuch. Erster Teil. Hess. Volksbücher 46 u. 47 (Friedberg 1921) 35.

255 J. Como, Sagen und Legenden aus Bingen und Umgebung (Bingen 1919) 12. — W. Müller, Rheinhessisches Heimatbuch. Erster Teil. Hess. Volksbücher 46 u. 47 (Friedberg 1921) 127f.

256 D. Krienke, Kreis Mainz-Bingen. Kulturdenkmäler in Rheinland-Pfalz 18.1 (Worms 2007) 150–154. — Zur letzten großen Pestepidemie vgl. unbedingt die Erzählung »Die Pest zu London« des Daniel Defoe (übrigens auch Autor des Robinson Crusoe). — Zur Pest als Krankheit: M. Alexander / H. Raettig, Infektionskrankheiten (^{5}Stuttgart & New York 1998) 215–217. — Zur Pest in Mainz: W. G. Rödel, Leben, Lieben, Sterben. Die Bevölkerung in der Neuzeit. In: F. Dumont et al. (Hrsg.), Mainz. Die Geschichte der Stadt (Mainz 1998) 651–675, bes. 652. — Zur Pest in Ober-Ingelheim vgl. R. Kilian, Ingelheim am Rhein I. Die Familien in Ober-Ingelheim 1200–1800. Deutsche Ortssippenbücher 20 (Frankfurt 1961).

257 W. Müller, Rheinhessisches Heimatbuch. Erster Teil. Hess. Volksbücher 46 u. 47 (Friedberg 1921) 129f.

258 K. J. Brilmayer, Rheinhessen in Vergangenheit und Gegenwart (Mainz 1904) 349. — D. Krienke, Stadt Mainz. Vororte. Kulturdenkm. in Rheinland-Pfalz 2.3 (Worms 1997) 78–81. — Tierseuchen in Eppelsheim: A. Trieb, Eppelsheim (Rheinhessen). Geschichte des Ortes seit den frühesten Zeiten bis zur Gegenwart (Eppelsheim 1937) 89.

259 W. Müller, Rheinhessisches Heimatbuch. Zweiter Teil. Hess. Volksbücher 52–54 (Darmstadt 1924) 152f.

260 D. Krienke, Kreis Mainz-Bingen. Kulturdenkmäler in Rheinland-Pfalz 18.1 (Worms 2007) 276f.

261 L. Hellriegel, Der Laurenziberg 1796. Heimatjahrb. Landkr. Mainz-Bingen 40, 1996, 85–87.

262 W. Lang, Heimatbuch Landkreis Mainz (Oppenheim 1967) 147f.

263 E. Koch, Rheinhessische Rechtsaltertümer (Würzburg 1939) 124. — G. Plattes, Chronik der Verbandsgemeinde Wöllstein (Wöllstein 1992) 58–63. — H. Kaufmann, Rheinhessische Ortsnamen (München 1976) 13. — F. Böhres, Bäume in Rheinhessen (Alzey 1992) 59f. — Zur Interpretation der Sage: V. Gallé, Geheimnisvolles Rheinland-Pfalz (Marburg 1996) 171f.

264 F. Pabst, Eckelsheim. In: H. Bechtolsheimer et al., Der Südwesten Rheinhessens in der geschichtlichen Zeit. Rheinhessen in seiner Vergangenheit 2 (Mainz 1923) 15–26, hier: 26. — W. Müller, Rheinhessisches Heimatbuch. Zweiter Teil. Hess. Volksbücher 52–54 (Darmstadt 1924) 126f.

265 G. Plattes, Chronik der Verbandsgemeinde Wöllstein (Wöllstein 1992) 58.

266 E. STEPHAN, Die Baudenkmäler des Landkreises Alzey. Alzeyer Geschbl. 2, 1965, 101–162, hier: 152–154.

267 A. JUNGK / F. PABST, Siefersheim (Mainz 1931) 126f. u. 135. — G. PLATTES, Chronik der Verbandsgemeinde Wöllstein (Wöllstein 1992) 181.

268 A. JUNGK / F. PABST, Siefersheim (Mainz 1931) 39f., 126f. u. 135. — G. PLATTES, Chronik der Verbandsgemeinde Wöllstein (Wöllstein 1992) 181f. — Römische Funde: H. BAYER, Die ländliche Besiedlung Rheinhessens und seiner Randgebiete in römischer Zeit. Mainzer Zeitschr. 62, 1967, 125–175, hier: 174.

269 R. DÖLLING, Die Bau- und Kunstdenkmäler in der Verbandsgemeinde Nieder-Olm. In: K.-H. SPIESS (Hrsg.), Nieder-Olm. Der Raum der Verbandsgemeinde in Geschichte und Gegenwart (Alzey 1983) 329–348, bes. 337f.

270 W. MÜLLER, Rheinhessisches Heimatbuch. Erster Teil. Hess. Volksbücher 46 u. 47 (Friedberg 1921) 90.

271 W.-D. ZERNECKE, Die Siedlungs- und Flurnamen rheinhessischer Gemeinden zwischen Mainz und Worms. Mainzer Studien zur Sprach- und Volksforschung 16 (Stuttgart 1991) 84 u. 225.

272 J. M. RITZ / G. SCHÜRER, Sankt Kümmernis und Volto Santo. Forsch. zur Volkskunde 13/15 (Düsseldorf 1934). — P. Spranger, Der Geiger von Gmünd (Schwäbisch Gmünd 1980).

273 W. MÜLLER, Rheinhessisches Heimatbuch. Erster Teil. Hess. Volksbücher 46 u. 47 (Friedberg 1921) 84f.

274 J. SPANG, Volksleben im alten Gau-Algesheim. In: A. PH. BRÜCK (Hrsg.), 600 Jahre Stadt Gau-Algesheim (Gau-Algesheim 1955) 123–151, bes. 131f. — A. PH. BRÜCK, Aus der Geschichte der Pfarrei Gau-Algesheim. In: Ebd., 51–70, bes. 61.

275 W. MÜLLER, Rheinhessisches Heimatbuch. Erster Teil. Hess. Volksbücher 46 u. 47 (Friedberg 1921) 130f.

276 Biographisch-Bibliographisches Kirchenlexikon 21 (2003) 1494–1500 s. v. Turin, Ernst Xaver (K.-B. Springer).

277 G. BÖNNEN, Bischof Burchard und seine Zeit – Ein Geistlicher und Stadtherr an der Jahrtausendwende. In: DERS. (Hrsg.), Bischof Burchard (1000–1025) – Tausend Jahre Romanik in Worms (Worms 2000) 6–31. — I. SPILLE, Stadt Worms. Kulturdenkmäler in Rheinland-Pfalz 10 (Worms 1992) 46–48.

278 W. MÜLLER, Rheinhessisches Heimatbuch. Erster Teil. Hess. Volksbücher 46 u. 47 (Friedberg 1921) 115f.

279 K. BADER, Hessische Sagen 2. Reihe. Hess. Volksbücher 12 (Darmstadt 1912) 83 Nr. 240. — W. MÜLLER, Rheinhessisches Heimatbuch. Erster Teil. Hess. Volksbücher 46 u. 47 (Friedberg 1921) 114.

280 C. KAPPESSER, Familien-Erinnerungen Kappesser (Burgsteinfurt 1904) 52f.

281 W. MÜLLER, Rheinhessisches Heimatbuch. Erster Teil. Hess. Volksbücher 46 u. 47 (Friedberg 1921) 121.

282 W. MÜLLER, Rheinhessisches Heimatbuch. Zweiter Teil. Hess. Volksbücher 52–54 (Darmstadt 1924) 176.

283 W. MÜLLER, Rheinhessisches Heimatbuch. Erster Teil. Hess. Volksbücher 46 u. 47 (Friedberg 1921) 74.

284 W. Hotz, Der Dom zu Worms (Darmstadt 1981) 16–18.

285 W. Müller, Rheinhessisches Heimatbuch. Erster Teil. Hess. Volksbücher 46 u. 47 (Friedberg 1921) 41.

286 Überwiegend zu Spielfiguren und -steinen: A. Kluge-Pinsker, Schachspiel und Trictrac. Zeugnisse mittelalterlicher Spielfreude in salischer Zeit. RGZM Monographien 30 (Sigmaringen 1991). — A. Rieche, Römische Kinder- und Gesellschaftsspiele. Schr. d. Limesmuseums Aalen 34 (Stuttgart 1984).

287 W. Müller, Rheinhessisches Heimatbuch. Erster Teil. Hess. Volksbücher 46 u. 47 (Friedberg 1921) 40f.

288 W. Hotz, Der Dom zu Worms (Darmstadt 1981) 98–100.

289 K. Bader, Hessische Sagen 2. Reihe. Hess. Volksbücher 12 (Darmstadt 1912) 83 Nr. 240.

290 F. V. Arens, Die Inschriften der Stadt Mainz von frühmittelalterlicher Zeit bis 1650. Die deutschen Inschr. 2 (Stuttgart 1958) 5f., Nr. 4.

291 W. Schätzler, Sagen unserer Heimat. Volkssagen aus dem Wormsgau (Worms 1984) 10f.

292 A. Wieczorek / M. Fansa / H. Meller (Hrsg.), Saladin und die Kreuzfahrer (Mainz 2005) 428. — I. Krumbiegel, Die Straussenvögel. Die Neue Brehm-Bücherei 362 (^{2}Magdeburg 2004).

293 W. Müller, Rheinhessisches Heimatbuch. Erster Teil. Hess. Volksbücher 46 u. 47 (Friedberg 1921) 83.

294 W. Müller, Rheinhessisches Heimatbuch. Zweiter Teil. Hess. Volksbücher 52–54 (Darmstadt 1924) 123–125. — Handwörterbuch des deutschen Aberglaubens 2 (Berlin & Leipzig 1930) 231, s. v. »Dieb« u. 1478–1496, s. v. »Finger«. — R. J. Evans, Rituale der Vergeltung. Die Todesstrafe in der deutschen Geschichte 1532–1987 (Berlin 2001) 129. — R. Hamann-Mac Lean, Über verschollene Goldschmiedearbeiten aus dem Wormser Domschatz im Lichte der neuesten Forschung über Nikolaus von Verdun. Mainzer Zeitschr. 69, 1974, 169–179, bes. 169.

295 W. Müller, Rheinhessisches Heimatbuch. Erster Teil. Hess. Volksbücher 46 u. 47 (Friedberg 1921) 145f.

296 W. Dobras, Die kurfürstliche Stadt bis zum Ende des Dreißigjährigen Krieges (1462–1648). In: F. Dumont et al. (Hrsg.), Mainz. Die Geschichte der Stadt (Mainz 1998) 227–263, bes. 248–256.

297 W. Müller, Rheinhessisches Heimatbuch. Erster Teil. Hess. Volksbücher 46 u. 47 (Friedberg 1921) 34.

298 W. Müller, Rheinhessisches Heimatbuch. Zweiter Teil. Hess. Volksbücher 52–54 (Darmstadt 1924) 70.

299 K. Bader, Hessische Sagen 2. Reihe. Hess. Volksbücher 12 (Darmstadt 1912) 82 Nr. 240. — W. Müller, Rheinhessisches Heimatbuch. Zweiter Teil. Hess. Volksbücher 52–54 (Darmstadt 1924) 69f.

300 K. Bader, Hessische Sagen 2. Reihe. Hess. Volksbücher 12 (Darmstadt 1912) 82 Nr. 240. — W. Müller, Rheinhessisches Heimatbuch. Zweiter Teil. Hess. Volksbücher 52–54 (Darmstadt 1924) 70f.

301 W. Müller, Rheinhessisches Heimatbuch. Erster Teil. Hess. Volksbücher 46 u. 47 (Friedberg 1921) 34f.

302 N. Vogler, Bücherverschleppungen während des 30-jährigen Krieges durch die Schweden (ausgewählte Beispiele): verschleppte Bücher im heutigen Bestand der Bibliothek auf Schloß Skokloster/Schweden (ungedr. Magisterarbeit Mainz 1995; unter HBH 611 in der Mainzer Stadtbibliothek einsehbar).

303 Zur archäologischen Beutekunst des 2. Weltkriegs siehe zum Beispiel: W. Menghin, Die neue Zeit: Das Museum für Vor- und Frühgeschichte 1990 bis 2004. Acta Praehist. et Arch. 36/37, 2004/05, 245–278, bes. 267–271. — Zur Beutekunst aus napoleonischer Zeit: S. Paas / S. Mertens (Hrsg.), Beutekunst unter Napoleon. Die »französische Schenkung« an Mainz 1803 (Mainz 2003).

304 K. Bader, Hessische Sagen 2. Reihe. Hess. Volksbücher 12 (Darmstadt 1912) 81f. Nr. 240. — W. Müller, Rheinhessisches Heimatbuch. Erster Teil. Hess. Volksbücher 46 u. 47 (Friedberg 1921) 143.

305 K. Bader, Hessische Sagen 2. Reihe. Hess. Volksbücher 12 (Darmstadt 1912) 83 Nr. 240. — W. Müller, Rheinhessisches Heimatbuch. Erster Teil. Hess. Volksbücher 46 u. 47 (Friedberg 1921) 35.

306 H. Mathy, Die Residenz in Barock und Aufklärung (1648–1792). In: F. Dumont et al. (Hrsg.), Mainz. Die Geschichte der Stadt (Mainz 1998) 269–314, bes. 276. — Biographisch-Bibliographisches Kirchenlexikon 13 (Herzberg 1998) 66–68, s.v. »Volusius (Vogler), Adolf Gottfried« (S. Duchhardt-Bösken).

307 F. Arens, Mainzer Inschriften von 1651 bis 1800. II. Kirchen- und Profaninschriften. Beitr. zur Gesch. der Stadt Mainz 27 (Mainz 1985) 34 Nr. 1896.

308 L. Lindenschmit (Hrsg.), Erzählungen des alten Stephanstürmers Hermann Kaspar Schneider (Mainz 1906) 85–87. (49ste Erzählung) — W. Müller, Rheinhessisches Heimatbuch. Zweiter Teil. Hess. Volksbücher 52–54 (Darmstadt 1924) 130f.

309 R. Wiseman et al., An investigation into alleged 'hauntings'. British Journal of Psychology 94, 2003, 195–211.

310 K. Bader, Hessische Sagen 2. Reihe. Hess. Volksbücher 12 (Darmstadt 1912) 82 Nr. 240.

311 F. Arens, Der Dom zu Mainz (^{3}Darmstadt 2007) 61f.

312 K. Bader, Hessische Sagen 2. Reihe. Hess. Volksbücher 12 (Darmstadt 1912) 82 Nr. 240.

313 O. Constantini, Das neue Linzer Glockenringdenkmal. Hoamatland Oberösterreich 7, 1956/57.

314 K. Bader, Hessische Sagen 2. Reihe. Hess. Volksbücher 12 (Darmstadt 1912) 83 Nr. 240. — Zu den Domkanzeln: A. von Knorre, Die Pfarrkanzel des Gerhard Wolff von 1585/87 im Mainzer Dom und Bemerkungen zu den beiden anderen Domkanzeln. Mainzer Zeitschr. 71/72, 1976/77, 158–163.

315 K. Bader, Hessische Sagen 2. Reihe. Hess. Volksbücher 12 (Darmstadt 1912) 84 Nr. 240. — W. Müller, Rheinhessisches Heimatbuch. Zweiter Teil. Hess. Volksbücher 52–54 (Darmstadt 1924) 71.

316 K. Bader, Hessische Sagen 2. Reihe. Hess. Volksbücher 12 (Darmstadt 1912) 84 Nr. 240.

317 F. V. Arens, Die Inschriften der Stadt Mainz von frühmittelalterlicher Zeit bis 1650. Die deutschen Inschr. 2 (Stuttgart 1958) 269, Nr. 523.

318 K. Bader, Hessische Sagen 2. Reihe. Hess. Volksbücher 12 (Darmstadt 1912) 84 Nr. 240. — W. Müller, Rheinhessisches Heimatbuch. Zweiter Teil. Hess. Volksbücher 52–54 (Darmstadt 1924) 71.

319 F. Arens, Der Dom zu Mainz (^{3}Darmstadt 2007) 122–124. — L. Bratner, Die erzbischöflichen Grabdenkmäler des 17. und 18. Jahrhunderts im Mainzer Dom (Mainz 2005) 240–250 u. 549–555.

320 W. Müller, Rheinhessisches Heimatbuch. Erster Teil. Hess. Volksbücher 46 u. 47 (Friedberg 1921) 39f.

321 Pausanias II, 34.

322 Handwörterbuch des deutschen Aberglaubens 9 (Berlin & Leipzig 1941) 519, s.v. »Wetterfahne«.

323 W. Müller, Rheinhessisches Heimatbuch. Erster Teil. Hess. Volksbücher 46 u. 47 (Friedberg 1921) 46f. — W. Schätzler, Sagen unserer Heimat. Volkssagen aus dem Wormsgau (Worms 1984) 16. — F. M. Illert, Die alte Stadt. Bild und Schicksal der ehemals freien Stadt Worms (Worms 1950) 31f. u. 85.

324 V. Gallé, Geheimnisvolles Rheinland-Pfalz (Marburg 1996) 317f. — I. Spille, Stadt Worms. Kulturdenkmäler in Rheinland-Pfalz 10 (Worms 1992) 50f. — M. Zelle, Götter & Kulte. Führer u. Schriften d. Archäologischen Parks Xanten 21 (Köln 2000) 54–64 u. 124–126. — M. Zender, Die Verehrung von drei heiligen Frauen im christlichen Mitteleuropa und ihre Vorbereitungen in alten Vorstellungen. In: Matronen und verwandte Gottheiten. Beihefte d. Bonner Jahrb. 44 (Köln 1987) 213–228, bes. 220 u. 226.

325 Th. Ehlke, Die unterirdische Stadt Oppenheim (^{2}Bramsche 2007) 44.

326 Th. Ehlke, Die unterirdische Stadt Oppenheim (^{2}Bramsche 2007) 43f.

327 D. Curschmann, Undenheim. Geschichte eines rheinhessischen Dorfes 1 (Alzey 1988) 64f.

328 W. Lang, Heimatbuch Landkreis Mainz (Oppenheim 1967) 161f. — W. Müller, Rheinhessisches Heimatbuch. Zweiter Teil. Hess. Volksbücher 52–54 (Darmstadt 1924) 89f.

329 L. Ruppersberger, Geschichte der Osterburg bei Wöllstein. Heimatjahrb. Landkr. Alzey-Worms 1985, 84–92.

330 G. Plattes, Chronik der Verbandsgemeinde Wöllstein (Wöllstein 1992) 208f. — B. Stümpel, Archäologische Untersuchungen und Funde im Kreis Alzey. Alzeyer Geschbl. 4, 1967, 140f. — zu Neu-Bamberg: J. Keddigkeit et al. (Hrsg.), Pfälzisches Burgenlexikon 3 (Kaiserslautern 2005) 706–716.

331 F. Staab, Die Orte der Verbandsgemeinde Nieder-Olm vom Frühmittelalter bis zum Ende des Alten Reiches. In: K.-H. Spiess (Hrsg.), Nieder-Olm. Der Raum der Verbandsgemeinde in Geschichte und Gegenwart (Alzey 1983) 78–148, bes. 92f. u. 99. — K. J. Brilmayer, Rheinhessen in Vergangenheit und Gegenwart (Mainz 1904) 425f. — E. Emmerling, Die Burg zu Stadecken. Heimat-Jahrb. Landkreis Bingen 12, 1968, 42f. — F. Staab, Die Burg Stadecken. Verbandsgemeinde Nieder-Olm. Aus vergangenen Zeiten 5. Beiträge zur Ortsgeschichte Stadecken-Elsheim (Nieder-Olm 1982) 1–3.

332 A. Saalwächter, Sagen und sagenhafte Überlieferungen aus dem Ingelheimer Grund (Darmstadt 1921) 57f. — W. Müller, Rheinhessisches Heimatbuch. Erster Teil. Hess. Volksbücher 46 u. 47 (Friedberg 1921) 54f.

333 A. Saalwächter, Sagen und sagenhafte Überlieferungen aus dem Ingelheimer Grund (Darmstadt 1921) 56.

334 D. Krienke, Kreis Mainz-Bingen. Kulturdenkmäler in Rheinland-Pfalz 18.1 (Worms 2007) 302–304. — G. Bernhard, Die beiden Ingelheim und ihre Umgebung. Rhein-Mainische Forsch. 15 (Frankfurt 1936) 93.

335 A. Saalwächter, Sagen und sagenhafte Überlieferungen aus dem Ingelheimer Grund (Darmstadt 1921) 51.

336 W. Müller, Rheinhessisches Heimatbuch. Erster Teil. Hess. Volksbücher 46 u. 47 (Friedberg 1921) 70.

337 J. Dörrschuck, Nierstein. Rheinhessen in seiner Vergangenheit 7 (Mainz 1928) 40f. — Zum Königsstuhl: E. Koch, Rheinhessische Rechtsaltertümer (Würzburg 1939) 10f.

338 J. Decker, 1200 Jahre Nieder-Saulheim (Wörrstadt 1963) 79f. — J. Keddigkeit et al. (Hrsg.), Pfälzisches Burgenlexikon 3 (Kaiserslautern 2005) 821–823.

339 W. Müller, Rheinhessisches Heimatbuch. Erster Teil. Hess. Volksbücher 46 u. 47 (Friedberg 1921) 56.

340 H. Kaufmann, Rheinhessische Ortsnamen (München 1976) 237. — L. Hahn, Die Flurnamen der Gemarkung Weinheim bei Alzey. Hess. Flurnamenbuch 25 (Gießen 1942) 18 u. 47f.

341 V. Gallé, Rheinhessen ([3]Hamm 2004) 206.

342 J. Schulte, Vom Königsgut zum Freien Reichsdorf. In: 1200 Jahre Weinolsheim (Weinolsheim 1989) 25–255, bes. 225–229.

343 W. Lang, Heimatbuch Landkreis Mainz (Oppenheim 1967) 168. — W.-D. Zernecke, Die Siedlungs- und Flurnamen rheinhessischer Gemeinden zwischen Mainz und Worms. Mainzer Studien zur Sprach- und Volksforschung 16 (Stuttgart 1991) 98.

344 I. Spille. Worms-Ibersheim. Rheinische Kunststätten 397 (Neuss 1994). — J. Keddigkeit et al. (Hrsg.), Pfälzisches Burgenlexikon 3 (Kaiserslautern 2005) 50–54. — Ausführliche Ortsgeschichte: A. Trieb, Ibersheim am Rhein (Worms 1911). — V. Gallé, Rheinhessen ([3]Hamm 2004) 131. — Zum Zullestein: S.-H. Siemers, Von der karolingischen Handelssiedlung »Zullestein« zur Festung »Zum Stein« bei Biblis-Nordheim, Kreis Bergstraße (unpubl. Diss. Mainz 2001).

345 W. Müller, Rheinhessisches Heimatbuch. Zweiter Teil. Hess. Volksbücher 52–54 (Darmstadt 1924) 30f.

346 J. L. Gottfried, Historische Chronica (Frankfurt 1630–1632) 491. — H. J. Chr. von Grimmelshausen, Ewigwährender Calender (1671) 142. — J. Grimm / W. Grimm, Deutsche Sagen (Berlin 1816/1818) ed. H. Rölleke, Bibl. deutscher Klassiker 116 (Frankfurt 1994) 279f., Nr. 241. — K. Bader, Hessische Sagen 2. Reihe. Hess. Volksbücher 12 (Darmstadt 1912) 78f., Nr. 235. — J. Como, Sagen und Legenden aus Bingen und Umgebung (Bingen 1919). — R. Schlundt, Sagen aus Rheinland-Pfalz (Köln 1983) 134.

347 Zu Grimms Wortschöpfungen: L. Reiners, Stilkunst. Ein Lehrbuch deutscher Prosa (München 1943 bzw. 1976) 258. — Zum Mäuseturm: D. Krienke, Kreis Mainz-Bingen. Kulturdenkmäler in Rheinland-Pfalz 18.1 (Worms 2007) 162–164. — Ballade zur Zerstörung durch die Schweden: J. Como, Sagen und Legenden aus Bingen und Umgebung (Bingen 1919) 6f. — Zur Bischofsgeschichte im 10. Jahrhundert: F. Staab, Mainz vom 5. Jahrhundert bis zum Tod des Erzbischofs Willigis (407–1011). In: F. Dumont et al. (Hrsg.), Mainz. Die Geschichte der Stadt (Mainz 1998) bes. 99f. Und: F. Jürgensmeier, Das Bistum Mainz (Frankfurt 1988).

348 K. STIELER / H. WACHENHUSEN / F. W. HACKLÄNDER, Rheinfahrt. Von den Quellen des Rheins bis zum Meere (Stuttgart 1875) 241.

349 W. MÜLLER, Rheinhessisches Heimatbuch. Erster Teil. Hess. Volksbücher 46 u. 47 (Friedberg 1921) 91f.

350 W. MÜLLER, Rheinhessisches Heimatbuch. Zweiter Teil. Hess. Volksbücher 52–54 (Darmstadt 1924) 125f.

351 Zur römischen Stadtmauer: A. HEISING, Die römische Stadtmauer am Eisgrubweg in Mainz. Mainzer Arch. Zeitschr. 5/6, 1998/1999 (2005) 173–216. — E. WEGNER, Stadt Mainz. Altstadt. Kulturdenkm. in Rheinland-Pfalz 2.2 ([3]Worms 1997) 64–69. — H. WOTHE, Mainz. Ein Heimatbuch 2 (Mainz 1929) 148. — L. FALCK, Die erzbischöfliche Metropole 1011–1244. In: F. DUMONT ET AL. (Hrsg.), Mainz. Die Geschichte der Stadt (Mainz 1998) 111–137. — Zu rheinseitigen Toren in der Stadtmauer: R. DERTSCH, Zur Mainzer Ortskunde. Die rheinseitige Stadtmauer und ihre Tore. Mainzer Zeitschr. 27, 1932, 55–58.

352 W. MÜLLER, Rheinhessisches Heimatbuch. Erster Teil. Hess. Volksbücher 46 u. 47 (Friedberg 1921) 143.

353 E. WEGNER, Stadt Mainz. Altstadt. Kulturdenkm. in Rheinland-Pfalz 2.2 ([3]Worms 1997) 64–75.

354 P. HAUPT, Armierungsstellungen des Ersten Weltkriegs im archäologischen Luftbild. Mainzer Arch. Zeitschr. 5/6, 1998/99 (2005), 337–350.

355 A. SCHUMACHER / W. WEGNER, Stadt Mainz. Stadterweiterungen des 19. und frühen 20. Jahrhunderts. Kuturdenkm. in Rheinland-Pfalz 2.1 ([2]Worms 1997) 144–147.

356 L. LINDENSCHMIT (Hrsg.), Erzählungen des alten Stephanstürmers Hermann Kaspar Schneider (Mainz 1906) 51f. (23ste Erzählung) — W. MÜLLER, Rheinhessisches Heimatbuch. Erster Teil. Hess. Volksbücher 46 u. 47 (Friedberg 1921) 95f.

357 L. LINDENSCHMIT (Hrsg.), Erzählungen des alten Stephanstürmers Hermann Kaspar Schneider (Mainz 1906) 51. (23ste Erzählung)

358 W. SCHÄTZLER, Sagen unserer Heimat 2. Volkssagen aus dem Mainzer Raum von Oppenheim/Nierstein über Mainz bis Bingen (Worms 1987) 24f.

359 J. LAAGER (Übers.), Jacobus de Voragine, Legenda aurea. Manesse Bibliothek der Weltliteratur (Zürich 1982) 158–165.

360 Zur römischen Stadtmauer: M. GRÜNEWALD, Die Römer in Worms (Worms 1986) 70–73. — M. GRÜNEWALD, Zwischen den Römern und Bischof Burchard – kontinuierliches Wohnen in Worms. In: G. BÖNNEN (Hrsg.), Bischof Burchard 1000–1025. Tausend Jahre Romanik in Worms (Worms 2000) 107–110. — I. SPILLE, Stadt Worms. Kulturdenkmäler in Rheinland-Pfalz 10 (Worms 1992) 40–45 u. 122f.

361 K. BADER, Hessische Sagen 2. Reihe. Hess. Volksbücher 12 (Darmstadt 1912) 90 Nr. 253.

362 I. SPILLE, Stadt Worms. Kulturdenkmäler in Rheinland-Pfalz 10 (Worms 1992) 40–42. — M. GRÜNEWALD, Zwischen den Römern und Bischof Burchard – kontinuierliches Wohnen in Worms. In: G. BÖNNEN (Hrsg.), Bischof Burchard 1000–1025. Tausend Jahre Romanik in Worms (Worms 2000) 107–110.

363 W. MÜLLER, Rheinhessisches Heimatbuch. Zweiter Teil. Hess. Volksbücher 52–54 (Darmstadt 1924) 92.

364 W. MÜLLER, Rheinhessisches Heimatbuch. Erster Teil. Hess. Volksbücher 46 u. 47 (Friedberg 1921) 74.

365 O. KAMMER / F. REUTER, Auf den Spuren Luthers in Worms (Worms 1983).

366 A. WIECZOREK, Die Wüstungen auf dem Gebiet der Verbandsgemeinde Nieder-Olm aus siedlungsarchäologischer Sicht. In: K.-H. SPIESS (Hrsg.), Nieder-Olm. Der Raum der Verbandsgemeinde in Geschichte und Gegenwart (Alzey 1983) 297–306, hier: 298f. u. 304. — W. FUCHS, Zur Geschichte des Windhäuser Hofes bei Elsheim. Mainzer Zeitschr. 17–19, 1921–24, 20–28.

367 A. SAALWÄCHTER, Sagen und sagenhafte Überlieferungen aus dem Ingelheimer Grund (Darmstadt 1921) 52f. — W. MÜLLER, Rheinhessisches Heimatbuch. Erster Teil. Hess. Volksbücher 46 u. 47 (Friedberg 1921) 72f. — J. KOHL, Das Binger Land (Bingen 1948) 56.

368 W. MÜLLER, Rheinhessisches Heimatbuch. Erster Teil. Hess. Volksbücher 46 u. 47 (Friedberg 1921) 47.

Abbildungen

Urheber aller Abbildungen, wenn nicht anders angegeben, ist der Autor.

1 L. Lindenschmit, Erzählungen des alten Stephanstürmers Hermann Kaspar Schneider (Mainz 1906).

3 Wikipedia gemeinfreies Bild

8 K. Koehl in: Korrespondenzblatt der Westdeutschen Zeitschrift für Geschichte und Kunst 22, 1903, 41f., Abb. 3.

11 G. Bönnen (Hrsg.), Geschichte der Stadt Worms (Stuttgart 2005) Umschlag vorne.

12 R. Schlundt (Hrsg.), Sagen aus Rheinland-Pfalz (Köln 1983) 131 Abb.

13 Topographische Karte 1:25.000, Blatt 6113 Bad Kreuznach von 1990. GeoBasis-DE/LVermGeoRP2010-08-30 und Peter Haupt.

17 GeoBasis-DE/LVermGeoRP2010-08-30 und Peter Haupt.

18 A. Heising, Durch Vergangenheit Zukunft sichern – Eine römische villa rustica im Binger Wald, Gemeinde Weiler, Kreis Mainz-Bingen. Arch. in Rheinland-Pfalz 2003, 43–46; hier: 44 Abb. 1.

21 H. Bernhard et al., Der römische Vicus von Eisenberg. Arch. Denkm. in der Pfalz 1 (Speyer 2008) 145 Abb. 166.

27 A. Panter, Der Drususstein in Mainz. Mainzer Arch. Schr. 6 (Mainz 2007) 141 Abb. 57.

29 R. Engelhardt, Die römische Wasserleitung in Bingen (Bingen 1978) Abb. Umschlag hinten.

34 K. H. Esser et al., Untersuchungen an der römischen Stadtmauer von Mainz auf dem Kästrich. Mainzer Zeitschr. 69, 1974, 277–288 Faltplan (Detail).

38 F. Reuter, Peter und Johann Friedrich Hamman. Handzeichnungen von Worms aus der Zeit vor und nach der Stadtzerstörung 1689 im »Pfälzischen Erbfolgekrieg« (Worms 1989) 61 Abb.

39 Peter Haupt und Irene Bell, Institut für Vor- und Frühgeschichte Univ. Mainz

42 F. Dumont / F. Scherf / F. Schütz (Hrsg.), Mainz. Die Geschichte der Stadt (Mainz 1998) Taf. 11 (Ausschnitt).

43 P. Haupt nach: A. B. Gottron, Wo stand die älteste Peterskirche in Mainz? Mainzer Zeitschrift 44/45, 1949/50, 67–69; hier: 68 Abb. 1.

44 H. Wothe (Hrsg.), Mainz. Ein Heimatbuch (Mainz 1928) 104 Abb. 95.

45 E. Neeb, Zur Baugeschichte der St. Albanskirche bei Mainz. Mainzer Zeitschr. 3, 1908, 69–91; hier: 69 Abb. 1.

46 L. Lindenschmit / E. Neeb, Bericht über die Ausgrabungen der St. Albanskirche bei Mainz im Jahre 1907. Mainzer Zeitschr. 3, 1908, 92–100; hier: 93 Abb.

47 Veröffentlichungen: Kat. »799 – Kunst der Karolingerzeit«, Stand: 28. 2. 1999. Kaiserpfalz Ingelheim – Maßwerke GbR.

48 Kaiserpfalz Ingelheim – Archimedix

49 Kaiserpfalz Ingelheim – Forschungsstelle, François-Lachenal-Platz 7, 55218 Ingelheim

50 Kaiserpfalz Ingelheim – Forschungsstelle, François.-Lachenal-Platz 7, 55218 Ingelheim

51 Kaiserpfalz Ingelheim – Forschungsstelle, François-Lachenal-Platz 7, 55218 Ingelheim. Foto: Michael Schlotterbeck.

52 Chr. Stiegemann / M. Wemhoff (Hrsg.), 799. Kunst und Kultur der Karolingerzeit 1 (Mainz 1999) 49 Abb.

53 Kaiserpfalz Ingelheim – Forschungsstelle, François-Lachenal-Platz 7, 55218 Ingelheim

54 Kaiserpfalz Ingelheim – Forschungsstelle, François-Lachenal-Platz 7, 55218 Ingelheim – Archimedix

55 Isabel Kappesser

60 W.-H. Struck, Alte Karten zwischen Walluf und Bingen. Nass. Ann. 88, 1977, 53–102; hier: Tafel zwischen Seite 96 u. 97 (Ausschnitt)

62 Wenzel Hollar 1607–1677. Reisebilder vom Rhein. Ausstellungskatalog (Mainz 1986) 122 Abb. Ausschnitt.

64 E. Pick, Münzen, Mächte und Mäzene. 2000 Jahre Geld in Stadt und Kurstaat Mainz (Mainz 2006) Taf. 14 Nr. 5 u. 6.

65 Wikipedia gemeinfreies Bild

66 E. Neeb, Zur Baugeschichte der St. Albanskirche bei Mainz. Mainzer Zeitschr. 3, 1908, 69–91; hier: 87 Abb. 9.

67 R. Schlundt (Hrsg.), Sagen aus Rheinland-Pfalz (Köln 1983) 131 Abb.

71 Topographische Karte 1:25.000, Blatt 6214 Alzey von 1957. GeoBasis-DE/LVermGeoRP2010-08-30 und Peter Haupt.

73 B. Stümpel, Bericht des Staatlichen Amtes für Vor- und Frühgeschichte im Reg.-Bezirk Rheinhessen und im Kreis Kreuznach für die Zeit vom 1. Januar 1963 bis 31. Dezember 1964. Mainzer Zeitschr. 60/61, 1965/66, 186 Abb. 39.

81 L. Falck, Das Stift St. Maria im Feld bei Hechtsheim (Heilig Kreuz). In: Archäologische Ortsbetrachtungen 7 (Mainz-Hechtsheim 2005) 35 Abb.

86 F. Behn, Der Petersberg bei Gau-Odernheim. Mainzer Zeitschrift 41–43, 1946–1948 (1950) 52–59; hier: Falttafel Abb. 9 u. 10.

92 S. Kern, Deutsche Malerei des 15. und 16. Jahrhunderts im Landesmuseum Mainz. Ausgewählte Werke. Museum im Taschenformat 4 (Mainz 1999) 114 Abb.

93 B. Stümpel, Archäologische Untersuchungen in der Simultankirche zu Gau-Odernheim. Alzeyer Geschbl. 2, 1965, 165–171, hier: 166 Abb. 1.

95 F. V. Arens, Die Schlosskirche St. Gangolph in Mainz (Mainz 1940) 15 Abb. 16.

96 F. Dumont / F. Scherf / F. Schütz (Hrsg.), Mainz. Die Geschichte der Stadt (Mainz 1998) Taf. 10.1.

106 G. Schnürer / J. M. Ritz, Sankt Kümmernis und Volto Santo. Forsch. Zur Volkskunde Heft 13–15 (Düsseldorf 1934) Taf.

111 W. Hotz, Der Dom zu Worms ([2]Darmstadt 1998) 71 Abb. 41.

113 Wikipedia gemeinfreies Bild

119 Bundesamt für Kartographie und Geodäsie, Kartierung Peter Haupt.

120 Th. Ehlke, Die unterirdische Stadt Oppenheim (Bramsche 2007) 85 Abb.

128 Situationskarte des Artillerieleutnants Haahs Darmstadt 1799, Blatt 5 (Ausschnitt).

132 Aus: H. Wothe (Hrsg.), Mainz. Ein Heimatbuch (Mainz 1928) 114 Abb. 115.

133 Aus: H. Wothe (Hrsg.), Mainz. Ein Heimatbuch 2 (Mainz 1929) 157 Abb. 603.

134 Aus: F. Reuter, Peter und Johann Friedrich Hamman. Handzeichnungen von Worms aus der Zeit vor und nach der Stadtzerstörung 1689 im »Pfälzischen Erbfolgekrieg« (Worms 1989) 55 Abb. (Detail).

Ortsindex